LO QUE DICE LA GENTE...

La gracia es uno de los conceptos más malinterpretados hoy en día en la Iglesia y sin embargo, es uno de los más importantes. Tony Cooke destaca la gracia como la atribución del poder de Dios para vivir su gloria, a partir del estudio personal, de la sabiduría de los líderes de la iglesia y de la revelación de la Palabra de Dios. Este libro es un recurso impactante para reconocer y recibir todo lo que Dios nos ha dado.

- **John Bevere,** Autor/Orador
Mensajero internacional
Colorado Springs/Australia/Reino Unido

Confío en que *La gracia: el ADN de Dios* se convertirá en un clásico en el tema de la gracia. El libro de Tony llega "a tiempo" para confrontar la confusión que se propaga en algunos sectores del Cuerpo de Cristo, en esta era, cuando se tergiversa y distorsiona este tema de una forma extraña que está más allá de mi capacidad de comprensión. Encuentro este libro tan útil que deseo decir: "Tony, gracias por este gran trabajo y por su valentía para elevar la voz escrita sobre este tema que cambia la vida y que se malinterpreta seriamente". Este es el lugar para comenzar, para cualquiera que busque respuestas sólidas sobre la gracia de Dios.

- **Rick Renner**
Autor y pastor de la *Good NewsChurch*
[Iglesia las Buenas Nuevas], Moscú, Rusia

Si alguien preguntara cuál es el tema más conocido y sin embargo más malinterpretado que enfrenta actualmente la cristiandad, sería con poca objeción el tema sagrado y mal manejado de la gracia de Dios. En *La gracia: el ADN de Dios*, Tony Cooke no sólo explica magistralmente sino que demuestra con ejemplos bíblicos que la gracia no significa que el Cielo esté desprovisto de criterio, ni que todo se pasa por alto debido al flujo carmesí. La gracia es la ruta de la humildad por donde transita el hombre y que revela su autenticidad, pero también es el poder que le fue dado para convertirse en "hijo" maduro en la familia celestial de Dios. Disfrute con reverencia estas páginas conmigo a medida que nos empapemos de exactitud y bebamos juntos de la gracia sublime de Dios.

- Dr. Robb Thompson
Pastor de la *Family Harvest Church*
[Iglesia Cosecha Familiar] en Tinley Park, Illinois

Cualquier cristiano que haya tenido un andar con el Señor durante algún período de tiempo se da cuenta con humildad y agradecimiento que su vida se centra en la gracia de Dios. Tony Cooke nos ofrece una de las mejores explicaciones de la gracia en su libro *La gracia: el ADN de Dios*. Este libro proporciona una enseñanza sana que corrige el malentendido que algunas personas han tenido sobre la gracia. Le recomiendo este libro a todo creyente que desee conocer la verdad.

- Sharon Daugherty
Pastora principal del *Victory Christian Center* [Centro Cristiano Victoria], Tulsa, Oklahoma

Mi amigo el Rvdo. Tony Cooke presenta minuciosa y sencillamente la enseñanza bíblica sobre la gracia de Dios, en su nuevo libro, *La gracia: el ADN de Dios*. Tony explica la gracia del Antiguo Testamento a través de la enseñanza de los escritores del Nuevo Testamento, mostrando que la gracia no es un tema nuevo sino que forma parte del mismo "ADN de Dios". El apóstol Pedro escribió, tal como se registra en 1 Pedro 4:10, que la gracia es multifacética, y Tony ha examinado las facetas de la gracia de una forma sistemática pero interesante que animará efusivamente al lector, de capítulo a capítulo con gran expectativa. El Rvdo. Tony Cooke fue mi socio en la Iglesia Bíblica Rhema durante diecinueve años y para mí es un placer recomendar su nuevo libro, *La gracia: el ADN de Dios*.

- Rvdo. Kenneth W. Hagin
Presidente de los Ministerios Kenneth Hagin
Pastor de la *Rhema Bible Church* [Iglesia Bíblica Rhema], Broken

Arrow, Oklahoma

El principio de la gracia forma parte del currículo básico de las Escrituras; es una verdad que todo creyente debe captar. El gran volumen de versículos del Antiguo y el Nuevo Testamento eleva el tema de la gracia a la categoría de "imprescindible". Como pastor, creo que es magistral el desglose que hace Tony de las cinco clases de gracia. Este libro debe formar parte de la lectura obligatoria de todo estudiante de la Biblia. Suministra una visión clara de uno de los principales conceptos bíblicos. Personalmente, no puedo pensar en otra persona que abarque mejor la doctrina de la gracia que Tony Cooke.

- **Pastor Gerald Brooks, D.D.**
Grace Outreach Center
[Centro de Cruzada La Gracia] Plano, Texas

El libro de Tony Cooke es un regalo magnífico de Dios en esta hora crucial. La Biblia nos advierte de las personas que tratan de tergiversar la gracia de Dios en algo que no es (Judas 4) para liberarse de ser las personas piadosas que debemos ser. ¡Lea este libro si quiere vivir responsablemente, con el apoyo y la recompensa de Dios! Y déselo a cualquiera que usted desee facultar para vivir en la plenitud de Dios.

- **Pastor Jim Graff**
Faith Family Church Iglesia Familia de la Fe
Presidente, *Significant Church Network* [Red de Iglesias Significativas]

Dedicatoria

Dedico este libro a Lisa, mi esposa. Estoy muy agradecido que el Señor nos haya hecho a los dos herederos de la gracia de la vida. Tú has traído alegría a nuestro viaje y a mi corazón en innumerables maneras.

Lo que la Biblia dice sobre la gracia y su poder para transformar vidas.

Lo que la Biblia dice acerca de la Gracia
es poder transformador para tu vida

La GRACIA
El ADN de Dios

Tony Cooke

Editorial
DESAFÍO

La gracia: el ADN de Dios
TONY COOKE

La gracia: el ADN de Dios por Tony Cooke © 2013 Todos los derechos de esta edición en español reservados por Asociación Editorial Buena Semilla bajo su sello de Editorial Desafío.

Publicado originalmente en inglés por Harrison House, Inc. Copyright © 2011 por Tony Cooke, representado por Thomas J. Winters of Winters & King Inc. Tulsa, Oklahoma.

A menos que se indique lo contrario, las citas bíblicas son tomadas de la *Santa Biblia, Versión Reina-Valera Contemporánea* © 2009, 2011 por Sociedades Bíblicas Unidas.

Las citas bíblicas señaladas con (NTV) son tomadas de la *Santa Biblia, Nueva Traducción Viviente*, © 2010 por Tyndale House Foundation.

Las citas bíblicas señaladas con (NVI) son tomadas de la *Santa Biblia, Nueva Versión Internacional.* © 1999 por la Sociedad Bíblica Internacional.

Las citas bíblicas señaladas con (RVR1960) son tomadas de la *Santa Biblia, Versión Reina-Valera.* © 1960 por las Sociedades Bíblicas en América Latina.

Las citas bíblicas señaladas con (AMP) son traducciones libres de *The Amplified Bible. Old Testament.* © 1965, 1978 por Zondervan Corporation. *New Testament.* © 1958, 1987 por Lockman Foundation.

Las citas bíblicas señaladas con (LBLA) son tomadas de la *Santa Biblia, La Biblia de las Américas.* © 1986, 1995, 1997 por The Lockman Foundation.

Las citas bíblicas señaladas con (TLA) son tomadas de la *Santa Biblia, Traducción en lenguaje actual.* © 2000 por las Sociedades Bíblicas Unidas.

Prohibida la reproducción total o parcial por sistemas de impresión, fotocopias, audiovisuales, grabaciones o cualquier medio, menos citas breves, sin permiso por escrito del editor.

Traducción: Carlos Mauricio Páez García
Edición: Miguel Peñaloza

Publicado y Distribuido por Editorial Desafío
Carrera. 28A No. 64A-34, Bogotá, Colombia
Tel. (571) 630 0100
E-mail: desafio@editorialbuenasemilla.com
www.editorialdesafio.com

Categoría: Vida cristiana / Crecimiento espiritual
Producto No.: 600047
ISBN: 978-958-737-090-4

Impreso en Colombia
Printed in Colombia

Contenido

¿POR QUÉ ESTUDIAR LA GRACIA?..15
    El ADN de Dios en usted 17
    La gracia en las Escrituras 21
    La gracia en el saludo. La gracia en la despedida................27

¿QUÉ ES LA GRACIA? 33
    El juez benevolente..35
    Cinco expresiones de la gracia 43
    Lo que no es la gracia..51
    La multiforme gracia de Dios 59

¿QUÉ ES LA GRACIA QUE SALVA?......................................67
    Los aspectos básicos 69
    ¿Salvados de qué? 77
    ¡Pero soy un ciudadano respetuoso de la ley! 89
    De la sombra a lo real y verdadero...........................103
    ¿Salvados para qué? 117

¿CÓMO OBRA EXACTAMENTE
LA GRACIA EN MI VIDA?..129
    La gracia que santifica...131
    La gracia que fortalece..159

La gracia que comparte	173
La gracia que sirve	203
¿CÓMO CREZCO EN LA GRACIA DE DIOS?	**225**
La alegría de más gracia	227
¡No provoque un cortocircuito en la gracia!	239
¿CUÁL ES LA CONTROVERSIA SOBRE LA GRACIA?	**253**
Los atributos complementarios	255
Reconozcamos nuestros filtros	263
El arrepentimiento y la confesión	269
¿Qué dijo Jesús?	283
¿Qué dijeron los apóstoles?	289
ALGO MÁS QUE DEBE SABER	**313**
La gracia y la gloria	315
Una última palabra	327
Referencias	331
La oración de salvación	339
Sobre el autor	341

Una nota del autor

Tenía dieciocho años y acababa de tener un encuentro maravilloso con Dios. Marjorie, la amiga de mi madre, que había estado en la iglesia su vida entera, estaba emocionada de saberlo. Entonces dijo algo que me cayó como una bomba. "Me pregunto si me puede ayudar a entender algo. Jamás he podido comprender el significado de la palabra *gracia*".

Dos cosas vinieron a mi mente. En primer lugar, fue el himno que todos conocen: "Sublime gracia". En segundo lugar, fue la definición que todos escuchan: el favor no merecido. Como yo sabía muy poco, pero tenía la esperanza de parecer mínimamente inteligente, decidí optar por la última. Le dije: "La gracia es un favor no merecido".

"¿Qué significa eso?"

Me di cuenta que traté de definir algo que ella no entendía, usando otra frase que ella no comprendía. Dije: "Un favor no merecido es aquel que no merecemos". ¡Las cosas no resultaban ser más claras, ni para ella ni para mí! Quedé cautivado. Tenía que encontrar una respuesta satisfactoria. En aquel entonces, no sabía cuánto tiempo me iba a tomar.

A medida que continué leyendo la Biblia en el curso de los años, tomé nota de las referencias a la gracia y comencé a poseer pequeñas apreciaciones más claras. La verdad sobre la gracia comenzó a dejar al descubierto ciertas inseguridades e "ideas equivocadas" en mi vida. Aunque me di cuenta que fue por la gracia de Dios que me había vuelto su hijo, de alguna manera llegué a pensar que mi aceptación continua de Dios se basaba en que yo hiciera todo de manera perfecta. También me di cuenta que había tratado de vivir la vida cristiana por mi propia fuerza. Sabía que Dios me amaba lo suficiente para salvarme, pero a medida que luchaba con mi carne y el mundo, a veces fracasando, veía a Dios tan enojado, emitiendo juicios y desilusionado conmigo. A través de esta percepción errónea, no veía a Dios como mi Padre y Colaborador amoroso, sino como un simple criticón.

Sabía que la gracia de Dios era provista amorosamente para mi inicio en su reino, pero no tenía ni idea que Dios también proveía amorosamente la gracia para mi continuidad en el mismo. Finalmente, a medida que estudiaba la gracia con mayor profundidad, comencé a ver la verdad: Después de ser salvado, todavía era su gracia la que me hacía suyo, me mantenía suyo y me permitía vivir de una manera que le agradara. La reserva creciente de la gracia en mí produjo cada vez más fortaleza, sabiduría y gozo. Encontré que se desvanecían las antiguas áreas de temor, culpa, vergüenza y condenación. Había comenzado a descubrir la alegría de la vida basada en la gracia.

Prediqué por primera vez sobre la gracia en 1986. Poco después de ello, compartí algunas sesiones sobre el tema de la gracia en una conferencia de pastores. Enseñé luego un curso titulado "El entendimiento de la gracia" en un Instituto Bíblico desde 1988 hasta 1994. ¡La gracia de Dios se ha propagado por mi corazón durante largo tiempo y todavía me emociona continuar aprendiendo y creciendo en ella!

Una nota del autor

En los últimos años, me he deleitado de escuchar más y más pastores que enseñan sobre la gracia de Dios no sólo para iniciar en el reino, sino para continuar en el mismo. Por otro lado, he observado con preocupación que algunos usan indebidamente la gracia de Dios al hacer caso omiso de otras verdades del Nuevo Testamento que son esenciales para vivir una vida que sea agradable a Dios.

No es mi intención atacar a ningún pastor ni pronunciar bellos discursos sobre "todos los errores que se han enseñado". El deseo de mi corazón es simplemente presentar la revelación de la gracia tal como el Espíritu Santo lo ha revelado en su Palabra. Después usted podrá estudiar y decidir por su cuenta qué es y qué no es la enseñanza bíblica.

Recuerde, a medida que lea, que Dios está completamente comprometido con usted. No lea simplemente para obtener información sino para buscar la transformación que Él ofrece. Mi oración es que usted mismo pruebe verdaderamente "la bondad del Señor" (Salmos 34:8). Creo que las inseguridades y temores con los que usted ha luchado se erradicarán a medida que entienda y abrace la gracia de Dios en su vida. La gracia de Dios lo facultará con su confianza divina y compasión y usted cambiará radicalmente.

Tony Cooke

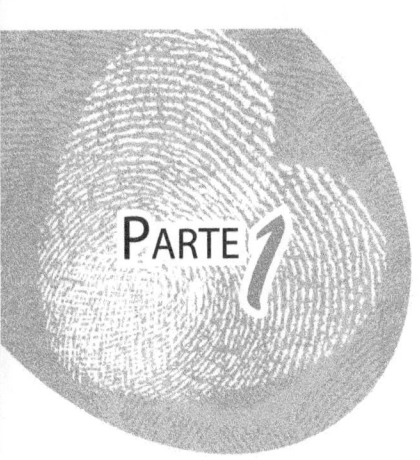

PARTE 1

¿Por qué Estudiar la *Gracia*?

Capítulo

1

El ADN de Dios en usted

El cristiano tiene el ADN de Dios.

Esas fueron las palabras en el letrero de una iglesia —el tipo de mensaje que se cambia cada semana—. El dedo de Dios difícilmente graba este mensaje en lápidas de granito, pero invita a la reflexión. Después de todo, el apóstol Juan dijo: "Amados, ahora somos hijos de Dios" (1 Juan 3:2). Si heredamos físicamente los genes de nuestros padres, entonces tal vez heredamos algo de la naturaleza espiritual de Dios cuando nacemos de Él.

Desde el punto de vista físico, el ADN es una molécula que reside en cada centenar de billones de células en su cuerpo y cada hebra de ADN contiene el mapa genético —las instrucciones genéticas— que le permiten vivir, desarrollarse y funcionar a su cuerpo. Un médico reconocido escribió: "Se estima que el ADN contiene instrucciones, que si se escribieran, llenarían un libro de mil seiscientas páginas".[1] Usted es realmente "una creación admirable" (Salmos 139:14 NVI).

Tal vez ha pasado mucho tiempo desde que estudió ese tipo de escalera enrollada de aspecto gracioso en la clase de Biología llamada la doble hélice, pero quizás ha escuchado más recientemente del ADN en relación con la evidencia que se utiliza en las investigaciones criminales de la televisión. El ADN se ha convertido en una herramienta útil para resolver las cuestiones de paternidad y para ayudar a establecer la culpa o la inocencia en ciertos crímenes, porque cada uno de nosotros cuenta con un ADN completamente único (a menos que se trate de un gemelo idéntico).

Recibimos nuestra estructura genética de nuestros padres en la concepción. Los rasgos y características que se han codificado según nuestro ADN se hacen evidentes, a medida que crecemos y nos desarrollamos físicamente. El óvulo fertilizado se convierte en un embrión, un feto, un bebé, un niño y, con el tiempo, en un adulto.

Desde el punto de vista científico, el código genético que recibimos de nuestros padres se llama nuestro "genotipo". El genotipo se refiere al código interno o mapa genético en nuestras células que producen una manifestación externa o expresión llamada "fenotipo". Dicho de otro modo, nuestro fenotipo es lo que se puede observar externamente, como nuestro color de pelo, talla, estructura corporal, etc., todos ellos definidos en nuestro ADN.

Esto cobra especial fascinación cuando consideramos el paralelo entre lo natural y lo espiritual. Jesús no sólo dijo: "Dios es Espíritu" (Juan 4:24), sino también dijo (hablando en el contexto del nuevo nacimiento), que "lo que nace de la carne, carne es; y lo que nace del Espíritu, espíritu es" (Juan 3:6). Físicamente, recibimos nuestro ADN a través de nuestros padres, pero espiritualmente, nuestro espíritu humano nace de Dios y se regenera mediante su Espíritu. A medida que crecemos y nos desarrollamos espiritualmente, expresaremos cada vez más la naturaleza y el carácter de Dios que recibimos en nuestro nuevo nacimiento.

¿Podemos realmente hacer parte de la naturaleza de Dios?

Según Génesis 1:26, las primeras palabras que emanaron de los labios de Dios sobre el hombre fueron: "¡Hagamos al hombre a nuestra imagen y semejanza!". Un comentario declara: "Tener la imagen de Dios significa que los seres humanos comparten, aunque de manera imperfecta y finita, la naturaleza de Dios, es decir, sus atributos transmisibles (la vida, la personalidad, la verdad, la sabiduría, el amor, la santidad, la justicia), y de este modo tenemos la capacidad de tener una comunión espiritual con Él".[2]

¿Nosotros compartimos la naturaleza de Dios? Esta es una declaración enérgica, pero las Escrituras refuerzan sistemáticamente esta idea.

- Pablo dice que los creyentes se han puesto la "nueva naturaleza, que se va renovando en conocimiento a imagen de su Creador" (Colosenses 3:10, NVI). Pablo también les advirtió a los efesios que se pusieran "...el ropaje de la nueva naturaleza [regenerar el yo], creada a imagen de Dios [de aspecto divino], en verdadera justicia y santidad" (Efesios 4:24, NVI).

- Pedro nos dice que es a través de las "preciosas y grandísimas promesas" de Dios que llegamos a "a ser partícipes de la naturaleza divina" (2 Pedro 1:4).

- Juan hace referencia siete veces en su primera epístola a los creyentes como todo aquel que ha "nacido de Dios".

- Juan y Pablo hacen varias referencias a nosotros como "los hijos de Dios" y Pablo declara: "todos ustedes son hijos de Dios por la fe en Cristo Jesús" (Gálatas 3:26).

- Pablo también hizo una declaración asombrosa cuando dijo: "...si alguno está en Cristo, ya es una nueva creación;

atrás ha quedado lo viejo: ¡ahora ya todo es nuevo!" (2 Corintios 5:17).

Una cosa es recibir la naturaleza de Dios a través del nuevo nacimiento (genotipo)—como decía el letrero: "El cristiano tiene el ADN de Dios". Pero otra cosa completamente distinta es demostrar la expresión vibrante de Dios a través de nuestra vida a medida que crecemos y nos desarrollamos espiritualmente (fenotipo). Todos hemos conocido a cristianos que son espiritualmente estériles—que no expresan exteriormente mucha de la naturaleza de Dios—. Pero Dios quiere que podamos "reflejar la gloria del Señor" y nos volvamos "más y más parecidos a él a medida que somos transformados a su gloriosa imagen". (2 Corintios 3:18, NTV).

La gracia de Dios está integralmente involucrada en ambos de estos procesos. Nacemos de nuevo por medio de la gracia de Dios y es por medio de ella que podemos expresar a los demás su naturaleza (su amor, misericordia, compasión, etc.) a través de nuestra vida.

Cuando hacemos referencia a la gracia como el ADN de Dios, decimos simplemente que Dios es lleno de gracia y que su gracia—su naturaleza—nos fue transmitida espiritualmente cuando nos volvimos sus hijos. En el trayecto que está por delante, vamos a explorar no sólo como el amor y la gracia de Dios se imparten a nuestra vida, sino también qué produce su gracia en y a través de nosotros, y cómo su naturaleza y carácter se expresan a través de nosotros.

Capítulo 2

La gracia en las Escrituras

> Todo esto es para beneficio de ustedes, y a medida que la gracia de Dios alcance a más y más personas, habrá abundante acción de gracias, y Dios recibirá más y más gloria
>
> 2 Corintios 4:15 NTV

En términos generales, el valor y la importancia de una doctrina pueden medirse por el énfasis que la Biblia hace en ella. Si la Biblia habla mucho al respecto, entonces nosotros también quizás deberíamos decir mucho acerca de ella. Me quedé impresionado con dos detalles, a medida que miraba detenidamente el uso del término **gracia** en la Biblia. En primer lugar, la gracia se ve actuando continuamente en todas las Escrituras. En segundo lugar, la gracia tiene un alcance enorme. Es profunda, extensa y poderosa. La magnitud de sus acciones y cuánto provoca es casi incomprensible.

La gracia debe ser un tema que se predique repetidas veces y un tema frecuente de discusión entre los creyentes, debido a su frecuencia en las Escrituras. Considere las siguientes descripciones de la gracia que se encuentran en la Biblia. Como yo, creo que se sorprenderá de ver la naturaleza asombrosa de la gracia de Dios y lo que realmente hace en usted, por usted y a través de usted.

- El Señor es bondadoso [lleno de gracia] (Salmos 111:4).
- El Señor brinda su favor [gracia] (Proverbios 3:34).
- El es el Dios de toda gracia (1 Pedro 5:10).
- Su trono es el trono de la gracia (Hebreos 4:16).
- Al Espíritu Santo se le llama el Espíritu de la gracia (Hebreos 10:29).
- Nuestro mensaje se llama "el evangelio de la gracia de Dios" y "la palabra de su gracia" (Hechos 20:24, 32, RVR1960).
- Los profetas hablaron de la gracia destinada a nosotros (1 Pedro 1:10). Esta gracia vino por medio de Jesús (Juan 1:17).
- Jesús fue lleno de gracia y de su plenitud recibimos gracia sobre gracia (Juan 1:14, 16).
- La gracia de Dios reposaba sobre Jesús y palabras de gracia emanaban de sus labios (Lucas 2:40; 4:22).
- Fue por la gracia de Dios que Jesús experimentó la muerte por todos (Hebreos 2:9, RVR1960).

Se nos dice que:

- Nos mantengamos en la gracia (Hechos 13:43).
- Abundemos en la gracia (2 Corintios 8:7, RVR1960).
- Nos esforcemos en la gracia (2 Timoteo 2:1).

- Crezcamos en la gracia (2 Pedro 3:18).

La Palabra de Dios habla de:

- La abundante gracia (Hechos 4:33).
- La abundancia de la gracia (Romanos 5:17).
- La superabundante gracia (2 Corintios 9:14).
- La gloria de su gracia (Efesios 1:6).
- Las riquezas de su gracia (Efesios 1:7).
- Las abundantes riquezas de su gracia (Efesios 2:7).
- La administración de la gracia de Dios (Efesios 3:2, RVR1960).
- El don de la gracia de Dios (Efesios 3:7).
- La gracia de la vida (1 Pedro 3:7, RVR1960).
- La multiforme gracia de Dios (1 Pedro 4:10, RVR1960).
- La verdadera gracia de Dios (1 Pedro 5:12).

La gracia se puede:

- Hallar (Génesis 6:8; Hebreos 4:16).
- Mostrar (Esdras 9:8, NVI).
- Derramar (Salmos 45:2, RVR1960).
- Recibir (Romanos 1:5).
- Ver y reconocer (Hechos 11.23; Gálatas 2:9, RVR1960).

La gracia nos salva y nos faculta para vivir una vida agradable para Dios:

- Somos salvos por la gracia (Hechos 15:11; Efesios 2:8, RVR1960).
- Creemos por la gracia de Dios (Hechos 18:27).

- La gracia nos edifica y nos da una herencia (Hechos 20:32, RVR1960).

- Somos justificados gratuitamente por su gracia (Romanos 3:24).

- La gracia hace firme la promesa para todos los que son de la fe (Romanos 4:16).

- Pablo ministró por la gracia que le fue dada (Romanos 12:3).

- Tenemos diferentes dones según la gracia que nos fue dada (Romanos 12:6).

- Por la gracia somos enriquecidos por Él en todas las cosas, tanto en palabra como en conocimiento(1 Corintios 1:4-5).

- Por la gracia somos lo que somos, y esta trabaja en nosotros y a través de nosotros (1 Corintios 15:10).

- La gracia de Dios nos enriquece (2 Corintios 8:9).

- La gracia de Dios es más que suficiente para nosotros y hace que reinemos en vida (2 Corintios 12:9; Romanos 5:17).

- Somos llamados por la gracia a la gracia (Gálatas 1:6, 15).

- La gracia nos permite predicar las insondables riquezas de Cristo (Efesios 3:8).

- Nuestras palabras pueden impartir gracia a los demás (Efesios 4:29, RVR1960).

- Somos partícipes de la gracia (Filipenses 1:7).

- Cantamos con gracia en nuestro corazón y nuestras palabras deben estar sazonadas con gracia (Colosenses 3:16; 4:6, RVR1960).

- La gracia nos da consuelo eterno y buena esperanza (2 Tesalonicenses 2:16).

- La gracia nos enseña a vivir una vida santa (Tito 2:11-12).
- La gracia nos ayuda en tiempos de necesidad (Hebreos 4:16).
- La gracia nos permite servir de manera aceptable a Dios (Hebreos 12:28).
- La gracia afirma nuestro corazón (Hebreos 13:9).
- La gracia se obtiene al acercarnos confiadamente al trono (Hebreos 4:16).
- La gracia se multiplica en nosotros por medio del conocimiento de Dios y de nuestro Señor Jesús (2 Pedro 1:2).

Un individuo puede:

- Recibir la gracia en vano (2 Corintios 6:1).
- Poner de lado o desechar la gracia de Dios (Gálatas 2:21).
- Caerse de la gracia (Gálatas 5:4).
- Insultar al Espíritu de la gracia (Hebreos 10:29).
- Perderse la gracia (Hebreos 12:15).
- Convertir la gracia de Dios en libertinaje (Judas 4).

Como la gracia es un tema tan central y continuo a lo largo de las Escrituras, ¿podemos realmente esperar conocer y entender a Dios y quiénes somos en Jesucristo sin entender la gracia? La gracia no es un asunto secundario ni una ocurrencia tardía de Dios; su gracia es la esencia de quién es Él y la base de cómo Él actúa por nosotros. Su gracia también es la fuerza generadora detrás de quién nos convertimos y de todo lo que se nos posibilita hacer para Él.

¿Ve en la Palabra de Dios que Él tuvo la intención que su gracia fuera totalmente dominante e influyente en nuestra vida? Su gracia debe afectar y transformar cada aspecto de quienes somos.

Su gracia debe guiarnos y fortalecernos en los buenos y malos momentos, en el trabajo y en la casa, en la iglesia y en las calles. Su gracia debe influir en la manera en que nos relacionamos con Él, con nosotros mismos y con los demás.

Si la gracia es lo primordial en la Biblia, ¿no debería ser lo primordial en su estudio para que pueda descubrir de qué se trata y qué hace realmente?

CAPÍTULO
3

LA GRACIA EN EL SALUDO. LA GRACIA EN LA DESPEDIDA

> Que la gracia y la paz de nuestro Dios y Padre, y del Señor Jesucristo, sean con todos ustedes.
>
> Que la gracia sea con todos los que, con amor inalterable, aman a nuestro Señor Jesucristo. Amén.
>
> Efesios 1:2; 6:24

Estos dos versículos son el saludo y la despedida en el libro de Efesios. El saludo habitual antes de que Jesús entrara en escena fue **shalom**, la palabra que denota la paz de Dios en el idioma hebreo.[1] Pablo y otros escritores del Nuevo Testamento añadieron al saludo la palabra gracia (*Charis*), convirtiéndolo en una firme declaración. Alguna variación de "la gracia y paz sea con ustedes" se empleó para expresar la bendición para el pueblo de Dios, diecisiete veces en el Nuevo Testamento. Al conceder Jesús la gracia de Dios a la humanidad, también otorgó la paz que todo creyente del Antiguo Testamento había buscado. El hecho de que la gracia siempre se usó primero indica que la gracia es la raíz de lo que Dios hizo por nosotros a través de Jesús, mientras que la paz sigue como el fruto de su obra llena de gracia.

Hay un profundo significado cada vez que el Espíritu Santo nos saluda con alguna forma de "gracia y paz". Pocas personas entienden esto hoy en día. Nos saludamos el uno al otro con "¡Hola! ¿Cómo está?". Pero en la mayoría de los casos no esperamos una respuesta reveladora ni significativa, ni decimos algo profundo en nuestro saludo. Igualmente, nuestra despedida es por lo general algo como: "Hasta luego" o un simple: "Adiós". ¡No hay allí una comunicación de peso! Quizás esta es la razón por la que la mayoría de nosotros le damos poca importancia al comienzo y al final de las epístolas. Asumimos que los escritores expresaban simplemente una formalidad y creemos que la esencia verdadera de las Escrituras se encuentra entre lo que llamamos el saludo y la bendición.

Sin embargo, la Palabra nos da una perspectiva diferente. Pablo escribió: "Toda la Escritura es inspirada por Dios, y útil" (2 Timoteo 3:16), y esto incluye el saludo y la bendición de las epístolas. Estoy convencido que no son formalidades superficiales. Fueron inspiradas por el Espíritu Santo para impartir una bendición espiritual poderosa a todos los que las leyeran.

Hebreos 4:2 también hace énfasis en la importancia de cómo respondemos a las Escrituras cuando dice: "Porque la buena nueva se nos ha anunciado a nosotros lo mismo que a ellos; pero de nada les sirvió a ellos el oír esta palabra porque, cuando la oyeron, no la acompañaron con fe". ¡Debemos aprovechar toda la

Palabra de Dios, incluso los saludos y las despedidas! Personalice los siguientes saludos y bendiciones, a medida que los lea. Permita que Dios lo anime y fortalezca con su gracia.

"Que la gracia y la paz de Dios nuestro Padre y del Señor Jesucristo sean con ustedes". (Esta frase ocurre diez veces en Romanos 1:7, 1 Corintios 1:3, 2 Corintios 1:2, Gálatas 1:3, Efesios 1:2, Filipenses 1:2, Colosenses 1:2, 1 Tesalonicenses 1:1,2, 2 Tesalonicenses 1:2 y Filemón 3).

"Que la gracia de nuestro Señor Jesucristo sea con ustedes". (Variaciones similares de esta frase ocurren nueve veces en Romanos 16:20,24; 1 Corintios 16:23; Gálatas 6:18; Filipenses 4:23; 1 Tesalonicenses 5:28; 2 Tesalonicenses 3:18; Filemón 25 y Apocalipsis 22:21).

"Que la gracia sea con ustedes" (o con todos ustedes). (Esta frase ocurre cinco veces en Colosenses 4:18; 1 Timoteo 6:21; 2 Timoteo 4:22; Tito 3:15 y Hebreos 13:25).

"Recibe gracia, misericordia y paz de Dios nuestro Padre, y de Cristo Jesús nuestro Señor". (Variaciones similares de esta frase ocurren cuatro veces en 1 Timoteo 1:2; 2 Timoteo 1:2; Tito 1:4 y 2 Juan 3).

"Que la gracia del Señor Jesucristo, el amor de Dios, y la comunión del Espíritu Santo sean con todos ustedes" (Esta frase ocurre una vez en 2 Corintios 13:14).

"Que la gracia sea con todos los que, con amor inalterable, aman a nuestro Señor Jesucristo".(Esta frase ocurre una vez en Efesios 6:24).

"Que la gracia y la paz les sea multiplicada por medio del conocimiento de Dios y de nuestro Señor Jesús". (Esta frase ocurre una vez en 2 Pedro 1:2).

"Que la gracia y la paz estén con ustedes, de parte del que es, el que era, y el que ha de venir". (Esta frase ocurre una vez en Apocalipsis 1:4).

***

Diga en voz alta: "Padre, permíteme expresarte mi agradecimiento porque hoy mismo, Tú y el Señor Jesús están liberando gracia, paz y misericordia a mi vida. Te agradezco que tu gracia, el amor y la comunión del Espíritu Santo son hoy míos". Usted será transformado cuando descubra la presencia de Dios a través de sus palabras de bendición. Estos son los pensamientos y los deseos de Dios para nosotros. Él está a favor de nosotros, no en contra nuestra. Ninguna de estas cartas comienza con "Que la vergüenza, la culpa y la condenación sean con ustedes", porque así no es el corazón de Dios hacia nosotros, la gracia lo es. Cuanto más entendamos la gracia, estos saludos y bendiciones cobrarán más sentido para nosotros.

Preguntas para reflexionar y discutir

- ¿Qué fue nuevo y fresco para usted?
- ¿Qué reforzó el entendimiento que usted ya tenía?
- ¿Qué desafió su entendimiento pasado y actual?
- ¿Qué significa para usted la declaración: "El cristiano tiene el ADN de Dios"? ¿Cómo afecta eso su vida y su actitud hacia usted mismo y hacia otros creyentes?
- Compare y contraste la influencia de su ADN físico con su ADN espiritual.
- La frecuencia de la "gracia" en las Escrituras indica la importancia. ¿Qué otros temas cree que se presentan y enseñan más a menudo en el Nuevo Testamento?

- Tras leer todos los "saludos y despedidas" en las epístolas del Nuevo Testamento, ¿cómo ha cambiado su entendimiento de la gracia de Dios hacia usted?

- Si las personas no entienden el significado y la relevancia de la gracia, ¿es posible que estas tengan un entendimiento exacto de Dios—quién es Él, sus pensamientos hacia nosotros y su plan para nuestra vida? ¿Por qué o por qué no?

PARTE 2

¿QUÉ ES LA *Gracia*?

Capítulo

4

El juez
benevolente

Suponga que conduce hacia el trabajo y está tarde. Lo único que piensa es en llegar lo más pronto posible y lo pescan en el radar conduciendo a 100 kilómetros por hora, donde el límite de velocidad es de sólo 50. Lo hacen ir al juzgado para comparecer ante el juez. Usted es cien por ciento culpable y la multa por exceder el límite de velocidad es de 250 dólares. El juez reconoce su infracción a la ley y pronuncia el veredicto. Pero luego ocurre algo inesperado. El juez rebusca en el bolsillo y paga personalmente su multa de 250 dólares. Usted queda asombrado de su amabilidad y generosidad—y da un suspiro de alivio—. Ha quedado libre.

En cuanto sale del edificio, usted de repente se da cuenta que el juez lo ha seguido afuera y mira fijamente su automóvil, que es un modelo viejo con alto kilometraje. De nuevo rebusca en su bolsillo, sólo que esta vez saca las llaves de un auto nuevo y hermoso, que ya ha sido pagado en su totalidad y que sacó del concesionario el día anterior. Usted queda en shock. ¿De dónde proviene todo este favor? ¡Sin duda no tenía nada que ver con usted! Lo único que el juez sabe de usted es que infringió la ley.

¿Por qué pagó su multa y luego le da un automóvil nuevo?

Todo lo que hizo el juez se basó en el carácter y naturaleza suyos, no en su desempeño para conducir. Usted se merecía una multa, pero el juez pagó por ella y, para colmo, le dio un auto recién salido de fábrica. Ahora deténgase y piense en cómo respondería si un acontecimiento así ocurriera en su vida. ¿Saldría del juzgado lamentando cuán descuidado ha sido para manejar y humillándose mentalmente por su falta de mérito para recibir un regalo tan especial? No lo creo. Si bien usted sin duda se da cuenta que ha sido descuidado en su conducción, estaría totalmente centrado en la gran generosidad y amabilidad que el juez le ha extendido. Usted lo amaría, honraría, respetaría y apreciaría por siempre. Es de esperar que su nueva devoción a él y gran estima por su carácter lo inspiren a ser misericordioso, lleno de gracia y generoso hacia los demás, así como él lo fue con usted.

Esta es la forma que Dios quiere que su gracia obre en su vida.

El favor no merecido analizado minuciosamente

Se ha dicho: "La misericordia es no recibir lo que se merece y la gracia es recibir lo que no se merece". También se ha dicho: "Teníamos una deuda que no podíamos pagar y Jesús pagó la deuda que Él no tenía". Estas declaraciones hablan de un "favor no merecido" como la definición de la gracia de Dios, que es quizás la definición de la gracia más comúnmente empleada. Lastimosamente, uno se centra exageradamente en la parte de "no merecido" que no somos capaces de disfrutar el "favor" de Dios. En lugar de conducir el automóvil nuevo que le fue regalado, lleno de amor y devoción por el Juez Benevolente, es posible que usted se monte en su automóvil viejo y conduzca bajo una nube de culpa y condenación.

Usted puede hacer tanto hincapié en su propia falta de mérito que agacha la cabeza en vergüenza, pensando que no es nada más que el proverbial "gusano en el polvo". Es posible que usted incluso nade perpetuamente en la autodegradación, metido literalmente en el barro. ¡Si está viviendo en la sombra de los pecados y fracasos pasados, es hora de que cambie de perspectiva! La sangre de Jesucristo lo ha limpiado de todo pecado y usted se ha convertido en un hijo de Dios. Usted ahora tiene una nueva naturaleza. Necesita dejar de exagerar sus fracasos pasados y en lugar de ello exagerar la gracia abundante y superior de Dios. ¿Por qué? Es la gracia de Dios la que le permitirá vencer sus luchas actuales y saltar al futuro que Él tiene para usted.

Es completamente cierto que no hicimos nada para merecer ni ganar el favor de Dios. Por el contrario, concretamente no lo merecemos, porque todos hemos pecado (Romanos 3:23). Así como en nuestro ejemplo de recibir el favor después de violar el límite de velocidad, Dios nos dio su favor a pesar de cómo somos nosotros y sobre la base de su carácter y naturaleza—ciertamente no en base a nuestro desempeño ni perfección.

La manera para aprovechar plenamente la gracia que Dios quiere derramar en y a través de su vida es centrarse en Él y en su gracia en lugar de centrarse en usted mismo y en sus fracasos. Si usted se ve permanentemente a sí mismo (sin mérito), usted va a exagerar sus errores y defectos; si usted se centra en Jesús (el favor), usted andará en la luz de su favor, actuando libremente en los beneficios de su gracia y honrándolo por dar su vida por y para usted.

LA GRACIA MUEVE A LA ADORACIÓN

> No existe ninguna palabra en el Nuevo Testamento que deje perplejo al expositor más que esta palabra "gracia". Recopile las ocasiones donde esta se encuentra en el Nuevo Testamento y léalas en su contexto; luego tome

asiento en presencia de ellas, y maravíllese y adore.

- G. Campbell Morgan[1]

Cualquier intento por definir o describir la gracia de Dios se debe emprender con temor reverencial y humildad. ¡La gracia de Dios es demasiada enorme, asombrosa e incalculable! Nuestra mente limitada se puede sentir abrumada porque la gracia de Dios es más de lo que las palabras pueden expresar o la imaginación puede concebir.

Su corazón estuvo lleno de amor y temor reverencial por ese juez benevolente, cuando pensó en sí mismo manejando de ese juzgado totalmente libre y extraordinariamente bendecido. Y la única respuesta adecuada a las riquezas de la gracia de Dios, reveladas poderosamente a usted por medio de la muerte y resurrección de su Hijo, es adorar y servir al Dios de toda la gracia por el resto de su vida.

Debemos evitar cualquier inclinación de la carne de volvernos orgullosos o arrogantes porque pensamos que hemos logrado algún nivel superior de conocimiento sobre Dios y su gracia. ¡De hecho, si nuestro entendimiento de la gracia de Dios no nos hace más devotos y humildes, entonces probablemente no la entendemos tan bien como pensamos!

Pablo exhortó a los creyentes en 1 Corintios 8:1-2: "El conocimiento envanece, pero el amor edifica. Si alguno cree saber algo, todavía no lo sabe como se debe saber". Él nos había exhortado antes en 1 Corintios 4:7 NVI: "¿Qué tienes que no hayas recibido?". Los puntos de vista relacionados con la gracia de Dios son verdades que Él nos revela e imparte. Aunque ciertamente deberíamos estudiar la Palabra de Dios, su gracia no es algo que vamos a comprender completamente separados de Él. Y el momento en que concluyamos que tenemos su gracia completamente descifrada en nuestra mente, nuestro corazón deja de estar abierto para aprender más de quién es Él, qué ha hecho y qué desea hacer por nosotros—que es todo por su gracia—.

Dios no cambia

Algunos parecen creer que Dios era malo y enfadado en el Antiguo Testamento, pero de alguna manera se volvió amable en el Nuevo Testamento. Otros parecen creer que hay dos Dioses diferentes—un Dios de ira en el Antiguo Testamento y un Dios de gracia en el Nuevo Testamento—. La verdad es que Dios no experimentó un cambio de personalidad y jamás ha existido dos Dioses diferentes. Es por ello que la gracia no es simplemente un concepto del Nuevo Testamento. La primera mención a la gracia se encuentra en el primer libro de la Biblia: "Pero Noé halló gracia a los ojos del Señor" (Génesis 6:8). Durante años, he leído varias definiciones de la palabra *chen*, el vocablo hebreo traducido como *gracia* en este versículo. Este implica simplemente mostrar favor, sobre todo cuando ese favor no es merecido. Expresa la idea de alguien que se inclina o agacha con amabilidad para bendecir a alguien de menor rango o estatus. También comunica la idea de ayuda, auxilio y generosidad.[2]

Noé y otros santos del Antiguo Testamento experimentaron la gracia y el favor de Dios, pero los creyentes del Nuevo Testamento pueden experimentar la gracia de Dios de una manera considerablemente ampliada e intensificada. ¿Cómo definió el Espíritu Santo este atributo maravilloso de Dios que obra en la vida de los creyentes nacidos de nuevo? Él empleó una palabra muy especial.

Charis

La gracia en el Nuevo Testamento es en algunos aspectos uno de sus grandes términos. Siempre significa dos cosas—el favor de Dios y su bendición; su actitud y su actividad—.

- W.H. Griffith Thomas[3]

El significado de las palabras puede intensificarse con el tiempo. Por ejemplo, la palabra "explosión" cobró un nuevo significado cuando se introdujo la bomba atómica en el mundo en 1945. La idea general de una explosión permaneció la misma, pero la percepción de la devastación potencial de una simple explosión creció exponencialmente en la mente y la imaginación de las personas en todo el planeta.

Lo mismo es cierto de la palabra griega *Charis*, que se traduce *gracia* en español. *Charis* simplemente hacía referencia a algo que era bello, encantador o placentero, antes de que Jesús predicara el Evangelio del Reino. Esta describía un acto de misericordia o generosidad. *Charis* se empleó para describir a una persona que se consideraba favorablemente, la demostración de un favor o dar un beneficio. Se utilizó especialmente cuando el favor mostrado o la amabilidad exhibida eran espontáneos e inmerecidos.[4] Aristóteles definió *Charis* como "la amabilidad hacia alguien en necesidad, que no se da a cambio de algo, y el colaborador no recibe nada, sino lo hace por el bien de la persona que recibe la ayuda".[5]

La naturaleza sobresaliente de la palabra *Charis* se convirtió en una elección maravillosa para Pablo y otros escritores del Nuevo Testamento, cuando necesitaban una palabra para describir la gracia de Dios: La naturaleza amorosa, amable y benévola de Dios se expresó excesivamente hacia el género humano por medio de su Hijo, Jesús. Sin embargo, cuando se aplicó *Charis* a la naturaleza de Dios y a sus acciones hacia los seres humanos, esta palabra que ya era rica y bella intensificó su grandeza.

Al igual que hoy, una persona puede ser benevolente hacia otra sin esperar nada a cambio; pero los dioses griegos y romanos rara vez eran benevolentes—sobre todo hacia los que no merecían bendición ni favor—. ¡Además, los dioses paganos siempre esperaron algo a cambio por cualquier favor que pudieran dar, y muchas veces fueron crueles sólo por diversión! ¡Fue absolutamente sorprendente que el Dios de la Biblia mostrara tal gracia a todos los pecadores—a través del sacrificio de su propio Hijo!

En el Nuevo Testamento, *Charis* adquirió un significado más espléndido y glorioso. El concepto de la gracia alcanzó niveles más altos al comenzar a expresar no sólo la amabilidad finita de las personas sino el amor eterno, la compasión y la misericordia del Dios único y verdadero hacia toda la humanidad. Esta es quizás una de las razones por las que Pablo escribió tanto sobre la gracia de Dios a los romanos, gálatas y otras iglesias de los gentiles conversos. El Dios de la Biblia fue totalmente diferente a los dioses que habían adorado previamente. ¡Él fue el Dios que ofreció gratuitamente la gracia a todos!

A lo largo de los siglos de la Iglesia, la revelación de la gracia de Dios ha inspirado muchas descripciones sobresalientes. Estos puntos de vista reflejan perspectivas y matices ligeramente diferentes de este atributo maravilloso de Dios, su gracia maravillosa.

> La gracia es el amor que se preocupa, se rebaja y rescata.
>
> - John Stott[6]

> La gracia y el amor son, en su esencia más recóndita, una misma cosa.
>
> - Alexander Whyte[7]

> La gracia es la bondad y el favor gratuito e inmerecido de Dios hacia la humanidad.
>
> - Matthew Henry[8]

> La gracia es una proclamación. Es el anuncio triunfante de que Dios ha obrado en Cristo y ha acudido a ayudar

a todos los que confíen en Él para su salvación eterna.

- Lawrence O. Richards[9]

La gracia es justamente lo contrario al mérito... La gracia no sólo es el favor no merecido, sino es el favor, que se muestra a aquel que se ha merecido totalmente lo opuesto.

- Harry Ironside[10]

La gracia significa más, mucho más de lo que podemos poner en palabras, porque significa nada menos que el carácter infinito de Dios mismo. Este incluye la misericordia para los indignos y despiadados, la ayuda para los indefensos y desesperados, la redención para los renegados y repugnantes, el amor para los faltos de afecto y no amados, la amabilidad para los poco amables e ingratos. Y todo esto en la medida exacta y en abundancia rebosante, debido a nada en el objeto y a todo en el Dador, Dios mismo.

- W. H. Griffith Thomas[11]

CAPÍTULO
5

CINCO EXPRESIONES DE LA GRACIA

> Muy cómodamente viaja quien es transportado por la gracia de Dios. ¿Y qué tiene de admirable que no sienta su carga quien es llevado en peso por el Todopoderoso y conducido por el supremo Conductor?
>
> - Thomas A. Kempis[1]

Cuando Marjorie me preguntó sobre el significado de la gracia, el único versículo de las Escrituras en el que pude pensar fue Efesios 2:8: "Ciertamente la gracia de Dios los ha salvado por medio de la fe. Ésta no nació de ustedes, sino que es un don de Dios". Tomará la eternidad entender la profundidad total de ese versículo, y si la salvación fue la única cosa que la gracia de Dios haya hecho por nosotros, lo podríamos alabar por siempre sólo por ello. Pero la gracia encierra más que eso. Mucho más.

A media que crecí en el conocimiento de la Biblia, comencé a notar los usos adicionales de la palabra *gracia* que abordó asuntos que están más allá de recibir el perdón del pecado y de nacer de nuevo. Al principio sólo ojeaba esos pasajes, pero con el tiempo me di cuenta que el Espíritu Santo resaltaba el hecho de que la gracia de Dios no sólo está involucrada en nuestro inicio en la familia de Dios, sino que su gracia también está allí para ayudarnos en nuestra continuidad con Él. La gracia que nos salva también nos faculta para vivir vidas productivas y plenas para Él.

John Newton, el autor de "Sublime Gracia" comunicó ambas de estas aplicaciones en su famoso himno: "Sublime gracia del Señor, que a mi pecador salvó" (inicio). Luego continúa escribiendo: "Su gracia siempre me libró, y me guiará feliz" (continuación). Me alegro que la gracia que me salvó también me haya traído hasta aquí, y que su gracia vaya a continuar guiándome hasta que esté en casa con Él en el Cielo. También estoy agradecido que la gracia de Dios no estaba simplemente disponible para mí en el pasado, para ser salvo, sino forma parte de mí, su naturaleza ahora es mía y su gracia en mi interior siempre está lista para ayudarme a vivir la vida que Él quiere que yo viva.

Quiero compartir cinco áreas donde Dios desea que su gracia obre en nuestra vida. No son las únicas áreas, pero creo que representan áreas muy significativas donde Dios desea transformarnos, permitiéndonos y facultándonos para hacer su voluntad. Cada una de ellas está relacionada con lo que Dios hace a medida que nos sometemos a Él y colaboramos con Él en estas áreas respectivas.

1. **La gracia que salva** es el poder y la habilidad de Dios para justificarnos, perdonar nuestros pecados y hacernos criaturas nuevas en Jesucristo.

   Ciertamente la gracia de Dios los ha salvado por medio de la fe. Ésta no nació de ustedes, sino que es un don de Dios; ni es resultado de las obras, para que nadie se vanaglorie.

Efesios 2:8-9

2. **La gracia que santifica** es el poder y la habilidad de Dios para purificarnos y permitirnos vivir vidas santas en un mundo corrupto.

Porque la gracia de Dios se ha manifestado para la salvación de todos los hombres, y nos enseña que debemos renunciar a la impiedad y a los deseos mundanos, y vivir en esta época de manera sobria, justa y piadosa,

Tito 2:11-12

3. **La gracia que fortalece** es el poder y la habilidad de Dios para vigorizarnos e inspirarnos para vivir victoriosamente, para reinar sobre los desafíos y circunstancias de la vida.

Pues si por la transgresión de uno solo reinó la muerte, mucho más reinarán en vida los que reciben la abundancia de la gracia y del don de la justicia mediante un solo hombre, Jesucristo.

Romanos 5:17

4. **La gracia que comparte** es el poder y la habilidad de Dios para satisfacer nuestras necesidades y que se alegra en dar a los demás.

Y Dios es poderoso como para que abunde en ustedes toda gracia, para que siempre y en toda circunstancia tengan todo lo necesario, y abunde en ustedes toda buena obra.

2 Corintios 9:8

5. **La gracia que sirve** es el poder y la habilidad de Dios para servirle a Él y a los demás con sus dones y aptitudes divinamente impartidos.

Ponga cada uno al servicio de los demás el don que haya recibido, y sea un buen administrador de la gracia de Dios en sus diferentes manifestaciones.

1 Pedro 4:10

- La gracia que salva nos impide que nos perdamos.
- La gracia que santifica nos impide que nos contaminemos.
- La gracia que fortalece nos impide que seamos vencidos.
- La gracia que comparte nos impide que suframos de carencia y seamos egoístas.
- La gracia que sirve nos impide que seamos improductivos.

- La gracia que salva es la impartición del perdón Dios.
- La gracia que santifica es la impartición de la santidad de Dios.
- La gracia que fortalece es la impartición del poder de Dios.
- La gracia que comparte es la impartición de la generosidad de Dios.
- La gracia que sirve es la impartición de la aptitud de Dios.

La definición más sencilla que puedo dar de la gracia de Dios es esta: La gracia es el amor en acción. No hay nada pasivo sobre la gracia de Dios, así como no hay nada pasivo sobre su amor por nosotros. Dios, quien es amor, ha sido y continúa actuando de nuestra parte y su amor en acción es de lo que se trata la gracia.

Dios le dijo a su pueblo en Jeremías 31:3 NTV: "Yo te he amado, pueblo mío, con un amor eterno. Con amor inagotable te acerqué a mí". ¿Podemos comprender de qué se trata el "amor eterno"?

- El amor de Dios por nosotros no tiene principio ni fin.
- Dios nunca dejará de amarnos.
- No hay nada que podamos hacer para que Dios nos ame más, y no hay nada que podamos hacer para que Dios nos ame menos.
- ¡Él nos ama con un amor eterno!
- Él nos acerca a sí mismo con un amor inagotable.

Si la gracia de Dios, en su sentido general, es el amor en acción, entonces:

- La gracia que salva es el Amor que Rescata.
- La gracia que santifica es el Amor que Limpia.
- La gracia que fortalece es el Amor que Faculta.
- La gracia que comparte es el Amor que Provee.
- La gracia que sirve es el Amor que Ayuda.

Cuando usted entiende la gracia de Dios como su amor en acción por usted, en usted y a través de usted, puede ver fácilmente como la gracia es más que una doctrina o teoría intelectual. La gracia de Dios abunda para usted ahora mismo; acéptela y recíbala por fe.

Una gracia tras otra

El apóstol Juan ofreció este punto de vista sobre la magnitud de la gracia de Dios que le fue cedida a usted a través de Jesucristo. Dijo:

> *De su plenitud todos hemos recibido gracia sobre gracia.*
>
> Juan 1:16 NVI

Usted puede crecer en gracia. A medida que viva su vida según su ADN espiritual puede experimentar gracia, bendición, favor y obsequios del Cielo uno tras otro. ¿Puede percibir a Dios, en su benevolencia, anhelando influenciar cada área de su vida? No hablo de un sentimiento emocional sino de un reconocimiento espiritual. Dios en su gracia lo llama y lo faculta para crecer en madurez espiritual y en semejanza a Cristo.

> *Por lo tanto, desechen toda clase de maldad, todo engaño e hipocresía, envidias y toda clase de calumnia. Busquen, como los niños recién nacidos, la leche espiritual no adulterada, para que por medio de ella crezcan y sean salvos, si es que han probado ya la bondad del Señor.*
>
> 1 Pedro 2:1-3

Una traducción libre de la Biblia Ampliada interpreta a 1 Pedro 2:1-3 de la siguiente manera:

> *Así que deshágalnse de todo rastro de maldad (depravación, malignidad) y todo engaño y falta de sinceridad (fingimiento, hipocresía) y resentimientos (envidia, celos) y calumnia y maledicencia de toda clase.*
>
> *Como bebés recién nacidos deben suplicar (tener sed, desear fervientemente) la leche espiritual pura*

(no adulterada), para que por medio de ella sean nutridos y crezcan en la salvación, al haber probado la bondad y amabilidad del Señor.

Necesitamos saborear y tomar parte de la benevolencia, bondad y amabilidad del Señor. Su gracia es el alimento y la nutrición que satisface todo deseo y necesidad a medida que nos desarrollamos y maduramos en Él. Así como necesitamos una dieta balanceada en términos de los alimentos que comemos, también necesitamos tener una dieta espiritual balanceada. Los nutricionistas nos hablan de los cinco grupos alimenticios principales. Quizás podemos pensar en estas expresiones de la gracia como los principales cinco grupos alimenticios espirituales:

- La gracia que salva.
- La gracia que santifica.
- La gracia que fortalece.
- La gracia que comparte.
- La gracia que sirve.

"¡Prueben ustedes mismos la bondad del Señor!"(Salmos 34:8). Si toma parte y crece en su gracia, será conformado más y más a la imagen y semejanza de Jesús.

CAPÍTULO
6

LO QUE NO ES LA GRACIA

> La gracia no se puede comprar, merecer ni ganar por la criatura. Si así fuera, dejaría de ser gracia.
>
> - Arthur W. Pink1

iguel Ángel, el gran escultor dijo: "Todo bloque de piedra tiene una estatua en su interior, es el trabajo del escultor el descubrirla. Vi el ángel en el mármol y tallé hasta que lo puse en libertad".[2] Entonces para dejar al descubierto el verdadero significado de la gracia, podemos también quitar los conceptos y percepciones de la gracia que son falsos y no tienen nada que ver con la gracia de Dios—su ADN espiritual mediante el cual vivimos nuestra vida—.

1. LA GRACIA DE DIOS NO ES SIMPLEMENTE UNA ORACIÓN QUE SE DICE ANTES DE UNA COMIDA.

Es bueno dar gracias por todas las bendiciones de Dios, incluyendo la comida (1 Timoteo 4:3-4). Hay varios componentes al bendecir la mesa que son maravillosos cuando es sentido: agradecimiento, bendición y acción de gracias, para nombrar algunos; y agradecer a Dios le recuerda siempre de su gracia hacia usted. Sin embargo, su gracia es mucho más que una simple oración antes de comer.

2. La gracia de Dios no es la sofisticación ni elegancia cultural.

Una bailarina exhibe gracia en el estrado, y un libro de etiqueta enseña buenos modales para comportarse con gracia. A ciertas personas se les considera agraciadas o llenas de gracia, y estos son rasgos maravillosos. Estos pueden ser usos adecuados de la palabra en castellano, pero la gracia de Dios involucra mucho más.

3. La gracia de Dios no es la aptitud para tolerar miserablemente una situación.

He escuchado en ocasiones a cristianos que lamentan los desafíos que enfrentan. Se quejan, lloran o se deleitan en la autocompasión. Dejan escapar de repente: "Pero Dios me da gracia" y continúan en su tristeza. ¡Esta no es la gracia de Dios! La gracia de Dios siempre inspira una nota de fe y esperanza en nuestro hablar y caminar.

4. La gracia de Dios no es un concepto muerto y teológico.

La gracia de Dios no es una teoría que estimula el cerebro; ¡esta es viva y poderosa! Aunque intentemos entender intelectualmente la gracia de Dios, esta se concibe a la larga con el corazón. Por ejemplo, imagínese a un individuo que ha estudiado toda teoría y hecho con relación a la electricidad y ha recibido títulos avanzados en ingeniería eléctrica. Su estantería está repleta de libros sobre el tema, ¡pero vive en una choza sin electricidad!

Tal vez él sepa algo sobre la electricidad, pero en su propia vida personal no experimenta ninguno de sus beneficios.

Podemos teorizar, especular, debatir, analizar minuciosamente, ponernos intelectuales y filosóficos, y estudiar la gracia en múltiples idiomas, pero jamás recibiremos el poder transformador de la gracia de Dios hasta que abramos nuestro corazón a Él y a su Palabra. Entonces Dios quiere que tengamos más que conocimiento de su gracia; quiere que seamos partícipes de su gracia.

5. La gracia de Dios no es una actitud pasiva que Dios tiene hacia nosotros.

Dios es proactivo al alcanzarnos y bendecirnos, y no hay nada pasivo sobre su gracia. Efesios 1:7-8 nos da una ilustración de la naturaleza activa y que nos busca de la gracia Dios: "En él tenemos la redención por medio de su sangre, el perdón de los pecados según las riquezas de su gracia, la cual desbordó sobre nosotros en toda sabiduría y entendimiento".

¿No es esa una imagen gloriosa? ¡Dios, en las riquezas de su gracia y en su gloriosa generosidad, desbordó y colmó sobre nosotros toda su gracia, favor y generosidad! No hay absolutamente nada pasivo, renuente, ni tímido sobre la gracia de Dios.

6. La gracia de Dios no es una licencia para pecar.

El libro de Gálatas es un campo de batalla. Así como un general poderoso, Pablo dirige una invasión de la verdad al dominio del legalismo que ha asaltado a la iglesia en esta área. Aquellos que habían comenzado a caminar con Dios en la gloriosa libertad de su gracia habían retrocedido y vuelto a una forma de legalismo mosaico. Al argumentar a favor de la gracia de Dios,

Pablo dice en Gálatas 5:1: "Manténganse, pues, firmes en la libertad con que Cristo nos hizo libres, y no se sometan otra vez al yugo de la esclavitud". Pablo también les aconseja a los gálatas que usen adecuadamente su libertad. Les dice en el versículo 13: "Hermanos, ustedes han sido llamados a la libertad, sólo que no usen la libertad como pretexto para pecar; más bien, sírvanse los unos a los otros por amor".

Pablo nos exhorta a lo largo de sus epístolas diciendo que la gracia de Dios nos animará y nos permitirá siempre a resistir la tentación y el pecado. A continuación se encuentran sólo algunos versículos.

> *Porque la gracia de Dios se ha manifestado para la salvación de todos los hombres, y nos enseña que debemos renunciar a la impiedad y a los deseos mundanos, y vivir en esta época de manera sobria, justa y piadosa.*
>
> Tito 2:11-12

> *La ley se introdujo para que abundara el pecado; pero cuando el pecado abundó, sobreabundó la gracia; para que así como el pecado reinó para traer muerte, también la gracia reine por la justicia para darnos vida eterna mediante Jesucristo, nuestro Señor.*
>
> *Entonces, ¿qué diremos? ¿Seguiremos pecando, para que la gracia abunde? ¡De ninguna manera! Porque los que hemos muerto al pecado, ¿cómo podemos seguir viviendo en él?*
>
> Romanos 5:20-21; 6:1-2

7. LA GRACIA DE DIOS NO ES BARATA.

Dietrich Bonhoeffer, un pastor, teólogo y mártir de Alemania, dijo: "La gracia barata es la predicación del perdón sin arrepentimiento, el bautismo sin disciplina eclesiástica, la eucaristía sin la confesión de los pecados, la absolución sin confesión personal. La gracia barata es gracia sin seguimiento de Cristo, la gracia sin la cruz, la gracia sin Jesucristo vivo y encarnado".[3]

Bonhoeffer empleó el término "gracia barata" para describir una versión debilitada y tergiversada de la gracia que vio a los cristianos tratando de manera casual y con ligereza. Continuó describiendo la gracia verdadera de Dios, la cual denominó la "gracia cara".

> Es cara porque condena el pecado, es gracia porque justifica al pecador. Sobre todo, la gracia es cara porque le ha costado cara a Dios, porque le ha costado la vida de su Hijo: — "habéis sido adquiridos a gran precio"—y porque lo que ha costado caro a Dios no puede resultarnos barato a nosotros. Es gracia, sobre todo, porque Dios no ha considerado a su Hijo demasiado caro con tal de devolvernos la vida, entregándolo por nosotros. La gracia cara es la encarnación de Dios.[4]

La gracia es cara. Es tan sagrada, santa y preciosa como la sangre de Jesús que fue derramada por nosotros. Su gracia, que permea nuestro espíritu, debería hacer que tengamos veneración, temor reverencial y respeto por el Dios que nos dio tan desinteresadamente un obsequio tan exorbitante.

8. La gracia de Dios no nos salva debido a nuestro desempeño.

Muchas personas han dicho durante siglos: "Si tan sólo puedo ser lo suficiente bueno, Dios me va a amar y aceptar". Tal forma de pensar hace que el hombre sea el iniciador o actor y a Dios el receptor, pero Dios es siempre el dador y el iniciador.

> *Y como es mediante la bondad de Dios, entonces no es por medio de buenas acciones. Pues, en ese caso, la*

gracia de Dios no sería lo que realmente es: gratuita e inmerecida.

Romanos 11:6 NTV

Pero si es por la gracia (Su favor no merecido y benevolencia), ya no depende de las obras ni de nada que los hombres hayan hecho. En caso contrario, la gracia ya no sería gracia [esta carecería de sentido].

Romanos 11:6 AMP

La gracia de Dios constituye la base de nuestra salvación, y por lo tanto no podemos recibir nada de la gloria por ella. Si de alguna manera pudiéramos ganarnos el perdón, la aceptación y la salvación, entonces mereceríamos que por lo menos se nos reconociera algo del mérito. Pero si Dios las ofrece gratuitamente—completamente independiente de cualquier trabajo o comportamiento de nuestra parte—entonces Él se merece con justa razón toda la gloria y honra.

El hombre recibe la salvación, no la logra.

9. LA GRACIA DE DIOS NO ES UN ADITIVO NI UN SUPLEMENTO PARA NUESTRA SALVACIÓN.

La gracia de Dios es la esencia básica de nuestra redención. No hay nada suplementario al respecto. Es por ello que me refiero a la gracia de Dios como su ADN: es el fundamento y la esencia de quién es Él y para lo que Él nos creó. Es por ello que Pablo les dijo a los creyentes: "Pónganse la nueva naturaleza, creada para ser a la semejanza de Dios, quien es verdaderamente justo y santo" (Efesios 4:24 NTV).

Vi hace algunos años una camiseta cristiana que decía: "Jesús da vida", un beneficio indirecto de un eslogan de una bebida refrescante popular. Me recordó el mandato de Dios en Deuteronomio 30:19 de que su pueblo "escoge la vida". Él dijo en el versículo inmediato: "Para que ames al Señor tu Dios, y atiendas a su voz, y lo sigas, pues él es para ti vida y prolongación de tus días" (Deuteronomio 30:20).

La gracia de Dios a través de Jesucristo no es un aditivo, un suplemento ni una mejora para nuestra vida; Él es nuestra vida.

10. La gracia de Dios no es una evasión de responsabilidad ni una excusa para evitar las disciplinas espirituales.

La gracia no es un sustituto, es un catalizador. La gracia no reemplaza a otras disciplinas espirituales, nos impulsa a ellas. Necesitamos una conciencia cada vez mayor de que la gracia no es sólo la habilidad de Dios que obra hacia nosotros y en nosotros, sino también a través de nosotros. Cuando Dios nos da su habilidad y respondemos en consecuencia, hemos tenido una respuesta a su habilidad: Por ende, una responsabilidad.

Jamás debemos minimizar o subestimar las tendencias ni la influencia potencial que ejerce nuestra carne. La carne quiere ser atendida, ser dueña y señora, y le gusta mucho "tomar atajos" de toda forma posible. Creo que es por ello que Pablo dijo que golpeaba su cuerpo y lo dominaba (1 Corintios 9:27). También les dijo a los creyentes que debían "hacer morir (adormecer, privar del poder) los malos deseos que acechan a sus miembros [los impulsos animales y todo lo que es terrenal en ustedes que está al servicio del pecado...]" (Colosenses 3:5 AMP).

Algunas personas han entendido la realidad de que la gracia significa que no deben realizar obras para ganarse la salvación—y eso es cierto—. Sin embargo, su carne distorsiona y filtra ese mensaje como: "No tengo que hacer nada, y punto". Es probable que terminen renunciando o rebelándose contra muchas de las disciplinas y expresiones de obediencia que los seguidores del Señor Jesús deben abrazar a medida que su vida esté acorde con la Palabra de Dios. La creencia de que la gracia permite la irresponsabilidad es una tergiversación y un engaño. La verdadera gracia es el empoderamiento de Dios que nos faculta para responder a su habilidad y a su buen plan para nuestra vida.

11. La gracia no implica la ausencia de retos ni de esfuerzo.

Jesús estuvo lleno de gracia, y la gracia de Dios estuvo sobre Él, pero aún así Jesús tuvo que enfrentar desafíos y presiones intensas. La gracia de Dios fue lo que le permitió atravesar por todo, sin pecado y sin fracaso. Pablo también enfrentó demasiada oposición y aprendió la lección revolucionaria de que la gracia de Dios era suficiente para sostenerlo y protegerlo ante toda dificultad.

La gracia no significa que no enfrentaremos desafíos ni que nunca tendremos que luchar. Luchamos, pero la nuestra es la "... la buena batalla de la fe"(1 Timoteo 6:12), porque la gracia de Dios obra poderosamente en nosotros y da lugar a la victoria.

CAPÍTULO 7

LA MULTIFORME GRACIA DE DIOS

> Es la misericordia de Dios que mueve a la compasión, es la sabiduría de Dios que planea, es el poder de Dios que prepara, es el amor de Dios que provee.
>
> - W.H. Griffith Thomas[1]

Tal vez usted haya escuchado sobre el grupo de invidentes que fueron conducidos hacia un elefante. Cada uno de los hombres tocó una parte diferente, y luego presentaron su descripción respectiva del elefante.

- El hombre que palpó la cola dijo que un elefante es como una soga.
- El hombre que examinó la pierna dijo que un elefante es como un árbol.
- El hombre que sostuvo la trompa dijo que un elefante es como una gran manguera de agua.

- El hombre que pasó sus manos sobre el costado del elefante dijo que un elefante es como una pared.
- El hombre que palpó la oreja dijo que un elefante es como una gran hoja flexible.
- El hombre que inspeccionó el colmillo dijo que un elefante es como un tubo.

Cada uno de estos hombres fue acertado al describir su encuentro, pero ninguno de ellos suministró una descripción exhaustiva del elefante. Tal vez discutieron sobre quién tuvo la razón, y en realidad ninguna de sus descripciones fue incorrecta; sin embargo, todas fueron incompletas. Únicamente todos los relatos juntos muestran la verdadera imagen del elefante.

- Esta historia es aplicable a cómo entendemos la gracia de Dios.
- Una persona que estuvo profundamente en pecado y en las ataduras del mundo antes de tener un encuentro con Jesús podría ver la gracia de Dios como su poder liberador y salvador.
- Una persona que aceptó al Señor a una temprana edad y permitió que la Palabra y el Espíritu de Dios gobernara sus pasos podría ver la gracia de Dios como una expresión de su poder guardador.
- Una persona que fue llamada por Dios y estuvo realizando cierto ministerio podría ver la gracia de Dios como su poder capacitador.
- Una persona cuyo corazón fue tocado por el consuelo y la fortaleza de Dios durante un momento de gran adversidad vería la gracia de Dios como una expresión de su poder sustentador.

Todas estas serían precisas en sus descripciones individuales de cómo la gracia de Dios ha bendecido su vida. Si bien cada aplicación o expresión de la gracia fue igualmente válida, cada persona experimentó la gracia de una forma diferente, lo cual limita potencialmente su entendimiento de ella. Al igual que los ciegos y el elefante, lo que cada persona pueda pensar que es la gracia en su plenitud, es realmente sólo una expresión de la gracia. Uno de los grandes desafíos para definir la gracia de Dios es que esta no es reducida, limitada, ni unidimensional. De hecho, el apóstol Pedro hace referencia a "la multiforme gracia de Dios" (1 Pedro 4:10 RVR1960).

Otras traducciones de la Biblia interpretan esa frase de la siguiente manera:

- La gracia de Dios en sus diversas formas. (NVI)
- La gran variedad de dones de Dios. (NTV)
- La gracia de Dios en sus diferentes manifestaciones. (RVC)
- Los diferentes dones de Dios. (DHH)

El uso que Pedro hace de la palabra "multiforme" indica que la gracia de Dios se expresa en formas diferentes y diversas; esta es realmente multifacética. La palabra "multiforme" quiso decir originalmente "muchas formas". Se utilizó en los años 1800s para describir un instrumento musical que involucró un "tubo o cámara con varias salidas".[2]

Un diamante tallado con muchos lados también ilustra el significado de multiforme. A medida que usted le da vueltas al diamante, cada lado refleja la luz de manera diferente y expresa una vista única de la piedra preciosa. Sin embargo, independientemente del lado o grupo de lados que usted vea, en realidad usted aprecia el mismo diamante. En el mismo sentido, usted pierde demasiado si llega apresuradamente a una sola definición simplista de la gracia y luego aparta la mirada. Yo prefiero contemplar por largo rato y admirar el diamante de la gracia de Dios a fin de ver y apreciar cada faceta.

La electricidad multiforme

Otra ilustración que nos ayuda a apreciar más a fondo la naturaleza multiforme de la gracia de Dios es considerar las diferentes aplicaciones de la electricidad. Imagínese que un amigo misionero suyo se presenta en su casa con algunos invitados de una tribu primitiva de otro país. Estas personas jamás han visitado antes una comunidad moderna, ni tampoco han visto algún tipo de artículo actual. Cuando usted les abre la puerta y los recibe, ellos ven que usted acciona algunos interruptores en la pared y se encienden varias luces. Esto los sorprende, y con el misionero que sirve de intérprete, ellos le preguntan cómo ocurrió eso. Para tratar de ser sencillo, usted responde que los bombillos alumbran debido a la electricidad.

Usted se da cuenta que hace un poco de calor, de modo que acciona otro interruptor con que enciende un ventilador de techo. Sus invitados quedan fascinados por el movimiento que produce la brisa y quieren saber cómo ocurrió eso. Una vez más, usted se lo atribuye a la electricidad.

Queriendo ser hospitalario, usted convida a sus invitados a pasar a la cocina para ofrecerles algo de comer y beber. Usted puede notar su curiosidad, así que los invita a acercarse a la nevera. Cuando la abre para sacar una bebida, ellos quedan asombrados de sentir el frío que sale de la gran caja reluciente. Antes de que ellos formularan la pregunta, usted declara: "Es la electricidad".

Saca algo de comida de la nevera y la coloca en el horno. Los extranjeros quedan una vez más asombrados y con curiosidad, cuando esta se calienta y usted la sirve a sus invitados. De nuevo, usted les dice que la electricidad es la fuente de calor que calentó la comida.

Creo que podemos entender la perplejidad de sus invitados primitivos. Ellos tratan de entender cómo una fuerza—la electricidad—puede producir cuatro resultados completamente diferentes: luz, movimiento, frío y calor. Usted y yo entendemos que la electricidad produce diferentes resultados dependiendo de qué artículo esté sirviendo. La electricidad es el poder que se puede manifestar de diversas formas.

Igualmente, la gracia de Dios es multiforme y se puede manifestar de diversas maneras. Dependiendo de cómo nos sometamos, dependamos y cooperemos con Dios, su gracia producirá diferentes resultados y tendrá diferentes expresiones en nuestra vida.

Aplicaciones bíblicas de la gracia

Para apreciar la gracia multiforme de Dios, vuelva al Capítulo 2, "La gracia en las Escrituras", y vuelva a leer las muchas aplicaciones y expresiones de la gracia de Dios a lo largo de la Biblia. ¡Su gracia logra y produce resultados maravillosos, y todo para su gloria! Podemos identificar algunos de los rasgos específicos que la Biblia asocia con la gracia:

- La gracia es una parte integral de quién es Dios. El Padre está lleno de gracia y Él es el Dios de toda la gracia. Jesús también está lleno de gracia, la gracia de Dios está sobre Él, y palabras graciables salen de su boca. El Espíritu Santo es el Espíritu de la Gracia. La gracia es el ADN de Dios y la estructura misma de su ser.

- Los vocablos como gratis, gratuitamente, obsequio y otorgado se asocian con la gracia, así como lo son la salvación, salvado y justificado.

- Actos y expresiones adicionales de la gracia se indican con otras palabras y conceptos acompañantes, como edificar, enriquecer, ayudar, facultar, establecer, fortalecer y crecer.

Dos cosas que me llaman la atención a medida que considero estos hechos son:

1. La gracia y la bondad le pertenecen a Dios mismo. No debemos considerar la gracia de Dios como un "objeto", como si fuera "algo" impersonal o un artículo. La gracia es la naturaleza y el carácter de Dios que emana y fluye de su persona y presencia, de la misma manera que la luz y el calor emanan del sol.

2. La gracia de Dios es activa y productiva. Ocurre una variedad de cosas dinámicas y poderosas, cada vez que se recibe su gracia. Se confieren bendiciones tangibles a la vida de las personas y esta vida se realza, transforma y faculta.

Preguntas para reflexionar y discutir

- ¿Qué fue nuevo y fresco para usted sobre la gracia?
- ¿Qué reforzó el entendimiento que usted ya tenía de la gracia?
- ¿Qué desafió su entendimiento pasado y actual de la gracia?
- ¿Siempre ha visto a Dios como un juez benevolente? ¿Cómo se lo ha imaginado a lo largo de los años?
- ¿Cómo el estudio de la gracia de Dios cambia su percepción de quién es usted como su hijo o hija?
- ¿En su andar con Dios, es diferente el papel que desempeña la gracia de Dios en su inicio en la familia divina del papel de la gracia en su continuación en la familia de Dios? Explique.

- ¿Por qué es tan difícil entender la palabra *Charis* para la mente religiosa?
- ¿Cree que existe un buen entendimiento de la gracia en todo el cuerpo de Cristo? ¿Por qué o por qué no?
- ¿Cuál cree que es hoy en día el mayor malentendido sobre la gracia entre los no creyentes? ¿Y entre los creyentes?
- Con cada faceta de la gracia que se presenta a continuación, describa la obra de la gracia de Dios en su vida.
  - La gracia que salva es el Amor que Rescata.
  - La gracia que santifica es el Amor que Limpia.
  - La gracia que fortalece es el Amor que Faculta.
  - La gracia que comparte es el Amor que Provee.
  - La gracia que sirve es el Amor que Ayuda.

PARTE 3

¿Qué Es la *Gracia* que Salva?

Capítulo 8

Los aspectos básicos

> ¡Obras! ¡Un hombre podrá entrar al Cielo por obras tan pronto como yo descubra que se puede escalar a la luna con una soga de arena!
>
> - George Whitfield[1]

Existe una vieja tira cómica de **Daniel el Travieso** que representa maravillosamente la gracia. Daniel y su pequeño amigo Joey salen de la casa de su bondadosa vecina, la señora Wilson, con galletas en la mano. Joey le pregunta a Daniel: "¿Me pregunto que hicimos para merecer esto?". Daniel entonces le explica como solamente un niño puede hacerlo. "Mira Joey. La señora Wilson nos da galletas no porque somos buenos, sino porque ella es buena".

Si podemos entender esa simple historieta, entonces tenemos un buen comienzo para entender la gracia de Dios. La gracia mediante la cual Dios no salvó—que es incluso mejor que unas galletas—se basa en su bondad, no en nuestro desempeño ni perfección. ¡Nuestra redención tampoco fue una simple ocurrencia tardía de Dios! Fue su plan desde la eternidad pasada.

> ...Dios, quien nos salvó y nos llamó con llamamiento santo, no conforme a nuestras obras, sino **según el propósito suyo y la gracia** que nos fue dada en Cristo Jesús **antes de los tiempos de los siglos.**
>
> 2 Timoteo 1:8-9 (la letra negrita es mía)

> Y adoraron a la bestia todos los habitantes de la tierra, todos los que no tienen su nombre inscrito en el libro de la vida del **Cordero que fue inmolado desde el principio del mundo.**
>
> Apocalipsis 13:8 (la letra negrita es mía)

Estos pasajes revelan el amor eterno y el deseo de Dios por nosotros, de modo que podemos saber sin lugar a duda que no hubo nada de casualidad sobre la gracia de Dios que se nos expresa a través del ofrecimiento de su Hijo. Él ha hecho y continúa haciendo todas las cosas con nuestro bien más elevado en mente y en el corazón.

La gracia que salva es:

- El poder y la habilidad de Dios para justificarnos, perdonar nuestro pecado y hacernos criaturas nuevas en Jesucristo.
- El poder y la habilidad de Dios que impide que nos perdamos.
- La impartición del perdón de Dios.
- El amor que rescata.

La gracia es inmerecida e indebida

Todos necesitamos ser rescatados de la consecuencia catastrófica del pecado—la separación eterna de Dios—. El hecho de que este rescate vino por la gracia implica que hubo algo que no podíamos lograr o cumplir por nuestros propios esfuerzos. En breve, necesitábamos a alguien que hiciera algo por nosotros que no podíamos lograr por nuestra cuenta.

Para que la redención de Dios se llamara realmente gracia, se tenía que realizar sobre la base de su benevolencia, buena voluntad, amor y generosidad y no porque Él estaba obligado o en deuda con nosotros de alguna manera. Dicho de otro modo, si Él nos hubiera salvado porque lo ganamos o merecimos, la ayuda que Él proporcionó dejaría de ser gracia; esta simplemente cumpliría con una deuda o una obligación.

El apóstol Pablo explica por qué toda la humanidad necesita de la gracia.

> *Pues todos hemos pecado; nadie puede alcanzar la meta gloriosa establecida por Dios.*
>
> Romanos 3:23 NTV

Él aborda posteriormente las consecuencias de nuestro pecado, así como la respuesta de Dios a nuestro dilema.

> *Pues la paga que deja el pecado es la muerte, pero el regalo que Dios da es la vida eterna por medio de Cristo Jesús nuestro Señor.*
>
> Romanos 6:23 NTV

La **paga** es lo que ganamos o merecemos con base en nuestro esfuerzo y desempeño.

El **regalo** es algo que se concede sin costo alguno para el receptor, ya que el dador ha pagado el precio por ello.

> *Dios los salvó por su gracia cuando creyeron. Ustedes no tienen ningún mérito en eso; es un regalo de Dios. La salvación no es un premio por las cosas buenas que hayamos hecho, así que ninguno de nosotros puede jactarse de ser salvo*
>
> Efesios 2:8-9 NTV

Una traducción libre de la Biblia Ampliada interpreta este versículo de la siguiente manera:

> *Pues es por la gracia gratuita (el favor inmerecido de Dios) que ustedes son salvos (librados del juicio y hechos partícipes de la salvación de Cristo) por medio de [su] fe. Y esta [salvación] no procede de ustedes [de su actuar, de su propio esfuerzo], sino es el regalo de Dios; No por obras [no es por el cumplimiento de los requisitos de la Ley], para que ningún hombre se jacte. [No es el resultado de lo que alguien pueda hacer, para que nadie se enorgullezca de ello ni se apropie de la gloria].*

Aún cuando la Biblia enseña esto tan claramente, muchas personas (incluso en las iglesias) todavía piensan que si son lo suficiente buenos, hacen suficientes obras buenas, o llevan una vida lo suficiente buena, podrán llegar al Cielo. Esto quizás sea un pensamiento popular religioso, pero no es la verdad del Nuevo Testamento—y esto niega la gracia de Dios como el medio de la salvación—.

DIOS ES EL INICIADOR

> *Pero Dios muestra su amor por nosotros en que, cuando aún éramos pecadores, Cristo murió por nosotros.*
>
> Romanos 5:8

Dios envió a su Hijo para que se volviera un ser humano y demostrara físicamente el amor y la gracia del Padre hacia nosotros. Dios vino por nosotros—todos los pecadores— por medio de la vida, muerte y resurrección de Jesús. L.E. Barton señaló sobre cuán premeditado e intencionado fue Dios al buscarnos proactivamente:

> La gracia es pues la naturaleza activa, enérgica, combativa (si me disculpan) de Dios, que combina su misericordia, amor y compasión en una búsqueda incesante por los hombres perdidos y que están en la ruina.[2]

La gracia es un obsequio para nosotros, pero le costó a Jesús su vida. Él no esperó a que cambiáramos nuestra conducta, mejoráramos nuestra actitud, mostráramos aprecio, nos enderezáramos, nos volviéramos perfectos ni incluso que mostráramos un interés sincero en Dios. Él nos dio lo mejor de sí mismo, cuando estábamos en nuestra peor situación. ¡Esto es gracia!

Pablo mencionó la naturaleza iniciadora de la gracia de Dios en Romanos 10:20.

> *También Isaías dice resueltamente: "Los que no me buscaban, me encontraron; me manifesté a los que no preguntaban por mí".*

Juan hizo eco de este aspecto de la gracia de Dios (su inicio de la salvación) cuando dijo:

> *En esto consiste el amor verdadero: no en que nosotros hayamos amado a Dios, sino en que él nos amó a nosotros y envió a su Hijo como sacrificio para quitar nuestros pecados.*
>
> 1 Juan 4:10 NTV

Reflexione al respecto. Antes de que usted hubiera nacido, pecado o necesitado perdón, Dios ya había dispuesto el medio para el perdón y aceptación en su familia. Él dispuso una solución antes de que hubiera tenido algún problema. Su propio esfuerzo, obras y desempeño no podían salvarlo, pero el sacrificio maravilloso de Jesús—al derramar su sangre preciosa, morir en la Cruz y resucitar de entre los muertos—puso la salvación a su disposición como un obsequio. ¡Esta es la esencia de la gracia que salva!

La gracia es la mano de Dios que nos alcanza cuando somos completamente incapaces de ayudarnos a nosotros mismos. Dios pagó una deuda que Él no debía (el castigo por nuestro pecado), para que pudiéramos recibir los regalos que nosotros jamás podríamos ganar (el perdón, la justicia y la vida eterna).

Esfuerzo o confianza

El gran estudioso F. F. Bruce dijo:

La afirmación de Pablo era que el mensaje que él predicó fue el evangelio auténtico de Cristo. Es el siguiente: hay dos cosas en que Pablo insistió ante todo—que la gracia de Dios proporcionó la salvación y la fe fue el medio mediante el cual los hombres se apropiaron de ella—.

Recuerde la "paga del pecado" y el "regalo de Dios". Nadie quiere recibir la paga—¡lo que merecemos!— Pero gracias a Dios por el regalo de la gracia que salva.

> *Cuando la gente trabaja, el salario que recibe no es un regalo sino algo que se ha ganado; pero la gente no es considerada justa por sus acciones sino por su fe en Dios, quien perdona a los pecadores.*
>
> Romanos 4:4-5 NTV

Tenemos una muy simple opinión cuando se trata de obtener el perdón y la aceptación de Dios: Podemos esforzarnos o podemos confiar. La Biblia deja muy claro qué opción funciona y cuál fracasa rotundamente. Si nuestra fe está en nuestro "esfuerzo", entonces obtendremos la paga que hemos ganado (algo que no queremos). Si nuestra fe está en Él y en lo que Él ha hecho—nuestra "confianza"—entonces recibimos los obsequios maravillosos que el extiende gratuitamente—.

CAPÍTULO 9

¿SALVADOS DE QUÉ?

> Sí, es extraordinariamente cierto que él no nos atribuye la responsabilidad de nuestros pecados. Pero esta no es la maravilla máxima. La maravilla de todas las maravillas es que Dios le imputó nuestras ofensas a su Hijo, el Señor Jesucristo. Él no las pasó por alto; él las sancionó al máximo en la persona de tal manera que "Él mismo llevó en su cuerpo nuestros pecados al madero" (1 Pedro 2:24).
>
> - Sinclair B. Ferguson[1]

Las palabras como "salvado" y "salvación" se emplean de una forma tan frecuente, casual y ligera que me pregunto si a veces no reconocemos su verdadero valor e importancia. Jesús no vino a este mundo para salvarnos de tener un mal día, para darnos simplemente una actitud positiva, para solamente mejorar nuestra vida o para rescatarnos de algunas molestias menores. Él no sólo vino para hacernos sentir felices, exitosos o realizados.

Desde luego, estos son algunos de los muchos beneficios secundarios y adicionales al estar en relación con Dios por medio de Jesucristo, pero el propósito impulsor y de peso de la venida de Jesús a esta Tierra fue para salvar a la humanidad—a nosotros—del pecado, de nuestra separación de Dios, de nuestra perdición. En cierto sentido, Él vino para salvarnos de nuestro ser caído.

Dios es justo

Te perdiste, oh Israel, mas en mí está tu ayuda.

Oseas 13:9 RVR1960

Son las iniquidades de ustedes las que han creado una división entre ustedes y su Dios. Son sus pecados los que le han llevado a volverles la espalda para no escucharlos.

Isaías 59:2

¡Necesitábamos realmente ayuda, y ayuda Él nos dio! Él envió a Jesús a la Cruz. Hay aquellos que piensan que la Cruz no fue necesaria. Ellos están lamentablemente equivocados. Pablo hizo referencia a "el tropiezo de la cruz" (Gálatas 5:11) y dijo: "El mensaje de la cruz es ciertamente una locura para los que se pierden, pero para los que se salvan, es decir, para nosotros, es poder de Dios" (1 Corintios 1:18). ¿Cómo puede ser un acto tan aparentemente cruel—la crucifixión del Hijo de Dios—el poder de Dios? Este pagó la deuda completa del pecado de la humanidad.

Quizás algunos piensan que Dios aparta la mirada o ignora los pecados de la humanidad porque Él es un Dios de amor. Sin embargo, la Biblia también enseña que Dios es justo. Deuteronomio 32:4 dice:

Todos sus caminos son de justicia. Es el Dios de la verdad, justo y recto; en él no hay ninguna maldad.

Deténgase y piense al respecto por un instante. ¿Qué diríamos de un juez terrenal que absuelve todo caso que le presentan a pesar de la evidencia enorme e incriminatoria contra el acusado, incluso en crímenes atroces? ¿Y qué si escoge pasar por alto todo acto criminal que se le presenta? Diríamos que tal juez fue corrupto y que no imparte justicia. Estaríamos legítimamente preocupados de que el mensaje que tal indulgencia irresponsable estaría enviando a nuestra sociedad es: Está bien el crimen y no tiene consecuencias.

No hay absolutamente nada en la Biblia—incluyendo la gracia de Dios—que indique que Dios es suave con el pecado. Considere lo siguiente:

- "¡El SEÑOR Dios... de ningún modo declara inocente al malvado!" (Éxodo 34:6-7).
- "Dios justo y Salvador" (Isaías 45:21).
- "Cada cual morirá por su propia maldad" (Jeremías 31:30).
- "Mantiene su enojo contra sus enemigos" (Nahúm 1:2).
- "Por la pureza de tus ojos no soportas ver el mal ni los agravios" (Habacuc 1:13).

Aún cuando pasamos al Nuevo Testamento, encontramos que Dios todavía odia el pecado y es justo. Pablo dijo que aquellos que fueron tercos y se rehusaron a arrepentirse del pecado y ser salvos estuvieron "acumulando un castigo terrible" para sí mismos, y que, "se acerca el día de la ira, en el cual se manifestará el justo juicio de Dios" (Romanos 2:5 NTV).

> *Cuando el Señor Jesús se manifieste desde el cielo con sus poderosos ángeles, entre llamas de fuego, para darles su merecido a los que no conocieron a Dios ni obedecen al evangelio de nuestro Señor Jesucristo. Éstos sufrirán el castigo de la destrucción eterna, y serán excluidos de la presencia del Señor.*
>
> 2 Tesalonicenses 1:7-9

Las Escrituras dicen de Jesús: "Amas la justicia, y odias la maldad" (Hebreos 1:9). Hebreos 10:31 señala seguidamente: "¡Horrenda cosa es caer en las manos del Dios vivo! y Hebreos 12:29 dice: "Nuestro Dios es un fuego que todo lo consume". ¿Qué podemos hacer entonces? Judas dijo: "Rescaten a otros arrebatándolos de las llamas del juicio" (Judas 23 NTV).

Jesús dijo que Él odió las obras y la doctrina de un grupo llamado los nicolaítas (Apocalipsis 2:6,15). Ellos fueron una secta que se creyó ser fundada por Nicolás, uno de los siete diáconos elegidos para atender a las mesas en Hechos 6. Nicolás enseñó que como los cristianos ya no están bajo la Ley, eran libres para vivir como quisieran. Podían participar en las fiestas paganas, que involucraban idolatría e inmoralidad, y tomar parte en cualquier tipo de comportamiento que desearan. Esto fue una perversión del evangelio y de la doctrina bíblica de la gracia.

Además de las glorias del Cielo descritas en el libro del Apocalipsis, también hay una descripción escueta del juicio final, que se llevará a cabo en el Gran Trono Blanco.

> *Todos los que no tenían su nombre registrado en el libro de la vida fueron lanzados al lago de fuego.*
>
> Apocalipsis 20:15

EL INFIERNO ES REAL

¿SALVADOS DE QUÉ?

Algunas personas han tratado de rebatir el Infierno. Aquellos que rechazan la autoridad de la Biblia pueden decir que el Infierno es simplemente el resultado de la imaginación del hombre. Algunos que emplean la Biblia para apoyar sus opiniones no bíblicas reconocen lo que se enseña del Infierno en la Biblia, pero creen que nadie irá al Infierno porque Jesús murió por los pecados de todo el mundo, lo que significa que todas las personas serán perdonadas e irán al Cielo. Esta última idea se conoce frecuentemente como el universalismo o la reconciliación final.

No estoy en contra de utilizar la razón, pero se supone que nunca debemos exaltar nuestro propio razonamiento por encima de la Palabra de Dios. Dios nos invitó a razonar con Él no contra Él, y su razonamiento se encuentra en la Biblia.

> *Vengan ahora, y pongamos las cosas en claro. Si sus pecados son como la grana, se pondrán blancos como la nieve. Si son rojos como el carmesí, se pondrán blancos como la lana.*
>
> Isaías 1:18

Al reconocer lo difícil que es para nosotros aceptar la realidad horrenda del Infierno, C.S. Lewis dijo:

> No hay ninguna doctrina que yo estaría más decidido a quitar del cristianismo que la doctrina del Infierno, si esto estuviera en mi mano hacerlo. Pero esta tiene el apoyo total de las Escrituras y, sobre todo, de las propias palabras de nuestro Señor; la Iglesia cristiana siempre la ha sostenido, y cuenta con el apoyo de la razón.[2]

Para abrazar la idea de que todos serán salvos con base en la muerte de Jesús, uno tendría que hacer caso omiso completamente de los numerosos pasajes de las Escrituras que enseñan claramente que la salvación y el perdón los debe recibir el individuo mediante la fe. Por ejemplo, Juan 1:12 dice: "Pero a todos los que la recibieron, a los que creen en su nombre, les dio la potestad de ser hechos hijos de Dios".

William Evans señaló hábilmente la diferencia entre lo que Dios dispuso frente a lo que el hombre realmente recibe:

> La expiación es suficiente para todos; es eficaz para todos los que creen en Cristo. La expiación misma, es ilimitada en cuanto a que sienta las bases para el trato redentor de Dios con los hombres; la aplicación de la expiación es limitada para que aquellos que realmente creen en Cristo. Él es potencialmente el Salvador de todos los hombres (1 Timoteo 1:15); y eficazmente de sólo los creyentes (1 Timoteo 4:10). "Y por esto mismo trabajamos y sufrimos oprobios, porque hemos puesto nuestra esperanza en el Dios vivo, que es el Salvador de todos los hombres, y mayormente de los que creen". La expiación se limita sólo por la incredulidad de los hombres.[3]

Jamás debemos abordar a la ligera un tema tan importante como el Infierno y la condenación eterna. D. L. Moody dijo: "No puedo predicar sobre el infierno a menos que predique con lágrimas"[4] Y Pablo dijo: "Así que, puesto que conocemos el temor del Señor, procuramos convencer a todos" (2 Corintios 5:11).

Jesús nació para salvar

La gracia no significa que Dios justifica el pecado. Pablo nos animó a considerar la bondad y la severidad de Dios (Romanos 11:22). Al recibir su gracia, podemos disfrutar de su bondad, pero no se confunda—Dios todavía odia el pecado—. La Buena Noticia es que aunque Dios aborrece el pecado, Él nos ama; y es por ello que envió a Jesús para salvarnos de nuestros pecados y acercarnos a Él.

- El ángel Gabriel le dijo a José: "María tendrá un hijo, a quien pondrás por nombre JESÚS, porque él salvará a su pueblo de sus pecados" (Mateo 1:21).

- Jesús dijo de sí mismo: "Porque el Hijo del Hombre vino a buscar y a salvar lo que se había perdido" (Lucas 19:10).

- Pablo dijo: "Esta palabra es fiel y digna de ser recibida por todos: Cristo Jesús vino al mundo para salvar a los pecadores, de los cuales yo soy el primero" (1 Timoteo 1:15).

- Después que Jesús compró la salvación por nosotros, Pedro les dijo a quienes lo escuchaban: "Pónganse a salvo de esta generación perversa" (Hechos 2:40).

- Pablo dijo de la salvación que obtenemos a través de Jesús: "Con mucha más razón, ahora que ya hemos sido justificados en su sangre, seremos salvados del castigo por medio de él" (Romanos 5:9). Él reforzó esta idea cuando dijo: "Dios no nos ha puesto para sufrir el castigo, sino para alcanzar la salvación por medio de nuestro Señor Jesucristo" (1 Tesalonicenses 5:9).

Porque Dios no envió a su Hijo al mundo para condenar al mundo, sino para que el mundo sea salvo por él. El que en él cree, no es condenado; pero el que no cree, ya ha sido condenado, porque no ha creído en el nombre del unigénito Hijo de Dios.

Juan 3:17-18

No obstante, lo que sí vemos es a Jesús, a quien se le dio una posición "un poco menor que los ángeles"; y debido a que sufrió la muerte por nosotros, ahora está "coronado de gloria y honor". Efectivamente, por la gracia de Dios, Jesús conoció la muerte por todos.

Hebreos 2:9 NTV

¡Qué idea tan asombrosa! Jesucristo, nuestro sustituto perfecto e inmaculado, conoció la muerte por nosotros. La Biblia incluso dice cómo lo hizo: por la gracia de Dios. Fue el amor de Dios, la compasión y la misericordia por usted y por mí que Él no sólo envió a Jesús a la Cruz sino que le permitió soportarla. Jesús no fue una víctima inerme del odio o la persecución. Él se entregó a sí mismo para morir.

> *Nadie me la quita, sino que yo la doy por mi propia cuenta. Tengo poder para ponerla, y tengo poder para volver a tomarla.*
>
> Juan 10:18

Jesús fue por voluntad propia a la Cruz, sabiendo que se iba a cumplir Isaías 53:6, a medida que sufrió por nosotros:

> *Todos perderemos el rumbo, como ovejas, y cada uno tomará su propio camino; pero el Señor descargará sobre él todo el peso de nuestros pecados.*

Como nuestro sustituto en la Cruz, Jesús sufrió lo inimaginable y lo incomprensible. ¡La gracia nunca significa que Dios le quita importancia al pecado! La gracia significa que Dios le atribuyó el pecado y el castigo por el pecado a su único Hijo para que jamás tuviéramos que incurrir en su ira. 1 Tesalonicenses 5:9 dice: "Dios no nos ha puesto para sufrir el castigo, sino para alcanzar la salvación por medio de nuestro Señor Jesucristo". ¿Cuál fue la base para esto?

> *De modo que si alguno está en Cristo, ya es una nueva creación; atrás ha quedado lo viejo: ¡ahora ya todo es nuevo! Y todo esto proviene de Dios, quien nos reconcilió consigo mismo a través de Cristo y nos dio el ministerio de la reconciliación. Esto quiere decir que, en Cristo, Dios estaba reconciliando al mundo consigo mismo, **sin tomarles en cuenta sus pecados**, y que a*

nosotros nos encargó el mensaje de la reconciliación... **Al que no cometió ningún pecado, por nosotros Dios lo hizo pecado, para que en él nosotros fuéramos hechos justicia de Dios.**

2 Corintios 5:17-19,21 (la letra negrita es mía)

Pues ustedes ya conocen la gracia de nuestro Señor Jesucristo que, por amor a ustedes, siendo rico se hizo pobre, para que con su pobreza ustedes fueran enriquecidos.

2 Corintios 8:9

Cristo nos redimió de la maldición de la ley, y por nosotros se hizo maldición (porque está escrito: "Maldito todo el que es colgado en un madero", para que en Cristo Jesús la bendición de Abrahán alcanzara a los no judíos, a fin de que por la fe recibiéramos la promesa del Espíritu.

Gálatas 3:13-14

Recuerde, fue por la gracia que Él conoció la muerte que merecía todo hombre, mujer y niño. Fue por la gracia que los pecados del mundo le fueron atribuidos, que Él fue hecho pobre y maldición por nosotros. También es por la gracia que Dios nos hace justos, enriquece nuestra vida y nos bendice. Fue la gracia de Dios que obra en y a través de Jesús que motivó todo lo que Él hizo por nosotros.

La gravedad del pecado y la grandeza del amor de Dios

John Chrysostom, quien fuera arzobispo de Constantinopla en 398 d.C. dijo: "Mediante la Cruz, conocemos la gravedad del pecado y la grandeza del amor de Dios hacia nosotros".[5] Es común, y con toda la razón, que escuchamos mucho sobre el amor de Dios. Sin embargo, también es importante entender que Chrysostom hizo referencia a "la gravedad del pecado". El destacado comentarista de la Biblia, Harry Ironside dijo:

> Ninguna mente finita puede sondear las profundidades de la aflicción y la angustia en la cual se sumió el alma de Jesús cuando se extendió aquella espantosa oscuridad por toda la escena.
>
> Esto fue un símbolo de la oscuridad espiritual en la cual Él estuvo como el Hombre Jesucristo hecho pecado por nosotros, para que nos volviéramos la justicia de Dios en Él.
>
> Fue entonces que Dios le atribuyó la iniquidad de todos nosotros para que su alma fuera una ofrenda por el pecado. Obtenemos un entendimiento vago de lo que esto significó para Él cuando, justo al pasar las tinieblas, lo escuchamos clamar: "Dios mío, Dios mío, ¿por qué me has desamparado?". Él tomó nuestro lugar y soportó la ira de Dios que merecían nuestros pecados. Esta fue la copa de la cual Él no vaciló en Getsemaní; ahora, haciendo presión a sus labios, bebiéndola hasta el fondo.[6]

Ironside expuso detalladamente sobre los sufrimientos de Cristo en un sermón titulado "El ser libre de pecado hecho pecado":

> De alguna manera nuestra mente finita no puede entender ahora, la ira reprimida de los siglos que cayeron sobre Él, y Él se sumió en un fango profundo donde no hubo apoyo, a medida que soportó en lo más íntimo de sí mismo lo que usted y yo habríamos tenido que soportar por toda la eternidad, si no hubiera sido por su sacrificio poderoso.[7]

Cuando vislumbramos los sufrimientos de Cristo en la Cruz y entendemos que la sangre preciosa del Hijo de Dios inmaculado y sin macha se derramó por nosotros (Hebreos 9:22), entonces podemos comenzar a entrever lo que Efesios 3:18 TLA describe como "el amor de Cristo en toda su plenitud". Esta gracia—la gracia por la cual Cristo conoció la muerte por todas las personas—demuestra la magnificencia del amor de Dios por nosotros. Esto no es un amor teórico ni filosófico; es un amor que se demuestra con las acciones más intencionales. Jesús murió por nosotros, debido a la gravedad de nuestro pecado.

> *A ustedes, él les dio vida cuando aún estaban muertos en sus delitos y pecados,...Entre ellos todos nosotros también vivimos en otro tiempo. Seguíamos los deseos de nuestra naturaleza humana y hacíamos lo que nuestra naturaleza y nuestros pensamientos nos llevaban a hacer. Éramos por naturaleza objetos de ira, como los demás. Pero Dios, cuya misericordia es abundante, por el gran amor con que nos amó, nos dio vida junto con Cristo, aun cuando estábamos muertos en nuestros pecados (la gracia de Dios los ha salvado).*
>
> Efesios 2:1,3-5

Por medio de la gracia de Dios, Jesús nos salvó del pecado, de una vida anteriormente corrupta, de la separación eterna de Dios, de la ira, de la muerte espiritual y del Infierno. La salvación que recibimos por medio de la gracia y la bondad de Dios no es algo pequeño. Tampoco se obtuvo esta gracia a bajo precio. La gracia puede ser gratuita para nosotros, pero le costó a Jesús su sangre y su vida. Es por ello que jamás debemos tratar esta gracia a la ligera y de manera irrespetuosa.

En su gran gracia, Dios planeó que su propio Hijo Jesús tomara el castigo y la pena que se merecía nuestro pecado para que fuésemos perdonados. No quiere decir que el juicio ya no existe, pues este sí existe. Pero Jesús tomó nuestro lugar, y ahora somos libres. Spurgeon lo expresó muy bien cuando dijo: "La justicia se honra y la ley se hace valer con el sacrificio de Cristo. Como Dios está satisfecho, yo también puedo estarlo".[8]

Capítulo 10

¡Pero soy un ciudadano respetuoso de la ley!

> La ley me dice cuán desviado soy; la gracia viene y me hace recto.
>
> - D.L. Moody[1]

Me crié en la iglesia y recuerdo escuchar los Diez Mandamientos a una edad temprana. Sin embargo, antes de crecer lo suficiente para entender lo que significaban, ya había quebrantado algunos de ellos.

- Antes de que supiera qué significaba "No codiciarás", ya había codiciado un dulce que tenía mi hermano.
- Antes de que supiera qué significaba "No hurtarás", ya había tomado su dulce cuando él no estaba observando.

- Antes de que supiera qué significaba "No dirás falso testimonio", ya había negado haber tomado el dulce cuando mi madre me cuestionó al respecto.

Los mandatos de la ley son "rectos y buenos" (Romanos 7:12 NTV). El problema radicaba en que yo no era recto ni bueno. Es por ello que es inútil para cualquier persona pensar que él o ella van a ser rectos ante Dios basados en sus propias obras o desempeño.

No obstante, es asombroso darse cuenta de la gran cantidad de personas que piensan que podrán llegar al Cielo porque son personas relativamente buenas. Quizás se comparan a sí mismos con otros de los que piensan que son peores que ellos. O tal vez creen que estarán bien, porque han cumplido con la mayoría de los Diez Mandamientos la mayor parte del tiempo.

Es extremadamente importante entender que ninguno de nosotros podemos llegar al Cielo porque hemos sido ciudadanos respetuosos de la ley. El Cielo no es para las personas buenas, perfectas o religiosas. El Cielo es para las personas que han sido perdonadas. Y el perdón está disponible gracias a lo que Jesús hizo por nosotros. Jamás podemos ser lo suficiente buenos, perfectos o religiosos para ganarlos el Cielo por nuestra cuenta. Debemos confiar completamente en la obra de Jesús.

La ley señala a Jesús

Los cristianos piensan generalmente en los Diez Mandamientos que Dios le dio al pueblo de Israel a través de Moisés, cuando escuchan el término "Ley" (Éxodo 20:2-17; Deuteronomio 5:6-21). Un resumen conciso y abreviado de estos mandamientos se presenta a continuación:

1. No tendrás dioses ajenos delante de mí.
2. No te harás ningún ídolo.

3. No tomarás en vano el nombre del Señor tu Dios.
4. Te acordarás del día de reposo, y lo santificarás.
5. Honrarás a tu padre y a tu madre.
6. No matarás.
7. No cometerás adulterio.
8. No robarás.
9. No presentarás falso testimonio contra tu prójimo.
10. No codiciarás.

Los primeros cuatro mandamientos están relacionados con nuestras responsabilidades hacia Dios, mientras que los últimos seis tratan con nuestras responsabilidades hacia nuestros congéneres. Jesús reconoció ambos aspectos cuando le preguntaron cuál mandamiento de la Ley era el principal.

> *Jesús le respondió: "Amarás al Señor tu Dios con todo tu corazón, y con toda tu alma, y con toda tu mente." Éste es el primero y más importante mandamiento. Y el segundo es semejante al primero: "Amarás a tu prójimo como a ti mismo." De estos dos mandamientos dependen toda la ley y los profetas.*
>
> Mateo 22:37-40

Después de darle los Diez Mandamientos, Dios le dijo a Moisés que le iba a dar aún más mandamientos y que él debía enseñarlos a las personas.

> *"Asegúrense, pues, de hacer lo que el Señor su Dios les ha ordenado. No se aparten ni a la derecha ni a la izquierda. Sigan por el camino que el Señor su Dios les ha ordenado seguir, para que les vaya bien y vivan muchos años en la tierra que van a poseer".*
>
> Deuteronomio 5:32-33

Dios quiso que las cosas tuvieran un impacto favorable sobre su pueblo, y si usted se detiene y piensa al respecto, cualquier sociedad que abrace los valores comunicados en los Diez Mandamientos sin duda sería una mejor sociedad, más saludable y segura para vivir que la que los rechaza. Hay beneficios civiles y nacionales importantes asociados con el respeto y la obediencia a los mandamientos de Dios.

Si bien los Diez Mandamientos tal vez son las leyes más conocidas del Antiguo Testamento, fueron dadas realmente otros centenares leyes. Aquellos que las han contado (y yo no soy uno de ellos) nos dicen que hay un total de 613 leyes en el Antiguo Testamento. También se dice que hay 248 mandamientos positivos (cosas que debemos hacer) y 365 negativos (cosas que no debemos hacer).

Más allá de esas leyes que se articulan en el Antiguo Testamento, los rabinos añadieron regularmente comentarios, interpretaciones y aplicaciones a estos cientos de leyes, creando aún más normas y tradiciones. Sin duda, muchos de estos individuos fueron hombres devotos y temerosos de Dios que estimaron enormemente a Dios y su Palabra. Sin embargo, para cuando Jesús entró en escena, algunas personas que se especializaron en las complejidades de la "letra de la Ley" se habían convertido en perseguidores religiosos. Los reproches más severos de Jesús se reservaron para tales legalistas. He aquí sólo algunos de los que Él manifestó:

> *Entonces Jesús les dijo a las multitudes y a sus discípulos: "Los maestros de la ley religiosa y los fariseos son los intérpretes oficiales de la ley de Moisés. Por lo tanto, practiquen y obedezcan todo lo que les digan, pero no sigan su ejemplo. Pues ellos no hacen lo que enseñan. Aplastan a la gente bajo el peso de exigencias religiosas insoportables y jamás mueven un dedo para aligerar la carga.*

> *"Todo lo que hacen es para aparentar. En los brazos se ponen anchas cajas de oración con versículos de la Escritura, y usan túnicas con flecos muy largos.*
>
> Mateo 23:1-5 NTV

Jesús indicó que su orgullo, su falta de compasión hacia los demás y su enfoque quisquilloso en los detalles minuciosos hicieron que se perdieran los aspectos más importantes de la Ley: la justicia, la misericordia y la fe (Mateo 23:23). Jesús dijo en Juan 5:39-40 NTV que ellos se perdieron de ver algo más que es muy importante en las Escrituras: a Él.

> *Ustedes estudian las Escrituras a fondo porque piensan que ellas les dan vida eterna. ¡Pero las Escrituras me señalan a mí! Sin embargo, ustedes se niegan a venir a mí para recibir esa vida.*

Si hubieran abierto sus ojos, habrían visto que más allá de los beneficios nacionales y civiles de la Ley del Antiguo Testamento, su propósito máximo era señalarles y dirigirlos a Jesús. Jesús no vino para destruir la Ley sino para cumplirla.

> *No malinterpreten la razón por la cual he venido. No vine para abolir la ley de Moisés o los escritos de los profetas. Al contrario, vine para cumplir sus propósitos.*
>
> Mateo 5:17 NTV

Tras su resurrección, Jesús tuvo una conversación con dos de sus discípulos, para tratar de abrirles sus ojos y lo vieran en la Ley y en los Profetas del Antiguo Testamento.

> *Y partiendo de Moisés, y siguiendo por todos los profetas, comenzó a explicarles todos los pasajes de las Escrituras que hablaban de él.*
>
> Lucas 24:27

Todo el Antiguo Testamento había sido una preparación para la venida de Jesús a fin de que llevara a cabo el plan de Dios para la redención de la humanidad.

El ministerio de Pablo encerró el mismo mensaje. Cuando él llegó a Roma, Hechos 28:23 dice que Pablo pasó un día entero con los líderes judíos a quienes "les habló del reino de Dios, citando tanto la ley de Moisés como a los profetas para convencerlos acerca de Jesús". ¿Por qué Jesús y los apóstoles hacen énfasis en la Ley? La Ley les permite a las personas ver su pecado; y esta les ayuda a darse cuenta de su necesidad de un salvador.

El propósito de la Ley

> *La ley fue dada por medio de Moisés, pero la gracia y la verdad vinieron por medio de Jesucristo.*
>
> Juan 1:17

El estudio del Nuevo Testamento aclara la distinción entre la Ley y la gracia, sobre todo en los escritos de Pablo. Él explica, en Gálatas 3:18 NTV que la herencia que Dios tiene para sus hijos no se puede recibir basados en el hecho de observar la Ley, sino más bien en que "Dios, por su gracia, se la concedió a Abraham mediante una promesa". Si la Ley era incapaz de demostrar que la gente estaba obteniendo resultados, entonces ¿por qué Dios da la Ley en primer lugar? Pablo formula la misma pregunta:

> *Entonces, ¿para qué se entregó la ley? Fue añadida a la promesa para mostrarle a la gente sus pecados, pero la intención era que la ley durara sólo hasta la llegada del Hijo prometido. Por medio de ángeles, Dios entregó su ley a Moisés, quien hizo de mediador entre Dios y el pueblo.*
>
> *¿Hay algún conflicto, entonces, entre la ley de Dios y las promesas de Dios? ¡De ninguna manera! Si la ley*

pudiera darnos vida nueva, nosotros podríamos hacernos justos ante Dios por obedecerla; pero las Escrituras declaran que todos somos prisioneros del pecado, así que recibimos la promesa de libertad que Dios hizo únicamente por creer en Jesucristo.

Antes de que se nos abriera el camino de la fe en Cristo, estábamos vigilados por la ley. Nos mantuvo en custodia protectora, por así decirlo, hasta que fuera revelado el camino de la fe.

Dicho de otra manera, la ley fue nuestra tutora hasta que vino Cristo; nos protegió hasta que se nos declarara justos ante Dios por medio de la fe. Y ahora que ha llegado el camino de la fe, ya no necesitamos que la ley sea nuestra tutora.

Gálatas 3:19,21-25 NTV

Para responder por qué Dios dio la Ley, Pablo hizo las siguientes precisiones:

- La Ley fue dada para mostrarle a la gente sus pecados (versículo 19).
- La Ley fue temporal y fue concebida para que "durara sólo hasta la llegada del Hijo prometido", Jesús (versículo 19).
- La Ley no podía darnos vida nueva (versículo 21).
- Todos los seres humanos somos prisioneros del pecado, apartados de Cristo (versículo 22).
- La Ley fue nuestra tutora para llevarnos a Cristo, "a fin de que fuéramos justificados por la fe" (versículo 24 RVC).
- La Ley fue un tutora (o una forma de custodia protectora) hasta que las personas tuvieran la oportunidad de ser hechas justas delante de Dios mediante la fe (versículos 23-24).

- Ahora que se abrió el camino de la fe, ya no necesitamos la Ley como nuestra tutora (versículo 25).

Antes que podamos entender y apreciar completamente cómo nos salva la gracia de Dios, es bueno entender por qué la Ley no podía hacerlo.

- La Ley nunca fue dada para salvarnos, sino para mostrarnos que necesitábamos la salvación.
- La Ley nunca fue dada para hacernos rectos, sino para mostrarnos que éramos perversos.
- La Ley nunca fue dada para justificarnos, sino para mostrarnos que necesitábamos la justificación.

Antes de que busquemos o estemos dispuestos a recibir ayuda, debemos darnos cuenta y aceptar que necesitamos ayuda. La Ley de Dios, nos revela de forma inequívoca que hemos pecado y que nos hemos situado muy por debajo del estándar santo de Dios.

> *Obviamente, la ley se aplica a quienes fue entregada, porque su propósito es evitar que la gente tenga excusas y demostrar que todo el mundo es culpable delante de Dios. Pues nadie llegará jamás a ser justo ante Dios por hacer lo que la ley manda. La ley sencillamente nos muestra lo pecadores que somos.*
>
> Romanos 3:19-20 NTV

Dicho en otras palabras, la Ley era un sistema de medición de 3 metros que nos muestra que sólo alcanzamos una altura de 1.5 ó 1.8 metros, una regla que nos muestra cuán torcidos somos, y un espejo que nos muestra donde están nuestras fallas. Nuestra inclinación natural podría ser pensar que si la Ley nos señala nuestros pecados y problemas, entonces debe ser algo malo. Pero muy al contrario, la Ley es buena. Pablo dijo: "Nosotros sabemos que la ley es buena cuando se usa correctamente" (1 Timoteo 1:8 NTV).

Imagínese que usted haya disfrutado una comida con algunos amigos y se dispone a dejar el restaurante. Si uno de sus amigos menciona que usted tiene salsa de espagueti en su mentón, ¿esto hace a su amigo una mala persona? En realidad, esa persona le está haciendo un favor, aún cuando tal vez le cause vergüenza por un instante.

¿Y qué si usted come solo, va al baño y ve en el espejo que usted tiene salsa en su mentón? ¿Es malo el espejo porque le permitió ver su problema? ¿Debe enojarse con el espejo y romperlo? Desde luego que no. El problema no radica en el espejo; el problema radica en usted. Aún cuando el espejo parece hacerlo quedar mal, este realmente revela un problema que usted necesita conocer. Sólo una persona insensata culparía al espejo.

Sin embargo, aquel espejo tiene limitaciones. Este sólo puede mostrarle dónde está la salsa; no puede limpiar la salsa de su mentón. Igualmente, la Ley que vino a través de Moisés revela su pecado, pero no puede quitarlo. La ley es el maestro de la escuela que le enseña dónde ha fallado. Usted necesita un salvador. Allí es donde entra Jesús con gracia y verdad. Sabemos que Pablo tuvo esta misma experiencia porque él escribió:

> *Fue la ley la que me mostró mi pecado. Yo nunca hubiera sabido que codiciar es malo si la ley no dijera: "No codicies"*
>
> Romanos 7:7 NTV

La Ley misma es buena, pero esta reveló algo en nosotros que no era bueno. El problema no radicaba en la Ley; el problema radicaba en nosotros. La Ley no creó el problema; esta simplemente reveló el problema que era intrínseco a nuestra naturaleza caída y que se había manifestado a través de nuestro comportamiento pecaminoso (los pensamientos, las palabras y las acciones). La Ley reveló el problema; ¡Jesús es nuestra solución!

El problema con los gálatas

El libro de Gálatas trata extensamente la salvación y la confianza en Cristo. Surge gran tensión en este libro porque los maestros legalistas decían a los gálatas que la salvación era un asunto de Cristo *más* otras cosas: Cristo más la circuncisión o Cristo más observar la Ley. Dicho de otro modo, una persona recibía la salvación mediante la sangre de Jesús y sus propias obras. Estos maestros no rechazaban rotundamente a Cristo, pero deslegitimizaban la suficiencia de su obra redentora, al decir que la salvación se lograba al aceptar a Cristo más algo adicional, en lugar de recibirse completamente con aceptar solamente a Cristo.

Los legalistas podrían decir hoy en día que la salvación se obtiene mediante Cristo más la obediencia a los Diez Mandamientos, Cristo más la asistencia a la iglesia, o Cristo más la realización de buenas obras. ¡Pero la gracia y la fe todavía declaran que la salvación es mediante la fe en Cristo—y punto—! ¡No existe nada "más" al respecto!

Observar los Diez Mandamientos, asistir a la iglesia y hacer buenas obras son todas cosas maravillosas, pero no constituyen la manera como somos salvados. Pablo dice: "Pero si es por gracia, ya no es a base de obras, de otra manera la gracia ya no es gracia" (Romanos 11:6 LBLA). Rudyard Kipling escribió en 1982: "El Oriente es el Oriente y el Occidente el Occidente y nunca se encontrarán". A la luz de Romanos 11:6, digo: "La Gracia es la Gracia y las Obras las Obras y nunca se encontrarán".

¿Cuán bueno tiene que ser?

> *Pero corren un grave peligro los que buscan agradar a Dios obedeciendo la ley, porque la Biblia dice: "Maldito sea el que no obedezca todo lo que la ley ordena".*
>
> Gálatas 3:10 TLA

> *Pues el que obedece todas las leyes de Dios menos una es tan culpable como el que las desobedece todas.*
>
> Santiago 2:10 NTV

La única calificación para aprobar con Dios es 100 por ciento, algo que ninguno de nosotros puede alcanzar. Todos hemos pecado y nos quedamos cortos (Romanos 3:23), a excepción de Jesús. La gracia de Dios nos otorga el puntaje de Jesús en nuestra "libreta de calificaciones" en el momento que confiamos sólo en Él para nuestra salvación. ¡Es por ello que el evangelio son las Buenas Nuevas! Obtenemos un puntaje perfecto en Jesucristo, somos completamente perdonados de nuestros pecados y se nos concede la vida eterna con Él en el Cielo.

Pablo y Santiago no sólo reconocen la incapacidad de la Ley para salvarnos del pecado, sino que Pedro también lo hizo. Se celebró una conferencia en Jerusalén según Hechos 15, para discutir si los gentiles necesitaban ser circuncidados y observar la Ley para ser verdaderos seguidores del Señor. Pedro desafió a todos los que querían que los gentiles estuvieran bajo la Ley, con las siguientes palabras:

> *Entonces, ¿por qué ahora desafían a Dios al poner cargas sobre los creyentes gentiles con un yugo que ni nosotros ni nuestros antepasados pudimos llevar? Nosotros*

> *creemos que todos somos salvos de la misma manera, por la gracia no merecida que proviene del Señor Jesús.*
>
> Hechos 15:10-11 NTV

Observe dos aclaraciones que hace Pedro:

- La ley del Antiguo Testamento fue un yugo gravoso que no habían podido observar.
- Sólo hay una manera en que todas las personas—judíos y gentiles por igual—obtienen la salvación: a través de la gracia del Señor Jesucristo.

> *En efecto, la ley no pudo liberarnos porque la naturaleza pecaminosa anuló su poder; por eso Dios envió a su propio Hijo en condición semejante a nuestra condición de pecadores, para que se ofreciera en sacrificio por el pecado. Así condenó Dios al pecado en la naturaleza humana, a fin de que las justas demandas de la ley se cumplieran en nosotros, que no vivimos según la naturaleza pecaminosa sino según el Espíritu.*
>
> Romanos 8:3-4 NVI

La Ley no logra traernos el perdón ni la salvación porque nunca fue concebida para ello. Dios dio la Ley para mostrarnos que necesitamos el perdón y la salvación; y en esto hay un éxito sin precedente.

> *Pero ahora, tal como se prometió tiempo atrás en los escritos de Moisés y de los profetas, Dios nos ha mostrado cómo podemos ser justos ante él sin cumplir con las exigencias de la ley. Dios nos hace justos a sus ojos cuando ponemos nuestra fe en Jesucristo. Y eso es verdad para todo el que cree, sea quien fuere.*

> *Pues todos hemos pecado; nadie puede alcanzar la meta gloriosa establecida por Dios. Sin embargo, con una bondad que no merecemos, Dios nos declara justos por medio de Cristo Jesús, quien nos liberó del castigo de nuestros pecados. Pues Dios ofreció a Jesús como el sacrificio por el pecado. Las personas son declaradas justas a los ojos de Dios cuando creen que Jesús sacrificó su vida al derramar su sangre. Ese sacrificio muestra que Dios actuó con justicia cuando se contuvo y no castigó a los que pecaron en el pasado, porque miraba hacia el futuro y de ese modo los incluiría en lo que llevaría a cabo en el tiempo presente. Dios hizo todo eso para demostrar su justicia, porque él mismo es justo e imparcial, y declara a los pecadores justos a sus ojos cuando ellos creen en Jesús.*
>
> *¿Podemos, entonces, jactarnos de haber hecho algo para que Dios nos acepte? No, porque nuestra libertad de culpa y cargo no se basa en la obediencia a la ley. Está basada en la fe. Así que somos declarados justos a los ojos de Dios por medio de la fe y no por obedecer la ley.*
>
> Romanos 3:21-28 NTV

Vemos en el pasaje anterior cuatro poderosas verdades sobre los efectos de la gracia de Dios.

- Nos hacen justos cuando ponemos nuestra fe en Él (versículo 22).
- Dios declara que somos justos (versículo 24).
- Dios nos libra del castigo de nuestros pecados (versículo 24).
- Los pecadores son declarados justos a los ojos de Dios cuando creen en Jesús (versículo 26).

Estas son las Buenas Nuevas para usted y para mí. No se deje atrapar por sus fracasos del pasado, de tal forma que niegue lo que la gracia de Dios le ha traído: ¡Una vida nueva en Jesucristo! Haga énfasis en lo que enfatiza la Biblia: el Dios de la gracia es más grande que la Ley que reveló su pecado y que el pecado que fue revelado. Su gracia le dio a luz a usted en la familia de Dios y lo hizo su hijo a quien Él ama.

No olvide nunca que usted estuvo perdido sin Él, pero gracias a Dios, ¡ya no está sin Él! Usted puede regocijarse que a través de su gracia, Él le dio un nuevo comienzo, un nuevo destino y una nueva identidad en Cristo.

Capítulo

11

DE LA SOMBRA A LO REAL Y VERDADERO

La ley produce temor e ira; la gracia produce esperanza y misericordia

- Martín Lutero[1]

Conocemos ahora el estándar moral perfecto de la Ley, el cual deja al descubierto nuestra naturaleza pecaminosa y nos ayuda a dar cuenta que necesitamos un salvador. La Ley además tiene una faceta ceremonial o ritualista que también señala a Jesús el Mesías. Tal vez usted ya es consciente de que el Antiguo Testamento describe los frecuentes sacrificios de animales. Tales sacrificios se efectuaron mucho antes que Dios diera la Ley, pero fueron regulados con el tiempo mediante la Ley. El Nuevo

Testamento revela que estos sacrificios fueron establecidos para describir una imagen profética que señaló a Jesús como el sacrificio máximo y final por los pecados de la humanidad.

Cuando Juan Bautista presentó a Jesús al pueblo, dijo: "Éste es el Cordero de Dios, que quita el pecado del mundo" (Juan 1:29). Pedro escribió posteriormente: "Pues ustedes saben que Dios pagó un rescate para salvarlos de la vida vacía que heredaron de sus antepasados. Y el rescate que él pagó no consistió simplemente en oro o plata sino que fue la preciosa sangre de Cristo, el Cordero de Dios, que no tiene pecado ni mancha" (1 Pedro 1:18-19 NTV). Y en el libro del Apocalipsis, Juan describe a Jesús como el cordero veintiséis veces.

¡Qué firme declaración! Juan Bautista y los apóstoles decían: "Jesús es el verdadero Cordero, aquel que se anuncia a lo largo del Antiguo Testamento, Él es Aquél que fue inmolado por nuestros pecados".

Si bien el libro de Romanos revela la deficiencia de la Ley para salvarnos de nuestros pecados y de mantenernos alejados de pecar después de ser salvados, el libro de Hebreos revela la deficiencia de las ceremonias y sacrificios de la Ley para salvarnos y mantenernos alejados de pecar. Sin embargo, Romanos y Hebreos señalan el mismo argumento: La Ley, las fiestas y los sacrificios fueron todos concebidos para señalar, revelar y describir la venida del Mesías. Las fiestas y los sacrificios fueron tipos, sombras y símbolos, o lo que podríamos llamar imágenes proféticas de la redención y del Hijo de Dios que la produciría.

La sombra y lo real y verdadero

Pablo menciona ciertos acontecimientos del Antiguo Testamento en Colosenses, como los días santos, las ceremonias de la luna nueva y los días de reposo, y se refiere a ellos como "una sombra de lo que está por venir; pero lo real y verdadero es Cristo". (Colosenses 2:17). Hebreos 8:5 NTV nos dice que el Sumo Sacerdote del Antiguo Testamento sirvió en "un sistema de adoración que es sólo una copia, una sombra del verdadero, que está en el cielo".

El sistema antiguo bajo la ley de Moisés era sólo una sombra —un tenue anticipo de las cosas buenas por venir— no las cosas buenas en sí mismas. Bajo aquel sistema se repetían los sacrificios una y otra vez, año tras año, pero nunca pudieron limpiar por completo a quienes venían a adorar. Si los sacrificios hubieran podido limpiar por completo, entonces habrían dejado de ofrecerlos, porque los adoradores se habrían purificado una sola vez y para siempre, y habrían desaparecido los sentimientos de culpa.

Pero en realidad, esos sacrificios les recordaban sus pecados año tras año. Pues no es posible que la sangre de los toros y las cabras quite los pecados.

Hebreos 10:1-4 NTV

Deténgase y piense sobre qué es una sombra. Si usted se para en medio de un campo, y pasa un avión, tal vez usted vea la sombra del avión en el suelo que se aproxima hacia usted. Aún cuando la sombra tiene la forma del avión, a usted no le asusta que esta lo golpee porque sabe que no tiene sustancia. Sin embargo, la sombra le dice que existe un avión real y tangible y que pasa volando.

Considere la sombra que produce un vaso de agua. Quizás usted pueda notar que la sombra es de un vaso de agua, pero esta sombra jamás puede saciar su sed. Sólo le puede decir que en alguna parte cercana hay un vaso de agua real. La sombra le proporciona la imagen de lo real y verdadero, pero esta no tiene sustancia en sí misma. Del mismo modo, las fiestas, tradiciones y sacrificios del Antiguo Testamento no podían realmente salvar a las personas del pecado. Estos sólo podían señalar a Aquél de quien se proyectaba la sombra—el Señor Jesucristo—quien finalmente vendría como el verdadero Cordero de Dios para quitar el pecado del mundo.

Hebreos lo concreta

Hebreos, capítulo 7, aborda la diferencia entre el sacerdocio Aarónico, que se asocia con la Ley de Moisés, y el sacerdocio de Melquisedec, que presagia el sacerdocio de Jesús.

> *Así que el antiguo requisito del sacerdocio quedó anulado por ser débil e inútil. Pues la ley nunca perfeccionó nada, pero ahora confiamos en una mejor esperanza por la cual nos acercamos a Dios.*
>
> Hebreos 7:18-19 NTV

> *Pero dado que Jesús vive para siempre, su sacerdocio dura para siempre. Por eso puede salvar —una vez y para siempre— a los que vienen a Dios por medio de él, quien vive para siempre, a fin de interceder con Dios a favor de ellos.*

> *Él es la clase de Sumo Sacerdote que necesitamos, porque es santo y no tiene culpa ni mancha de pecado. Él ha sido apartado de los pecadores y se le ha dado el lugar de más alto honor en el cielo. A diferencia de los demás sumos sacerdotes, no tiene necesidad de ofrecer sacrificios cada día. Ellos los ofrecían primero por sus propios pecados y luego por los del pueblo. Sin embargo, Jesús lo hizo una vez y para siempre cuando se ofreció a sí mismo como sacrificio por los pecados del pueblo.*
>
> Hebreos 7:24-27 NTV

¡El sacerdocio del Antiguo Testamento quedó anulado, y el sacerdocio de Jesús dura para siempre! Lo que los demás sacerdotes hicieron simbólicamente, ofrecer corderos, toros, cabras y otros sacrificios, Jesús lo hizo sustancialmente al ofrecerse a sí mismo. Hebreos, capítulo 8, pasa a ampliar sobre este "cambio de guardia".

> *Ellos sirven dentro de un sistema de adoración que es sólo una copia, una sombra del verdadero, que está en el cielo. Pues cuando Moisés estaba por construir el tabernáculo, Dios le advirtió lo siguiente: "Asegúrate de hacer todo según el modelo que te mostré aquí en la montaña".*
>
> *Pero ahora a Jesús, nuestro Sumo Sacerdote, se le ha dado un ministerio que es muy superior al sacerdocio antiguo porque él es mediador a nuestro favor de un mejor pacto con Dios basado en promesas mejores.*
>
> *Si el primer pacto no hubiera tenido defectos, no habría sido necesario reemplazarlo con un segundo pacto. Pero cuando Dios encontró defectos en el pueblo, dijo:*
>
> *"Llegará el día, dice el Señor, en que haré un nuevo pacto con el pueblo de Israel y de Judá".*
>
> Hebreos 8:5-8 NTV

Pablo señala que el primer pacto debía ser reemplazado porque había defectos. No eran defectos en la Ley misma, sino defectos en nosotros. La Ley simplemente reveló nuestros defectos.

> *El sistema antiguo bajo la ley de Moisés era sólo una sombra —un tenue anticipo de las cosas buenas por venir— no las cosas buenas en sí mismas. Bajo aquel sistema se repetían los sacrificios una y otra vez, año*

> *tras año, pero nunca pudieron limpiar por completo a quienes venían a adorar. Si los sacrificios hubieran podido limpiar por completo, entonces habrían dejado de ofrecerlos, porque los adoradores se habrían purificado una sola vez y para siempre, y habrían desaparecido los sentimientos de culpa.*
>
> *Pero en realidad, esos sacrificios les recordaban sus pecados año tras año. Pues no es posible que la sangre de los toros y las cabras quite los pecados.*
>
> *Luego dijo [Cristo]: "Aquí estoy, he venido a hacer tu voluntad". Él anula el primer pacto para que el segundo entre en vigencia.*
>
> *Pero nuestro Sumo Sacerdote se ofreció a sí mismo a Dios como un solo sacrificio por los pecados, válido para siempre. Luego se sentó en el lugar de honor, a la derecha de Dios.*
>
> *Pues mediante esa única ofrenda, él perfeccionó para siempre a los que está haciendo santos.*
>
> *Y cuando los pecados han sido perdonados, ya no hace falta ofrecer más sacrificios.*
>
> Hebreos 10:1-4,9,12,14,18 NTV

Hemos visto por qué la Ley era incapaz de salvarnos. No sólo no podíamos estar a la altura de sus estándares, sino que sus sacrificios y fiestas fueron sólo sombras de lo real y verdadero que vendría en la persona de Jesús.

Los gentiles y la Ley

A esta altura usted puede estar preguntándose: "¿Por qué toda esta discusión sobre la Ley? No soy judío". En realidad, el creyente promedio del siglo XXI nunca "observó la ley" de la que habló Pablo, ni tampoco intentó hacerlo. Hasta el día de hoy, la mayoría de los creyentes no tienen ni idea que la mayoría de las 613 leyes del Antiguo Testamento están allí. Cuando las personas dicen que antes de haber nacido de nuevo estuvieron "bajo la ley", lo que realmente quieren decir es que reconocieron que los Diez Mandamientos fueron el estándar imperativo de Dios para vivir correctamente y que trataron de obedecerlos. Pero eso es sólo una fracción diminuta de lo que se refería Pablo cuando dijo: "...en cuanto a la justicia que se basa en la ley..."(Filipenses 3:6).

A un fariseo como Pablo le habría parecido divertido pensar que un gentil bajo la Ley se asemejara remotamente a la profundidad e intensidad de la experiencia judía. ¡Sería como alguien que hubiera jugado unos cuantos partidos de baloncesto de niño, sugiriendo que juega baloncesto como una estrella de la NBA!

Del mismo modo, nuestra experiencia "bajo la Ley" no forma parte de la misma categoría de Pablo y de otros judíos devotos. Tal vez hayamos experimentado algo de los mismos principios básicos, pero su involucramiento en la Ley de Moisés fue drásticamente más intenso y con mayor profundidad que el nuestro. Nuestra experiencia de estar "bajo la Ley" está un poco fuera de lo que describió Pablo cuando dijo:

> *Aun los gentiles, quienes no cuentan con la ley escrita de Dios, muestran que conocen esa ley cuando, por instinto, la obedecen aunque nunca la hayan oído. Ellos demuestran que tienen la ley de Dios escrita en el corazón, porque su propia conciencia y sus propios pensamientos o los acusan o les indican que están haciendo lo correcto.*
>
> Romanos 2:14-15 NTV

Innumerables individuos han dado testimonio de venir de un trasfondo de una iglesia nominal antes de entender el evangelio y darse cuenta de la necesidad de nacer de nuevo. Algunos han tenido un conocimiento muy limitado de los Diez Mandamientos, añadieron algunas normas tradicionales y religiosas, y eso se convirtió en su ley. Romanos 2:14 RVR1960 dice: "éstos, aunque no tengan ley, son ley para sí mismos". Dicho de otro modo, nosotros creamos esencialmente nuestra propia versión de la Ley, y desde luego, no podemos cumplirla. De modo que todos nosotros—judíos y gentiles—necesitamos de la gracia del Señor Jesucristo para nuestra salvación.

Pablo dijo lo siguiente, al discutir sobre las diferencias y similitudes entre los trasfondos espirituales de los judíos y gentiles:

> *Ahora bien, ¿llegamos a la conclusión de que los judíos somos mejores que los demás? ¡Para nada! Tal como acabamos de demostrar, todos —sean judíos o gentiles— están bajo el poder del pecado.*
>
> *Dios nos hace justos a sus ojos cuando ponemos nuestra fe en Jesucristo. Y eso es verdad para todo el que cree, sea quien fuere.*
>
> *Pues todos hemos pecado; nadie puede alcanzar la meta gloriosa establecida por Dios. Sin embargo, con una bondad que no merecemos, Dios nos declara justos por medio de Cristo Jesús, quien nos liberó del castigo de nuestros pecados.*
>
> Romanos 3:9,22-24 NTV

El versículo 24 en la versión Reina Valera Contemporánea dice: "son justificados gratuitamente por su gracia, mediante la redención que proveyó Cristo Jesús". Sin reparar en nuestro trasfondo, el tema de nuestra salvación al final regresa a la gracia de Dios, no a nuestro desempeño.

La Ley versus la gracia

Lisa y yo sentimos que debíamos viajar a Australia y predicar allí, mientras cursábamos nuestro primer año del Instituto Bíblico (1979-80). Establecimos una relación con Peter Allard, quien pastoreaba una iglesia y dirigía un Instituto Bíblico en Wagga Wagga, Nueva Gales del Sur. Peter gentilmente nos acogió aquel verano durante siete semanas, estableció un itinerario para nosotros y nos proporcionó el transporte.

Estando allí, dimos con un cuadro que Peter había desarrollado y que comparaba la Ley y la gracia. Este me impactó poderosamente en ese entonces y continúa bendiciéndome hoy en día, de modo que adapté a continuación mucho de ese material. Creo que también lo bendecirá a usted.

La Ley del Antiguo Testamento	La gracia del Nuevo Testamento
Impone las normas divinas sobre la santidad de Dios con el propósito de revelar el pecado del ser humano y hacernos conscientes de nuestra necesidad de una ayuda divina.	Imparte vida divina con base en la benevolencia de Dios con el propósito de hacernos partícipes de la naturaleza divina y permitirnos ser plenamente partícipes de la ayuda divina.
La Ley fue dada por Moisés (Juan 1:17).	La gracia y la verdad vinieron por medio de Jesucristo (Juan 1:17).

La Ley del Antiguo Testamento	La gracia del Nuevo Testamento
Nos impide acercarnos a Dios (Éxodo 19:10-25; Hebreos 12:18-21).	Nos invita a acercarnos tal y como somos (Juan 6:37; Mateo 11:28-30).
Condena al pecador (Romanos 7:9-11).	Redime al pecador (1 Pedro 1:18-19; Efesios 1:7).
Jamás puede quitar el pecado.	Depura la consciencia mediante la sangre de Cristo (Hebreos 9:14).
Calla toda boca (Romanos 3:19).	Abre nuestra boca para alabar a Dios.
Dice: "Haga esto o muere".	Dice: "Ya está hecho, ahora viva".
Dice: "Trate, esfuércese al máximo".	Dice: "Confié, descanse".
Condena lo mejor (Romanos 3:19).	Justifica lo peor (Romanos 3:24).
Dice: "Pague lo que debe".	Dice: "Ya se pagó en su totalidad" (Romanos 4:5; Juan 19:30).

La Ley del Antiguo Testamento	La gracia del Nuevo Testamento
Produce desesperación por su desempeño.	Produce regocijo por el desempeño de Cristo.
Establece la imputación del pecado (Romanos 4:15)	Establece la impartición de la justicia.
Dice: "La paga del pecado es muerte" (Romanos 6:23).	Dice: "La dádiva de Dios es vida eterna".
Dice: "Dele al hombre el castigo que se merece".	Dice: "Dele al hombre la misericordia que no se merece".
Dice: "Morirá quien peque" (Ezequiel 18:4).	Dice: "Sólo crea y vivirá" (Romanos 4:3).
Revela el pecado de la humanidad (Romanos 7:7).	Revela el amor de Dios por la humanidad (Romanos 5:6-8).
Nos concede el conocimiento del pecado (Romanos 3:20).	Nos concede el conocimiento de la redención (Efesios 3:1-12).
Exige obediencia (lo que no se debe hacer).	Nos proporciona el poder para obedecer (Ezequiel 36:27).
Exige que usted cumpla los requisitos.	Lo invita a recibir bendiciones.

La Ley del Antiguo Testamento	La gracia del Nuevo Testamento
Está escrita en piedra (Éxodo 32:15-16).	Está escrita en el corazón (2 Corintios 3:3; Hebreos 10:16-17).
Tuvo cierta gloria (2 Corintios 3:7-11).	Tiene una gloria que sobrepasa y excede.
Su reinado terminó con Cristo (Romanos 10:4; 2 Corintios 3:7).	Su reinado permanece (2 Corintios 3:11).
Deja un velo en nuestra mente (2 Corintios 3:12-16).	Quita el velo de Cristo en nuestro corazón.
Nos esclaviza (Romanos 7:1-2).	Nos pone en libertad (2 Corintios 3:17).
Nos recuerda nuestro pecado.	Nos recuerda la obra culminada de Cristo.
Algo que tenemos que observar.	Algo que nos guarda.
Nos hace conscientes del pecado.	Nos hace conscientes del Hijo.

La Ley del Antiguo Testamento	La gracia del Nuevo Testamento
Revela y refuerza nuestra separación de Dios.	Revela y refuerza nuestra unión con Dios.
Trata con las sombras (Colosenses 2:17).	Trata con lo real y verdadero.
Imparte muerte a las personas no conformistas.	Imparte vida para que seamos hechos conforme a la imagen de Cristo (Romanos 8:29).
Se centra en el pecado en nuestra vida.	Se centra en Cristo en nuestra vida.
Causa temor y desesperación.	Inspira fe y esperanza.
El Antiguo Testamento termina con una maldición (Malaquías 4:6).	El Nuevo Testamento termina con una bendición (Apocalipsis 22:21).

La ley de Moisés no podía salvarnos, porque nuestra naturaleza pecaminosa es débil. Así que Dios hizo lo que la ley no podía hacer. Él envió a su propio Hijo en un cuerpo como el que nosotros los pecadores tenemos; y en ese cuerpo, Dios declaró el fin del dominio que el pecado tenía sobre nosotros mediante la entrega de su Hijo como sacrificio por nuestros pecados.

Romanos 8:3 NTV

CAPÍTULO
12

¿SALVADOS PARA QUÉ?

Tan importante como es conocer de qué nos ha salvado la gracia de Dios, es igualmente fundamental saber para qué nos ha salvado la gracia. La gracia es más que un paracaídas que nos salva de una caída catastrófica; la gracia es un catalizador que nos impulsa a una vida fructífera y productiva. Esto nos lleva al tema de un asunto que es frecuentemente malinterpretado: las obras.

A fin de tener un entendimiento bíblico de las obras en relación con la gracia de Dios, debemos primero darnos cuenta que el Nuevo Testamento habla de muchos tipos de obras diferentes.

- Jesús describió las obras malas del mundo en Juan 7:7, se les llaman malas a las obras de Caín en 1 Juan 3:12 y leemos que Jesús vino "para deshacer las obras del diablo" en 1 Juan 3:8.

- Pablo nos advirtió repetidamente de considerar las obras como un medio para obtener la salvación en Romanos 3:27; 4:2,4,6; 9:32; 11:6.

- Pablo les dijo a los creyentes que desecharan las "obras de las tinieblas" (Romanos 13:12) y que las denunciaran (Efesios 5:11).
- Pablo también habla en Colosenses 1:21 de las "malas obras".
- Nos advierten en Gálatas 5:19-21 que no nos dejemos llevar por "las obras de la carne" que incluyen: "adulterio, fornicación, inmundicia, lascivia, idolatría, hechicerías, enemistades, pleitos, celos, iras, contiendas, disensiones, herejías, envidias, homicidios, borracheras, orgías, y cosas semejantes a éstas".
- Hebreos 6:1 habla de "arrepentirnos de las acciones que nos llevan a la muerte" como una de las doctrinas fundamentales de Cristo.
- Jesús dijo que los hombres serán recompensados "cada uno conforme a sus obras" (Mateo 16:27).
- Jesús habló frecuentemente de las obras que hizo; ver Juan 5:36; 9:4; 10:25,32,37-38; y 14:10-12.
- Jesús dijo que las buenas obras de sus discípulos iban a ser una luz resplandeciente, que haría que los hombres glorificaran a Dios en el Cielo (Mateo 5:16).
- Pablo dijo que las buenas obras deben caracterizar la vida de un creyente en Efesios 2:10, 1 Timoteo 2:10; 5:10, 25; 6:18; y 1 Pedro 2:12.
- Jesús le dijo a toda feligresía, hablando a las siete iglesias de Asia Menor: "Yo conozco tus obras" (Apocalipsis 2:2, 9, 13, 19; 3:1, 8, 15), y luego las elogió o las desaprobó.

La raíz y el fruto

La gracia de Dios viene separada de nuestras obras, cuando esta llega a nuestra vida al nivel básico de la salvación. ¡No hacemos nada! No somos hechos nuevos mediante la gracia de Dios más nuestro duro esfuerzo, al ir regularmente a la iglesia, ni a través de cualquier obra de nuestra parte. Simplemente recibimos su gracia mediante la fe.

> *Dios los salvó por su gracia cuando creyeron. Ustedes no tienen ningún mérito en eso; es un regalo de Dios. La salvación no es un premio por las cosas buenas que hayamos hecho, así que ninguno de nosotros puede jactarse de ser salvo.*
>
> Efesios 2:8-9 NTV

Pablo trata exclusivamente en este pasaje con la gracia como la raíz de nuestra salvación. Pero si solo entendemos el lado básico de las cosas, tal vez nos detengamos allí y digamos: "Es correcto. Nuestras obras no tienen nada que ver con nuestra salvación, de modo que las obras no son importantes ni relevantes". Esto puede ser cierto en relación con la raíz, pero no con el fruto. Jesús dijo que sus verdaderos seguidores se conocerán por su fruto (Juan 15:2, 4-5, 8, 16).

> *Nosotros somos hechura suya; hemos sido creados en Cristo Jesús para realizar buenas obras, las cuales Dios preparó de antemano para que vivamos de acuerdo con ellas.*
>
> Efesios 2:10

La Nueva Traducción Viviente traduce este versículo de la siguiente manera: "Pues somos la obra maestra de Dios. Él nos creó de nuevo en Cristo Jesús, a fin de que hagamos las cosas buenas que preparó para nosotros tiempo atrás". La gracia de Dios no nos salva con base en nuestras obras, sino que su gracia inspira, realza, revitaliza y vigoriza nuestras obras después de que somos salvos. Nuestras obras reflejan nuestra salvación. Debemos resistir toda tentación de hacer las obras malas, perversas, legalistas, muertas, oscuras, diabólicas, carnales y libidinosas; y debemos obedecer la Palabra y el Espíritu, y producir "los frutos de toda buena obra" (Colosenses 1:10).

Las palabras de Pablo para Tito

> *Porque en otro tiempo nosotros también éramos insensatos, rebeldes, extraviados, esclavos de los malos deseos y de diversos deleites; vivíamos en malicia y envidia, nos aborrecían y nos aborrecíamos unos a otros. Pero cuando se manifestó la bondad de Dios, nuestro Salvador, y su amor para con los hombres, nos salvó, y no por obras de justicia que nosotros hubiéramos hecho, sino por su misericordia, por el lavamiento de la regeneración y por la renovación en el Espíritu Santo, el cual derramó en nosotros abundantemente por Jesucristo, nuestro Salvador, para que al ser justificados por su gracia viniéramos a ser herederos conforme a la esperanza de la vida eterna.*
>
> Tito 3:3-7

Pablo le dice a Tito lo que se repite y enfatiza frecuentemente: la salvación no es por nuestras obras sino por la gracia de Dios. El anterior pasaje declara la raíz de la gracia; el versículo inmediato revela el fruto de la gracia.

> *Ésta es palabra fiel, y en esto quiero que insistas con firmeza, para que los que creen en Dios procuren ocuparse en las buenas obras. Estas cosas son buenas y útiles a los hombres.*
>
> Tito 3:8

Cuando se trata de producir la salvación, la Biblia dice "no" a cualquier obra de nuestra parte. Cuando se trata de expresar nuestra salvación, la Biblia dice "sí" a nuestras buenas obras que se originan por la gracia de Dios. ¿Son las obras la raíz de nuestra salvación?¡Absolutamente no! ¿Pero son las obras el fruto que se pretende de nuestra salvación? ¡Con toda seguridad! Pablo dice: "Mire Tito, usted es salvo por la gracia de Dios no por sus obras; pero una vez que sea salvo, la gracia de Dios en usted lo inspira y lo faculta para hacer las obras que Dios lo llama a hacer".

Preséntate tú mismo en todo como ejemplo de buenas obras...

Tito 2:7

...Jesucristo, quien se dio a sí mismo por nosotros para redimirnos de toda iniquidad y purificar para sí un pueblo propio, celoso de buenas obras.

Tito 2:13-14

Y que aprendan también los nuestros a ocuparse en las buenas obras para los casos de necesidad, para que no se queden sin dar fruto.

Tito 3:14

¿Estaba Pablo, el hombre que dijo más sobre la gracia que cualquier otro, tratando de imponer en los creyentes algún tipo de esclavitud legalista al decirles que debían hacer obras? Desde luego que no. Pablo entendió que si bien la gracia confiere el regalo de la vida eterna a los creyentes aparte de sus obras, la gracia no es una clase de puerta hacia la irresponsabilidad espiritual y la pereza. Más bien, la gracia es un trampolín hacia una vida de obediencia y productividad. La gracia (el revestimiento del poder divino en nuestra vida) proporciona el ímpetu y es la base misma de nuestra obediencia a Dios, para hacer las obras que le agradan a Él y que son de beneficio para otros. **No somos salvados por las obras, sino somos salvados para las buenas obras.**

Antes de que naciéramos de nuevo, la gracia de Dios vino a nosotros y dijo: "No importa cuántas malas obras hayan hecho ni cuántas buenas obras hayan hecho. No pueden ser tan malos para estar más allá del alcance de mi misericordia. Independientemente de cuán buena o mala haya sido su vida, estoy aquí para concederles mi gracia y perdón. Hago esto para que tengan una vida completamente nueva y llena de las buenas obras que les he ordenado".

Al haber aceptado su regalo gratis, la gracia de Dios una vez más nos dice (en esencia): "Ahora que ustedes han sido perdonados, aceptados y salvados, voy a obrar en ustedes y los voy a revestir de poder para cumplir el plan divino para su vida".

¿Santiago contradice a Pablo?

Durante años, muchos han sentido una tensión entre los apóstoles Pablo y Santiago en sus escritos. Algunas personas han afirmado que ellos se contradicen entre sí. Miremos los versículos que las personas creen equivocadamente que se contraponen.

> *Sabemos que el hombre no es justificado por las obras de la ley sino por la fe de Jesucristo, y también hemos creído en Jesucristo, para ser justificados por la fe de Cristo y no por las obras de la ley, ya que por las obras de la ley nadie será justificado.*
>
> Gálatas 2:16

> *Como pueden ver, podemos ser justificados por las obras, y no solamente por la fe.*
>
> Santiago 2:24

Una lectura superficial de estas dos declaraciones da la impresión de que se contradicen, pero un examen detenido revela que Pablo y Santiago estaban abordando la salvación desde dos perspectivas diferentes. Pablo habló de la raíz, mientras que Santiago planteó el fruto.

Pablo	Santiago
Se dirigió a quienes conocían la libertad en Cristo pero estaban regresando al legalismo mosaico.	Se dirigió a quienes tenían un consentimiento intelectual del cristianismo pero no tuvieron ningún fruto como evidencia de su fe.
"Las obras de la Ley" hacen referencia al acatamiento legalista de las exigencias mosaicas.	"Las obras" hacen referencia a las acciones correspondientes que surgen de la fe verdadera.
Abordó las obras mosaicas como una causa de la salvación, y dijo no.	Abordó las buenas obras como un resultado de la salvación, y dijo sí.
Defendió la fe verdadera frente a la idea de que somos salvos mediante Jesús más algunas obras como la circuncisión.	Defendió la fe verdadera de la ortodoxia muerta (el consentimiento intelectual estéril), que no produjo ningún fruto ni evidencia en la vida de los creyentes.

Pablo	Santiago
Quiso que los creyentes dejaran de confiar en las obras muertas y confiaran sólo en Jesús para la salvación.	Quiso que los creyentes abrazaran las buenas obras como una expresión de su fe en Jesús.

Santiago no estaba rechazando la fe como la base de la salvación; más bien, estaba promocionando la idea de que la fe verdadera que salva no es muerta, sin vida e improductiva. Enseñó que la fe era más que un simple consentimiento intelectual, que la fe genuina es inseparable de las acciones que esta produce.

> *A los que dicen que son fieles a Dios, pero no hacen lo bueno, yo les podría decir: "Tú dices que eres fiel a Dios, y yo hago lo que es bueno. Demuéstrame que es posible ser fiel a Dios sin tener que hacer lo bueno, y yo te demostraré que soy fiel a Dios por medio del bien que hago. Tú crees que existe un solo Dios. ¡Muy bien! Pero hasta los demonios creen en él y tiemblan de miedo. No seas tonto. Debes aceptar que de nada te sirve decir que eres fiel a Dios y confiar en él, si no haces lo bueno. Nuestro antepasado Abraham agradó a Dios cuando puso a su hijo Isaac sobre el altar, para sacrificarlo. Y Dios lo aceptó por eso. La confianza que Abraham tuvo en Dios se demostró con todo lo que hizo, y por medio de todo lo que hizo su confianza llegó a ser perfecta".*
>
> *Así se cumplió lo que dice en la Biblia: "Abraham confió en la promesa de Dios, y por eso Dios lo aceptó". Fue así como Abraham se hizo amigo de Dios.*

> *Como pueden ver, Dios nos acepta por lo que hacemos, y no sólo por lo que creemos.*
>
> *Así le sucedió a Rahab, la prostituta. Dios la aceptó por haber recibido y escondido a los espías en su casa, y por ayudarlos también a escapar por otro camino.*
>
> *Así como un cuerpo sin alma está muerto, también la confianza en Dios está muerta si no va acompañada de buenas acciones.*
>
> Santiago 2:18-26 TLA

PABLO ABARCÓ AMBOS CASOS

> *Continuemos y dejemos a un lado la etapa elemental acerca de las enseñanzas y doctrina de Cristo (el Mesías), avanzando con paso seguro hacia la integridad y perfección propias de la madurez espiritual. No volvamos a poner los fundamentos del arrepentimiento y abandono de las obras muertas (el formalismo muerto) y de la fe [mediante los cuales usted se volvió] a Dios.*
>
> Hebreos 6:1 AMP

Pablo dijo que parte de nuestro fundamento espiritual elemental involucra el arrepentimiento y el abandono de las obras muertas (el formalismo muerto o el ritualismo muerto). Estas son las mismas clases de "obras de la Ley" que denunció en el libro de Gálatas. Sin embargo, sólo unos cuantos capítulos más adelante, él promueve las buenas obras. Pablo dijo: "Tengámonos en cuenta unos a otros, a fin de estimularnos al amor y a las buenas obras" (Hebreos 10:24). Tanto Pablo como Santiago fueron defensores del tipo correcto de obras, aquellas dirigidas por la voluntad de Dios e inspiradas y revestidas de poder mediante su gracia. Vemos claramente que hay algunos tipos de obras que debemos rechazar y un tipo de obra en la que debemos caminar.

A medida que aprovechemos y vivamos de la gracia de Dios, tengamos presente que si bien nuestras obras no producen la salvación, expresan y son un testimonio de nuestra nueva vida en Jesucristo. Su gracia fenomenal nos permite cumplir las órdenes de Jesús con alegría y gratitud en nuestro corazón.

> *De la misma manera, que la luz de ustedes alumbre delante de todos, para que todos vean sus buenas obras y glorifiquen a su Padre, que está en los cielos.*
>
> Mateo 5:16

Preguntas para reflexionar y discutir

- ¿Qué fue nuevo y fresco para usted sobre la gracia?
- ¿Qué reforzó el entendimiento que usted ya tenía de la gracia?
- ¿Qué desafió su entendimiento pasado y actual de la gracia?
- ¿De qué maneras las acciones de la Sra. Wilson (en la ilustración de *Daniel el travieso*) reflejan la naturaleza y las acciones de Dios hacia usted? ¿Hacia la humanidad?
- Muchas personas (incluso en las iglesias) todavía piensan que si son lo suficiente buenas, hacen suficientes obras buenas, o llevan una vida lo suficiente buena, esto les permitirá llegar al cielo. ¿Qué tan prevalente fue este tipo de pensamiento en su trasfondo religioso? ¿Cómo cambió su perspectiva de "esfuerzo" a "confianza"?
- ¿Por qué Dios simplemente no pasó por alto o ignoró el pecado?
- ¿Qué compartiría usted con una persona que cree que puede ser justa al observar la Ley o al ser una buena persona?

- ¿Qué significa para usted la declaración de Pablo en 2 Corintios 3:6: "Pues él nos hizo ministros competentes de un nuevo pacto, no de la letra, sino del Espíritu; porque la letra mata, pero el Espíritu vivifica?

- ¿Qué se quiere decir con que las ceremonias del Antiguo Testamento fueron simplemente sombras de las cosas buenas que estaban por venir?

- ¿Cómo puede una persona tener una "mentalidad de la ley" en relación con Dios incluso si jamás haya sido judía?

- Describa la relación entre la gracia y las obras en términos de la raíz y el fruto.

- ¿Cómo presentaron Pablo y Santiago la idea de las obras en relación con la salvación? ¿Se contradicen sus puntos de vista o se complementan entre sí?

PARTE 4

¿Cómo obra exactamente la *Gracia* en mi vida?

Capítulo 13

La gracia que santifica

> Más bien, crezcan en la gracia y el conocimiento de nuestro Señor y Salvador Jesucristo
>
> 2 Pedro 3:18

La gracia de Dios desempeña un papel decisivo para llevarnos a Dios (la gracia que salva), y su gracia ahora desempeña un papel determinante en nuestro caminar con Él. Dios tuvo gracia para nuestro inicio en su familia, y también tiene gracia para nuestra continuación con Él.

Un aspecto de la gracia de Dios que nos ayuda en nuestro caminar permanente con Él es lo que llamamos la gracia que santifica.

- La gracia que santifica es el poder y la habilidad de Dios que nos purifica y nos permite vivir vidas santas en un mundo corrupto.
- La gracia que santifica nos impide ser contaminados.

- La gracia que santifica es la impartición de la santidad de Dios.
- La gracia que santifica es el Amor Purificador.

Que Dios mismo, el Dios de paz, los santifique por completo [los separe de las cosas profanas y los haga puros y completamente consagrados a Dios]; y que su espíritu y alma se conserven bien fundados e íntegros [y se encuentren] irreprochables en la venida de nuestro Señor Jesucristo (el Mesías).

1 Tesalonicenses 5:23 AMP

La palabra "santificar" significa "hacer santo". En el idioma griego, las palabras santificar, santos y santo se relacionan todas entre sí. Pablo usa la palabra "santos" para denotar a todos los creyentes, queriendo decir que le pertenecen a Dios o que están apartados para Él.

Dos aspectos de la verdad

A fin de apreciar verdaderamente la gracia que santifica, es importante entender el aspecto legal y experiencial de la verdad bíblica. La siguiente historia nos ayuda a entender estos conceptos.

Imagínese a un bebé que nace en una familia real y es el heredero directo al trono. A partir del momento que nace el niño, él es legalmente tan heredero al trono como siempre lo será, ¡pero en la experiencia no exhibe mucho de los rasgos reales! Él llora frecuentemente (y en voz alta), ensucia sus pañales y babea periódicamente. Sin embargo, a medida que madura y se desarrolla, sus padres lo forman—en su comportamiento y conducta— para que se convierta en quién ya es por herencia.

Usted es un hijo de Dios, al poner su fe en el Señor Jesucristo. Si usted tan sólo hubiera nacido ayer y no hubiera tenido el tiempo para madurar, desarrollar rasgos piadosos ni establecer un historial de conducta cristiana excelente, usted todavía sería un hijo de Dios. Usted cuenta con una identidad espiritual y una herencia que es suya mediante la gracia de Dios. A medida que crece y madura en su caminar con el Señor, usted también se convierte—en su comportamiento y conducta—quién ya es por herencia.

Al igual que el niño nacido del rey es heredero al trono y tiene tantos derechos y privilegios, todo hijo de Dios puede declarar alegremente: "Porque estoy con Jesucristo, soy:

- Una rama que permanece en la Vid. (Juan 15:5)
- Justificado. (Romanos 5:1)
- Muerto al pecado. (Romanos 6:11)
- Vivo para Dios. (Romanos 6:11)
- Heredero de Dios y coheredero con Jesucristo. (Romanos 8:17)
- Más que vencedor. (Romanos 8:37)
- Inseparable del amor de Dios. (Romanos 8:39)
- Unido al Señor, un espíritu con Él. (1 Corintios 6:17)
- El templo del Espíritu Santo. (1 Corintios 6:19)
- Comprado a un precio. (1 Corintios 6:20)
- Miembro del cuerpo de Cristo. (1 Corintios 12:27)
- Siempre triunfante en Cristo. (2 Corintios 2:14)
- Una nueva creación en Jesucristo. (2 Corintios 5:17)
- Reconciliado con Dios. (2 Corintios 5:18)
- La justicia de Dios en Cristo. (2 Corintios 5:21)
- Redimido de la maldición de la ley. (Gálatas 3:13)

- Un hijo de Dios. (Gálatas 3:26)
- Linaje de Abrahán y heredero según la promesa. (Gálatas 3:29)
- Libre. (Gálatas 5:1)
- Santo. (Efesios 1:1)
- Bendecido con toda bendición espiritual. (Efesios 1:3)
- Escogido. (Efesios 1:4)
- Acepto en el Amado. (Efesios 1:6)
- Sellado con el Espíritu Santo de la promesa. (Efesios 1:13)
- Sentado con Cristo en los lugares celestiales. (Efesios 2:6)
- Hechura de Dios. (Efesios 2:10)
- Conciudadano de los santos y miembro de la familia de Dios. (Efesios 2:19)
- Ciudadano del Cielo. (Filipenses 3:20)
- Librado del poder de la oscuridad y trasladado al reino de su amado Hijo. (Colosenses 1:13)
- Perdonado. (Colosenses 1:14)
- Pleno en Cristo. (Colosenses 2:10)
- Un piedra viva. (1 Pedro 2:5)
- Partícipe de la naturaleza divina. (2 Pedro 1:4)

Renovamos nuestra mente en la nueva identidad en Cristo, a medida que proclamamos estas verdades de manera alegre y valiente. ¡No hacemos alarde de nosotros mismos; le damos la gloria a Dios por la obra que Él ha hecho en nuestra vida mediante su gracia! Estas verdades nos permiten resistir las tentaciones y las presiones del mundo, a medida que se establecen en nuestro corazón y se fortalecen en nuestra mente.

Tener el sentido correcto de identidad le ayuda a tomar las decisiones correctas, y con el tiempo, la persona que usted es legalmente se expresa de manera rica en su estilo de vida. Sin embargo, usted tiene un enemigo que quiere obstaculizar a la gracia de Dios que santifica en su vida. Satanás es el acusador de los hermanos (Apocalipsis 12:10), y él no quiere que usted descubra quién es en Cristo. Él puede continuar dominándolo y angustiándolo, si puede hacer que siga creyendo que su identidad se define por sus pecados y fracasos del pasado. Pero cuando usted descubre quién dice la Palabra de Dios que es usted y camina a la luz de su Palabra, comenzará a reinar como la realeza para la cual nació.

Otro enemigo que puede vencer a través de la gracia de Dios que santifica son los patrones negativos de pensamiento y los antiguos hábitos que lo acompañan en su carne después de que haya nacido de nuevo. Pedro aconseja a cómo tratar con tales cosas:

> *Por lo tanto, deshágense de toda mala conducta. Acaben con todo engaño, hipocresía, celos y toda clase de comentarios hirientes. Como bebés recién nacidos, deseen con ganas la leche espiritual pura para que crezcan a una experiencia plena de la salvación. Pidan a gritos ese alimento nutritivo ahora que han probado la bondad del Señor.*
> 1 Pedro 2:1-3 NTV

Piense de nuevo en el bebé que nace como heredero del trono. Ese bebé está completo. Tiene diez dedos en las manos y en los pies. Tiene ojos, orejas, nariz y boca, pero aún tiene que crecer hasta llegar a la madurez y a la edad adulta. Igualmente, un hijo de Dios está completo en Cristo (Colosenses 2:10), pero siempre hay una necesidad para crecer en madurez y entendimiento.

Pablo comunicó esto cuando se dirigió a los corintios. Desde el punto de vista legal, dijo que fueron "santificados en Cristo Jesús" y "llamados a ser santos" (1 Corintios 1:2), "en él ustedes fueron enriquecidos en todas las cosas" (1 Corintios 1:5), y fueron de "Cristo Jesús, a quien Dios ha constituido como su sabiduría, justificación, santificación y redención" (1 Corintios 1:30). Al ser "de Cristo" parecían muy buenos, ¿cierto? Eso fue lo que ellos eran y lo que tenían. Sin embargo, estas realidades legales no ocultan el hecho de que fueron actitudes y comportamientos en sus vidas que necesitaban ser transformados radicalmente.

Pablo llamó a estos mismos creyentes en 1 Corintios 3:1,3 "niños en Cristo" y dijo: "porque aún son gente carnal. Pues mientras haya entre ustedes celos, contiendas y divisiones, serán gente carnal y vivirán según criterios humanos". También dijo que algunos de ellos se creían "muy importantes" (1 Corintios 4:18), o llenos de orgullo.

Hay dos caras en una moneda, y hay dos aspectos en su vida en Cristo. Está su identidad, o quién es usted en Cristo, y está su estilo de vida; está su posición y su práctica. La gracia que santifica trae la verdad de su posición en Cristo y se expresa en su conducta externa.

El Nuevo Testamento aborda su posición y conducta.

Verdad Posicional	Aplicación Conductual
El aspecto legal de quién es usted en Cristo	El aspecto experiencial que se evidencia en su caminar en el mundo.

Verdad Posicional	Aplicación Conductual
La raíz de quién es usted mediante la gracia de Dios.	El fruto de su vida a medida que permita que la gracia de Dios que santifica obre en usted.
Es un regalo para usted.	Se manifiesta a través de usted.
Atribuida instantáneamente a usted cuando se vuelve un hijo de Dios.	Se expresa progresivamente a través de usted a medida que crece, se rinde a Dios y le obedece.
Un evento.	Un proceso.
Declarado de esa manera.	Visto de esa manera.
Con base en Cristo que habita en usted.	Con base en Cristo que se muestra a través de usted.
La Doctrina: Esto es lo que la gracia de Dios ha hecho en y por usted.	La Aplicación: La gracia de Dios que santifica lo reviste de poder para obedecer a la Palabra de Dios y a su Espíritu.

La gracia se trata, en primer lugar, sobre lo que Dios ha hecho, pero la gracia también se trata sobre lo que Dios le permite hacer. Lo que usted hace se basa en lo que Él ha hecho. Pablo comunicó repetidamente "lo hecho y lo que está por hacer" en sus escritos. Por ejemplo, los primeros tres capítulos de Efesios tienen que ver predominantemente con la verdad posicional, lo que Dios ha hecho:

- Somos bendecidos con toda bendición espiritual en los lugares celestiales.
- Nos escogió en Él antes de la fundación del mundo.
- Nos hizo aceptos en el Amado.
- En Él, recibimos la redención por medio de su sangre.
- En Él, hemos obtenido una herencia.
- Nos han hecho sentar en los lugares celestiales en Cristo Jesús.
- Fuimos sellados con el Espíritu Santo de la promesa.

En los siguientes tres capítulos (Efesios 4-6), leemos sobre nuestra repuesta, cómo debemos vivir en la práctica, o "el hacer":

- Caminar dignos de nuestro llamado.
- Mantener la unidad entre nosotros.
- Dejar de mentir.
- Dejar de robar.
- Ser amables, compasivos y dispuestos a perdonarnos el uno al otro.
- Andar en amor.
- No permitir la fornicación, la impureza, ni la codicia en nosotros.
- Estar relacionados adecuadamente entre sí en nuestra familia y nuestro trabajo.

Eugene Peterson escribe elocuentemente en su introducción al libro del Efesios en *El Mensaje*:

> Lo que sabemos sobre Dios y lo que hacemos por Él tienen una forma de estar separados en nuestra vida. El momento en que se daña de alguna manera el carácter

unitario de la creencia y el comportamiento, somos incapaces de vivir la humanidad entera para la cual fuimos creados. La carta de Pablo a los efesios une lo que se ha separado en nuestro mundo arruinado por el pecado. Él comienza con una exploración de lo que los cristianos creen sobre Dios y, luego, como un cirujano que repara una fractura abierta, "repara" esta creencia de Dios en nuestra conducta delante de Él de modo que los huesos—la creencia y el comportamiento— se unen y sanan.

Pablo fue un ministro responsable de la verdad. Enseñó ambas caras de la moneda: En primer lugar, sentó los cimientos de quiénes somos y de lo que tenemos en Cristo, y luego describió qué aspecto tiene esto para las personas a nuestro alrededor. Pablo cubrió ambos aspectos del asunto: identidad y práctica, posición y aplicación, o como Peterson lo describió, creencia y comportamiento.

El razonamiento humano versus la verdad bíblica

Algunos piensan que una vez que ingresamos a tener una relación con Dios, Él sólo nos ve como perfectos en Cristo. Si bien es cierto que Dios nos ve con los ojos de la redención, Él no se olvida ni muestra desinterés por nuestra conducta. De lo contrario, el Espíritu Santo jamás habría inspirado los muchos pasajes del Nuevo Testamento que tratan con las correcciones y los ajustes que se deben hacer en la vida de los creyentes.

Algunas personas han utilizado un razonamiento humano imperfecto para distorsionar enormemente la gracia de Dios. Animan reflexiones como las siguientes:

- A Dios no le debe importar cómo vivimos, porque la gracia de Dios no se basó en nuestro desempeño ni perfección.

- Somos libres de hacer y vivir como queramos, porque el amor y la aceptación de Dios no se basan en nuestras obras.
- Nuestro comportamiento no tiene consecuencias, porque Dios sólo nos ve como a Cristo.
- No importa el pecado, porque Dios ya nos ha perdonado de todo.

Algunos incluso han adoptado estilos de vida carnales y mundanos y han procedido a defender tales conductas libertinas al declararse "bajo la gracia", y piensan que es totalmente aceptable a Dios.

Pablo, llamado el Apóstol de la Gracia, fue consciente que tal razonamiento se podía usar indebidamente en su enseñanza, y recurrió a todos los medios para abordar y corregir tales tergiversaciones. Por ejemplo, considere Romanos 5:20-21, donde él hace énfasis en que la gracia de Dios es superior a nuestro pecado.

> *La ley se introdujo para que abundara el pecado; pero cuando el pecado abundó, sobreabundó la gracia; para que así como el pecado reinó para traer muerte, también la gracia reine por la justicia para darnos vida eterna mediante Jesucristo, nuestro Señor.*
>
> Romanos 5:20-21 NTV

¡Esta es una bella verdad! Pero Pablo sabía cómo pensaban algunas personas. Hay siempre algunas personas que buscan escapatorias, para hacer lo que quieran sin sentirse culpables ni temer las consecuencias negativas. Lo único que leían era: "Pero cuanto más y más pecaba la gente, más abundante se hizo la gracia maravillosa de Dios. Por lo tanto concluían: "¡Si más pecados producen más gracia, debemos pecar más! Entonces obtendremos más de la gracia de Dios". En los siguientes dos versículos, Pablo cierra firmemente la tapa de ese tipo de pensamiento equivocado.

> *Ahora bien, ¿deberíamos seguir pecando para que Dios nos muestre más y más su gracia maravillosa? ¡Por supuesto que no! Nosotros hemos muerto al pecado, entonces, ¿cómo es posible que sigamos viviendo en pecado?*
> Romanos 6:1-2 NTV

Si usted está en Cristo por la gracia de Dios que salva, su respuesta sensata es vivir según su gracia que santifica, para pensar, hablar y actuar como Él.

Pablo asumió muy seriamente su responsabilidad como ministro, y de este modo defendió la verdad de la gracia de ambos errores posibles. Pablo fue categórico al defender su enseñanza de las tergiversaciones:

> *Algunos incluso nos difaman asegurando que nosotros decimos: "¡Cuanto más pecamos, mejor!". Los que dicen tales cosas merecen ser condenados.*
> Romanos 3:8 NTV

Aparentemente, fueron generalizados los malentendidos y distorsiones de la enseñanza de Pablo con relación a la gracia. Incluso el apóstol Pedro sintió una necesidad de abordar el tema.

> *Por lo cual, queridos amigos, mientras esperan que estas cosas ocurran, **hagan todo lo posible para que se vea que ustedes llevan una vida pacífica que es pura e intachable a los ojos de Dios**.*

> *Y recuerden que la paciencia de nuestro Señor da tiempo para que la gente sea salva. Esto es lo que nuestro amado hermano Pablo también les escribió con*

la sabiduría que Dios le dio, al tratar estos temas en todas sus cartas. Algunos de sus comentarios son difíciles de entender, **y los que son ignorantes e inestables han tergiversado sus cartas, para que signifiquen algo muy diferente***, así como lo hacen con otras partes de la Escritura. Esto resultará en su propia destrucción.*

Queridos amigos, los estoy previniendo con tiempo. **Manténganse en guardia para no ser arrastrados por los errores de esa gente perversa y perder la base firme que tienen. En cambio, crezcan en la gracia y el conocimiento de nuestro Señor y Salvador Jesucristo.**

¡A él sea toda la gloria ahora y para siempre! Amén.

2 Pedro 3:14-18 NTV (el énfasis es mío)

Pedro era consciente que algunas personas ignorantes e inestables tergiversaban la enseñanza de Pablo para su propia destrucción. Él dijo que estas personas eran malvadas y que asociarnos con ellas podría hacer que perdiéramos nuestra base de apoyo. Creo que Pedro abordó este error porque dijo: "hagan todo lo posible para que se vea que ustedes llevan una vida pacífica que es pura e intachable a los ojos de Dios" y nos dijo "crezcan en la gracia y el conocimiento de nuestro Señor y Salvador Jesucristo".

No es casual que Pedro sacara a relucir estos dos aspectos en el contexto inmediato de mencionar a personas que tergiversaban las enseñanzas de Pablo. Ambos asuntos están conectados de manera vital, pero ¿cómo? Crecer en la gracia y el conocimiento verdadero del Señor Jesús nos llevará a vivir una vida pacífica que es pura e intachable a los ojos de Dios. La gracia y el conocimiento verdadero jamás nos guían a una vida descuidada, irresponsable, impura, ni pecaminosa. Creo que la "tergiversación" de la que hace referencia Pedro involucró a individuos que decían que la gracia significa que podemos vivir como queramos, y que no importa ese comportamiento pecaminoso.

La gracia es gratuita y no se basa en nuestras obras. Sin embargo, la gracia de Dios no es una hamaca que nos infunde un sentido de falta de moderación despreocupada o una insensibilidad moral. Más bien, la gracia de Dios es una plataforma de lanzamiento que nos impulsa hacia una vida de obediencia a la Palabra y al Espíritu de Dios, al crecimiento espiritual, a la separación del mal y al discipulado dinámico.

LA GRACIA NOS ENSEÑA

> "Dios los llamó para que pudieran ser santos, y la santidad es la belleza que se produce mediante su obra en ellos".
> – Thomas Watson[1]

Pablo le escribió lo siguiente a Tito, un pastor bajo su dirección y supervisión:

> *Porque la gracia de Dios se ha manifestado para la salvación de todos los hombres, y nos enseña que debemos renunciar a la impiedad y a los deseos mundanos, y vivir en esta época de manera sobria, justa y piadosa, mientras aguardamos la bendita esperanza y la gloriosa manifestación de nuestro gran Dios y Salvador Jesucristo, quien se dio a sí mismo por nosotros para redimirnos de toda iniquidad y purificar para sí un pueblo propio, celoso de buenas obras.*
> Tito 2:11-14

¿No es eso sustancioso? La gracia de Dios nos enseña. La palabra "enseñar" significa "entrenar (como cuando los padres entrenan a los hijos), instruir, castigar y corregir".[2] Considere la manera en que otras dos versiones traducen el versículo 12:

y nos enseña a rechazar la impiedad y las pasiones mundanas. Así podremos vivir en este mundo con justicia, piedad y dominio propio,

NVI

Ese amor de Dios nos enseña que debemos dejar de hacer el mal, y no desear lo malo de este mundo. También nos enseña que, en este mundo, debemos ser honestos y fieles a Dios, y pensar bien lo que hacemos.

TLA

La gracia nunca es el permiso divino para hacer el mal. La gracia es el revestimiento del poder divino para hacer lo correcto.

Un pastor estaba preocupado cuando compartió una historia conmigo. Dijo que una pareja había visitado su iglesia, y notó que tenían diferentes apellidos pero la misma dirección. Tras asistir algunas veces, él pudo visitarlos personalmente. Le dijeron desvergonzadamente que no estaban casados y que vivían juntos. Los pastores se dan cuenta que algunas personas no han nacido de nuevo y no saben lo que la Biblia dice sobre tales cosas, pero para sorpresa del pastor esta pareja era salva y estaba involucrada en iglesias durante muchos años.

Procedieron a decirle que como habían recibido esta nueva revelación de la gracia de Dios, llegaron a darse cuenta que eran libres para vivir juntos porque Jesús ya había muerto por todos los pecados: pasados, presentes y futuros. Espantado por su teología, procedió a contarles la verdad bíblica que su "nueva revelación" había omitido por conveniencia.

La gracia de Dios jamás debe estar aislada del resto de la enseñanza del Nuevo Testamento. La gracia bíblica siempre está integrada y actúa a la perfección con todo lo demás que Dios nos dice en la Biblia. En realidad, la gracia de Dios nos permite llevar a cabo toda tarea que Él nos pide, ya sea que venga de la Palabra o del Espíritu. Debemos vivir según "toda palabra que sale de la boca de Dios" (Mateo 4:4). Lamentablemente, esta pareja abrazaba un aspecto de la gracia, la gracia que salva, mientras que hacía caso omiso de la gracia que santifica.

La gracia no es de ninguna manera un permiso para pecar. No estoy diciendo que nos volvemos perfectamente intachables, ni que no vamos a volver a necesitar del perdón de Dios. Santiago dijo: "Todos cometemos muchos errores" (Santiago 3:2). Pero los hijos de Dios que nacen de nuevo, que crecen en la gracia, que crecen en la Palabra y son guiados mediante el Espíritu de Dios no buscan usar la gracia como una excusa, un pretexto o una evasión de responsabilidad para tomar parte en un comportamiento pecaminoso y que se permite excesos. La gracia nos enseña y nos reviste de poder para decir no al pecado y para superar la carnalidad que es tan prevalente en este mundo.

La gracia que santifica no está en contra el pecado de manera pasiva. No nos enseña, diciendo: "probablemente es buena idea no pecar, pero está bien si lo hace". La gracia que santifica está en contra del pecado de manera activa y categórica. Esta dice: "Voy a guiarlo y a mostrarle cómo cooperar con mi influencia para que viva libre del poder del pecado".

Judas interviene

Judas, al igual que Pablo y Pedro, también fue consciente de las tergiversaciones y perversiones del mensaje de la gracia de Dios. Aunque su única epístola en el Nuevo Testamento está compuesta de un capítulo relativamente breve, no carece de poder ni convicción. Judas dijo:

> *Amados hermanos, yo he tenido un gran deseo de escribirles acerca de la salvación que tenemos en común, pero ahora me encuentro en la necesidad de escribirles para rogarles que luchen ardientemente por la fe que una vez fue dada a los santos, pues por medio de engaños se han infiltrado entre ustedes algunos malvados. Éstos, que desde antes habían sido destinados a la condenación, **convierten la gracia de nuestro Dios en libertinaje** y niegan a Jesucristo, nuestro único Soberano y Señor*
>
> Judas 3-4 (la letra negrita es mía)

La palabra "libertinaje" abarca la gama de una completa falta de compostura moral. Judas condenó a aquellos que enseñaron que la gracia de Dios les daba la libertad a los creyentes de hacer lo que quisieran hacer. Su doctrina fue doble: En primer lugar, si se siente bien, hazlo. En segundo lugar, está bien cualquier cosa que haga y no tendrá consecuencias porque la gracia de Dios cubre todo.

Otras traducciones arrojan una luz adicional sobre el versículo 4.

- NTV: "Les digo esto, porque algunas personas que no tienen a Dios se han infiltrado en sus iglesias diciendo que la maravillosa gracia de Dios nos permite llevar una vida inmoral".
- RVR1960: "...hombres impíos, que convierten en libertinaje la gracia de nuestro Dios".

La gracia de Dios—su gracia que santifica—no es despectiva y no toma a la ligera el pecado. Más bien, la gracia que santifica nos enseña a caminar libres del poder y la influencia del pecado.

¿Jesús murió por todos los pecados?

Pero Cristo, después de ofrecer una sola vez un solo sacrificio por los pecados, para siempre se sentó a la derecha de Dios

Hebreos 10:12

En un sentido jurídico, Jesús murió por todos los pecados: pasados, presentes y futuros. Si no lo hubiera hecho, cada vez que alguien pecara Él tendría que regresar a la Cruz y morir de nuevo. Sin embargo, esto no significa que tenemos la libertad para pecar con ligereza y descaradamente, haciendo caso omiso del consenso imperioso del las Escrituras del Nuevo Testamento que nos dirigen claramente a vivir vidas santas, dar buenos ejemplos y ser conformados a la imagen de Jesucristo, sometiéndonos a la enseñanza de la gracia.

Algunos que han abrazado una versión tergiversada de la gracia, creyendo que esta les permite vivir como deseen, pegan rápidamente el grito: "¡legalismo!", si alguien menciona los pasajes que se relacionan con la santidad, obediencia y vivir vidas piadosas. Tal como lo dijo una vez Leonard Ravenhill: "Cuando hay algo en la Biblia que no les gusta a las iglesias, lo llaman 'legalismo'". Estos mismos individuos frecuentemente van a protestar ante cualquier directriz bíblica, diciendo cosas como:

- "No estoy bajo la ley".
- "No me pondrán en la esclavitud".
- "Fui liberado de una religión de cosas que 'debo' y 'no debo' hacer".

La gracia de Dios no es una evasión de responsabilidad para que los creyentes no obedezcan las enseñanzas completas del Nuevo Testamento. En realidad, la gracia de Dios nos dirige a la obediencia, no nos aleja de ella. De nuevo, quiero pensar en la palabra *responsabilidad* como nuestra respuesta a la habilidad de Dios. Sin duda, Dios nos perdona cuando fallamos, pero la gracia de Dios puede suministrar la habilidad para ayudarnos a hacerlo bien, no sólo la misericordia para perdonarnos cuando nos equivoquemos (1 Juan 2:1).

Dios siempre nos dará la habilidad para obedecer todo lo que Él nos ordene hacer (y hay muchas directrices en el Nuevo Testamento para los creyentes que no tienen nada que ver con el legalismo). La habilidad que Dios nos da para cumplir sus mandamientos es su gracia. La gracia de Dios que santifica está presente para revestirnos de poder, cuando se trata de desarrollar un estilo de vida y un comportamiento que a Él le agrada.

> *Esfuércense por demostrar los resultados de su salvación obedeciendo a Dios con profunda reverencia y temor. Pues Dios trabaja en ustedes y les da el deseo y el poder para que hagan lo que a él le agrada.*
>
> Filipenses 2:12-13 NTV

Especialmente me gusta como traduce la Biblia Ampliada este pasaje.

> *Logren (cultiven, cumplan la meta y completen totalmente) su propia salvación con temor reverencial y temblor (desconfianza en ustedes mismos, con suma prudencia, delicadeza de conciencia, vigilancia ante la tentación, asustándose tímidamente por cualquier cosa que pueda ofender a Dios y deshonrar el nombre de Cristo).*
>
> *[No con su propia fuerza] pues es Dios quien obra eficazmente todo el tiempo en ustedes [vigorizándolos y creando en ustedes el poder y el deseo], tanto el querer como el hacer para su buen placer, satisfacción y deleite.*

¡Gracias a Dios que no tenemos que hacer todo esto con nuestra habilidad natural! Dios imparte su poder y fuerza sobrenatural en el proceso de santificación, al haber dispuesto su gracia—su habilidad divina—para que obre en nosotros y a través de nosotros. Me gusta particularmente la parte que dice que Él nos ayuda a desear hacer lo correcto. Si nos resulta difícil estar dispuestos, ¡le podemos pedir a Él que nos ayude a mostrarnos dispuestos!

Filipenses 2:12 en la versión *Reina Valera Contemporánea* es muy acertada: "Ocúpense en su salvación con temor y temblor". Note que Pablo no dijo: "Trabajen por su salvación". Más bien, dijo: "Ocúpense de su salvación". No está hablando de que nos ganemos nuestra salvación; habla acerca de expresar nuestra salvación.

- ¿Qué produce en nuestra vida la gracia que santifica?
- El poder para llevar a cabo la voluntad de Dios.
- El poder para ser conformados a la imagen de Jesucristo.
- El poder para vencer la carnalidad, el pecado y la corrupción mundana.
- Un estilo de vida piadoso que es un testimonio poderoso del Señorío de Jesucristo.

Jesús oró en Juan 17:17: "Santifícalos en tu verdad; tu palabra es verdad". Si Jesús oró para que fuésemos santificados, ¿cree que usted puede ser santificado? ¿Cree que Dios responderá la oración de Jesús? A medida que lea cada uno de los versículos siguientes, dígase a sí mismo: "Si Dios me ha pedido que haga esto, entonces sé que su gracia que santifica me permitirá hacerlo".

> *Hablo en términos humanos, por la debilidad de su naturaleza humana. Así como para practicar la iniquidad presentaron sus miembros para servir a*

la impureza y la maldad, ahora, para practicar la santidad, **presenten sus miembros para servir a la justicia.**

Romanos 6:19 (la letra negrita es mía)

Por lo tanto, amados hermanos, **les ruego que entreguen su cuerpo a Dios** *por todo lo que él ha hecho a favor de ustedes. Que sea un sacrificio vivo y santo, la clase de sacrificio que a él le agrada. Esa es la verdadera forma de adorarlo.* **No imiten las conductas ni las costumbres de este mundo, más bien dejen que Dios los transforme en personas nuevas al cambiarles la manera de pensar.**

Romanos 12:1-2 NTV (la letra negrita es mía)

Más bien, vístanse con la presencia del Señor Jesucristo. Y no se permitan pensar en formas de complacer los malos deseos.

Romanos 13:14

¡Huyan del pecado sexual! Ningún otro pecado afecta tanto el cuerpo como éste, porque la inmoralidad sexual es un pecado contra el propio cuerpo. **¿No se dan cuenta de que su cuerpo es el templo del Espíritu Santo,** *quien vive en ustedes y les fue dado por Dios? Ustedes no se pertenecen a sí mismos, porque Dios los compró a un alto precio.* **Por lo tanto, honren a Dios con su cuerpo.**

1 Corintios 6:18:20 NTV (la negrita es mía)

Amados míos, puesto que tenemos tales promesas, limpiémonos de toda contaminación de carne y de

> *espíritu, y perfeccionémonos en la santidad y en el temor de Dios.*
>
> 2 Corintios 7:1

El temor de Dios

> Lo destacable de temer a Dios es que cuando usted le teme a Dios, no le teme a nada más; mientras que si no le teme a Dios, le teme a todo lo demás.
>
> - Oswald Chambers[3]

Pablo les dijo arriba a los corintios en 2 Corintios 7:1 que debían limpiarse de toda contaminación de la carne y perfeccionarse en la santidad, y que lo debían hacer "en el temor de Dios". No creo que esto se refiera a un temor natural, como tenerle miedo a una serpiente cascabel o a un tornado. Pablo habla acerca de la reverencia, veneración y respeto que tenemos por la autoridad al Padre y al poder sobre el universo entero.

- "El temor del Señor es bueno: permanece para siempre" (Salmos 19:9).
- "El temor del Señor es aborrecer el mal" (Proverbios 8:13).
- "El temor del Señor aparta del mal a los hombres" (Proverbios 16:6).
- "Mientras tanto, las iglesias en toda Judea, Galilea y Samaria vivían en paz y eran edificadas en el temor del Señor, y su número iba en aumento por la fuerza del Espíritu Santo" (Hechos 9:31).
- "Cultiven entre ustedes la mutua sumisión, en el temor de Dios" (Efesios 5:21).

El temor del Señor no es solamente un concepto del Antiguo Testamento que carece de sentido hoy en día. Esta frase representa un principio que transciende todos los pactos y se aplica tanto al Antiguo como al Nuevo Testamento. Si bien Salomón se dio cuenta que el temor de Dios hizo que las personas odiaran el mal y se alejaran de este cuando escribió el libro de Proverbios, Pablo, el Apóstol de la Gracia, escribió: "Aborrezcan lo malo [odien toda impiedad, apártense con horror de toda maldad], pero aférrense a todo lo bueno" (Romanos 12:9 AMP).

Los cristianos preguntan: "¿Qué me ayudará a vivir una vida más santa: el temor de Dios o la gracia de Dios?". Eso es como preguntar: "¿Cuál ala es más importante para que vuele el avión: la izquierda o la derecha?". Si hemos de volar exitosamente, necesitamos ambas alas. Si vamos a vivir vidas cristianas exitosas, debemos caminar en el temor de Dios y en la gracia de Dios. El tipo correcto de temor (el temor reverencial y el respeto por Dios) y la gracia de Dios (que nos salva y hace todo posible—incluso vencer el pecado—) no se contradicen; se complementan. John Newton abordó ambos tipos de temor en "Sublime Gracia" cuando escribió: "Su gracia me enseñó a temer, mis dudas ahuyentó".

Más exhortaciones de Pablo

> *Hermanos, ustedes han sido llamados a la libertad, sólo que **no usen la libertad como pretexto para pecar;** más bien, sírvanse los unos a los otros por amor. Digo, pues: Vivan según el Espíritu, y no satisfagan los deseos de la carne.*
>
> Gálatas 5:13,16 (la letra negrita es mía)

Pablo no dijo en el versículo 16: "No satisfagan los deseos de la carne y vivirán en el Espíritu". No, el énfasis fue en lo positivo. Céntrese en vivir según el Espíritu y no van a satisfacer los deseos de la carne. Láncese al poder positivo de Dios. Busque la obediencia que se basa en la habilidad de Dios dentro de usted, aproveche el ADN espiritual de Dios de la gracia que santifica interiormente y los deseos y las tentaciones de la carne se debilitarán y perderán su habilidad de dominarlo.

> *En cuanto a su pasada manera de vivir,* ***despójense de su vieja naturaleza****, la cual está corrompida por los deseos engañosos; renuévense en el espíritu de su mente,* ***y revístanse de la nueva naturaleza****, creada en conformidad con Dios en la justicia y santidad de la verdad.*
>
> Efesios 4:22-24 (la letra negrita es mía)

> *Por lo tanto,* ***hagan morir en ustedes todo lo que sea terrenal****: inmoralidad sexual, impureza, pasiones desordenadas, malos deseos y avaricia. Eso es idolatría. Por cosas como éstas les sobreviene la ira de Dios a los desobedientes. También ustedes practicaron estas cosas en otro tiempo, cuando vivían en ellas. Pero ahora* ***deben abandonar*** *también la ira, el enojo, la malicia, la blasfemia y las conversaciones obscenas.*
>
> Colosenses 3:5-8 (la letra negrita es mía)

> *Finalmente, amados hermanos,* ***les rogamos en el nombre del Señor Jesús a que vivan de una manera que le agrada a Dios****, tal como les enseñamos. Ustedes ya viven de esta manera, y los animamos a que lo sigan haciendo aún más. Pues recuerdan lo que les enseñamos por la autoridad del Señor Jesús.*
>
> ***La voluntad de Dios es que sean santos, entonces aléjense de todo pecado sexual****. Como resultado cada uno controlará su propio cuerpo y* ***vivirá en santidad***

> *y honor, no en pasiones sensuales como viven los paganos, que no conocen a Dios ni sus caminos. Nunca hagan daño ni engañen a un hermano cristiano en este asunto, teniendo relaciones sexuales con su esposa, porque el Señor toma venganza de todos esos pecados, como ya les hemos advertido solemnemente.* **Dios nos ha llamado a vivir vidas santas, no impuras.** *Por lo tanto, todo el que se niega a vivir de acuerdo con estas reglas no desobedece enseñanzas humanas sino que rechaza a Dios, quien les da el Espíritu Santo.*

1 Tesalonicenses 4:1-8 NTV (la letra negrita es mía)

> *En una casa de ricos, algunos utensilios son de oro y plata, y otros son de madera y barro. Los utensilios costosos se usan en ocasiones especiales, mientras que los baratos son para el uso diario.* **Si te mantienes puro, serás un utensilio especial para uso honorable.** *Tu vida será limpia, y estarás listo para que el Maestro te use en toda buena obra.*
>
> *Huye de todo lo que estimule las pasiones juveniles. En cambio, sigue la vida recta, la fidelidad, el amor y la paz. Disfruta del compañerismo de los que invocan al Señor con un corazón puro.*
>
> 2 Timoteo 2:20-22 NTV

- Presenten sus miembros como esclavos de la justicia para la santidad.
- Entreguen su cuerpo a Dios.
- No imiten el comportamiento ni las costumbres de este mundo.
- No piensen en maneras para satisfacer sus malos deseos.

- Huyan del pecado sexual.
- Honren a Dios con su cuerpo.
- Límpiense de toda contaminación de carne y de espíritu.
- No usen la libertad como pretexto para pecar.
- Vivan según el Espíritu, y no satisfagan los deseos de la carne.
- Vivan de una manera que le agrada a Dios.
- Vivan vidas santas, no impuras.

¿Estaba Pablo siendo legalista al ordenarnos que viviéramos de esta manera? ¿Estaba tratando de hacer que volviéramos a observar la Ley con nuestra propia fuerza? ¡En absoluto! Simplemente nos estaba animando a que cooperáramos con el Dios de la gracia. Si vivimos según el Espíritu, tendremos sobrenaturalmente los medios para cumplir su Palabra.

Pablo sabía más que cualquiera que los creyentes son nuevas criaturas en Cristo y que han recibido el perdón y una nueva identidad como hijos de Dios. Esta es una verdad posicional, quienes somos en Él. Pero Él también se dio cuenta que debemos "vivir" o "lograr" esta nueva identidad en nuestro comportamiento, conducta y estilo de vida. También reconoció que jamás lo lograremos por nuestra propia fuerza: necesitamos el poder de la gracia de Dios en nuestra vida.

No creo que Pablo quiere que nos quedemos sentados pensando: "Bueno, debo obedecer todas estas normas. No puedo hacer esto ni aquello". Él no estaba ordenándonos que nos centráramos en el "No deberás", al ser "consciente del pecado". Él nos ordenó que fuéramos conscientes de Jesús y nos centráramos en lo que Él nos había dicho que hiciéramos. Esto me recuerda de algo que escuché cuando era un creyente muy joven, que si estamos muy ocupados haciendo lo que debemos hacer, no tendremos tiempo de hacer lo que no debemos hacer.

Todavía tenemos que lidiar con las tentaciones, y Pablo no fue el único que entendió el papel que desempeña la gracia en nuestra habilidad para llevar una vida vencedora. Pedro comenzó su primera epístola con el saludo: "Que la gracia y la paz les sean multiplicadas" (1 Pedro 1:2). Él no abogó por la gracia al comienzo de su carta y luego procedió a amontonar una cantidad de legalismo sobre sus lectores. Sin embargo, él explicó cómo la gracia de Dios que santifica obra en nuestra vida para producir vidas transformadas.

> *Por lo tanto, vivan como hijos obedientes de Dios. No vuelvan atrás, a su vieja manera de vivir, con el fin de satisfacer sus propios deseos. Antes lo hacían por ignorancia, pero ahora sean santos en todo lo que hagan, tal como Dios, quien los eligió, es santo. Pues las Escrituras dicen: "Sean santos, porque yo soy santo".*
>
> 1 Pedro 1:14-16 NTV

> *Queridos amigos, ya que son "extranjeros y residentes temporales", les advierto que se alejen de los deseos mundanos, que luchan contra el alma. La voluntad de Dios es que la vida honorable de ustedes calle a la gente ignorante que los acusa sin fundamento alguno. Pues ustedes son libres, pero a la vez, son esclavos de Dios,* **así que no usen su libertad como una excusa para hacer el mal.**
>
> 1 Pedro 2:11,15-16 NTV (la letra negrita es mía)

> *No pasarán el resto de la vida siguiendo sus propios deseos, sino que estarán ansiosos de hacer la voluntad de Dios. En el pasado, han tenido más que suficiente*

de las cosas perversas que les gusta hacer a los que no tienen a Dios: inmoralidad y pasiones sexuales, parrandas, borracheras, fiestas desenfrenadas y abominable adoración a ídolos.

No es de extrañarse que sus amigos de la vieja vida se sorprendan de que ustedes ya no participan en las cosas destructivas y descontroladas que ellos hacen. Por eso los calumnian.

1 Pedro 4:2-4 NTV

Tan asombroso como parezca, algunos creyentes son acusados—no sólo por las personas no salvas sino por otros cristianos, sobre todo los cristianos desacreditadores—por ser religiosos, bajo la Ley, o farisaicos simplemente porque ellos eligen vivir según los principios de las Escrituras. Son ridiculizados porque han permitido que la gracia de Dios haga su obra santificadora en su vida y se han disciplinado para vivir vidas santas.

He aquí algunos lineamientos simples sobre la santidad:

La santidad NO es	La santidad ES
El cumplimiento externo de las normas hechas por las personas, no por Dios.	Pensar, hablar y actuar como Jesús.
Apretar los dientes y tratar de conquistar el pecado por su propio esfuerzo.	Ceder ante la gracia de Dios que santifica interiormente y permitir que Dios le ayude a cambiar.

La santidad NO es	La santidad ES
Posar y pretender.	Ser y hacer con honestidad.
Mirar con desprecio a otros, pensar que usted es mejor que ellos.	Ser responsable por su propia actitud y conducta.
Pensar que usted tiene la razón y todos los demás están equivocados.	Saber que Dios tiene la razón y adaptarse a Él con humildad.
Procurar cumplir con la opinión de una persona de lo que es correcto.	Permitir que el Espíritu Santo transforme su vida.
Se logra desde afuera hacia adentro.	Se expresa desde adentro hacia afuera.

La gracia de Dios no es una evasión de responsabilidad o un encubrimiento para continuar con el comportamiento equivocado. Su gracia es la base y el ímpetu detrás de las vidas transformadas y los estilos de vida piadosos. La gracia que santifica habla del hecho que el poder propio de Dios obra en nosotros y nos permite ser las personas quienes Él nos ha llamado a ser y nos permite hacer las cosas que Él nos ha mandado a hacer. La gracia que santifica significa que no debemos lograr esto apartados de Él, sino que encontramos el poder para obedecerle y honrarle al cooperar con su poder y su gracia que obra en nosotros.

Capítulo 14

LA GRACIA QUE FORTALECE

> Por el gran poder de Dios cobrarán nuevas fuerzas, y podrán soportar con paciencia todas las dificultades. Así, con gran alegría, darán gracias a Dios, el Padre. Porque él nos ha preparado para que recibamos, en su reino de luz, la herencia que él ha prometido a su pueblo elegido.
>
> Colosenses 1:11-12 TLA

El entrenador legendario de fútbol americano Vince Lombardi hizo una observación fascinante sobre lo que ocurre cuando las personas se desgastan. Dijo: "La fatiga nos hace a todos cobardes".[1] Vance Havner, un conocido predicador bautista, dijo: "Satanás hace algunos de sus trabajos más dañinos con los cristianos agotados, cuando los nervios están a flor de piel y la mente está débil".[2]

¿Qué tan importante es hoy en día en la vida de las personas el asunto de estar cansados y fatigados? Considere todos los comerciales que venden colchones para ayudarle a obtener un mejor sueño, y la prevalencia del café y las bebidas energizantes para ayudarle a sobrellevar el día. Parece como si viviéramos en una sociedad de personas cansadas. Si uno le pregunta a un médico de atención primaria, él dirá que la fatiga es un problema muy común.

Abordaré este tema desde la perspectiva espiritual de la gracia de Dios que fortalece, porque soy un maestro de la Biblia y no un médico, ni un vendedor de colchones.

- La gracia que fortalece es el poder de Dios y la habilidad para vigorizarnos e inspirarnos a fin de vivir victoriosamente, y prevalecer sobre los retos y las circunstancias de la vida.
- La gracia que fortalece evita que seamos vencidos.
- La gracia que fortalece es la impartición del poder de Dios.
- La gracia que fortalece es el amor que reviste de poder.

No es de sorprender que la gracia de Dios sea una fuente de fortaleza para los creyentes. A lo largo del Antiguo Testamento, Dios le dio gratuitamente fortaleza a su pueblo. Los siguientes versículos han sido apreciados, creídos y citados durante siglos, los cuales animan y consuelan a los hijos de Dios en los tiempos difíciles.

> *El Señor es mi fortaleza y mi cántico; ¡el Señor es mi salvación!*
> Éxodo 15:2

> *El gozo del Señor es nuestra fuerza.*
> Nehemías 8:10

> *El Señor es la fortaleza de mi vida;*
> *¿quién podría infundirme miedo?*

¡Espera en el Señor!
¡Infunde a tu corazón ánimo y aliento!
Salmos 27:1,14

El Señor infunde poder a su pueblo
y lo bendice con la paz.
Salmos 29:11

La salvación de los justos proviene del Señor;
él les da fuerzas en momentos de angustia.
Salmos 37:39

Dios es nuestro amparo y fortaleza,
Nuestro pronto auxilio en todos los problemas.
Salmos 46:1

El Señor da fuerzas al cansado, y aumenta el vigor del que desfallece.
Isaías 40:29

UNA INFUSIÓN CONSTANTE

El Señor continúa impartiendo fortaleza a sus hijos, a medida que nos trasladamos al Nuevo Testamento. Él tiene una reserva siempre presente y abundante de su poder para nosotros. Sin duda, muchos creyentes, cuando se enfrentan al agotamiento y al cansancio que trae la vida, personalizan Filipenses 4:13 y declaran con el apóstol Pablo:

"¡Todo lo puedo en Cristo que me fortalece!".

Es importante notar que este versículo no dice: "Todo lo puedo en él que me **fortaleció**", en tiempo pasado, como si

Dios acabara de darnos una dosis limitada de fortaleza que debe durarnos una vida entera. El verbo *fortalece* denota una acción continua. ¡Ese es un concepto muy asombroso! Cristo infunde fortaleza en Pablo todo el tiempo, y no creo que Él haga acepción de personas. Si Él infundió constantemente fortaleza en Pablo, entonces Él nos infunde constantemente fortaleza a usted y a mí.

Para Pablo, la fortaleza de Dios no era algún tipo de beneficio adicional; era una necesidad absoluta. El desgaste que el ministerio ejercía sobre él fue horrendo, algo que muchos de nosotros apenas podemos imaginarnos. Algunas personas han tenido la idea de que si una persona tiene fe y hace la voluntad de Dios, jamás enfrentará tiempos difíciles. Si eso fuera cierto, Pablo no tuvo fe y rara vez hizo la voluntad de Dios.

He aquí el contexto en el que él hizo esta declaración:

He aprendido a estar contento (satisfecho hasta el punto que no me perturbo ni me inquieto) en cualquier estado que esté.

Sé lo que es ser rebajado y vivir en humildad en circunstancias difíciles, y sé también lo que es vivir en la abundancia. He aprendido en todas y cada una de las circunstancias el secreto para poder enfrentar toda situación, ya sea al quedar saciado o al pasar hambre, al tener de sobra y suficiente o al prescindir y al sufrir escasez.

Tengo la fortaleza para hacer todo en Cristo quien me reviste de poder [estoy preparado para cualquier cosa por medio de Él quien me infunde fortaleza interior; soy autosuficiente con la suficiencia de Cristo].

Filipenses 4:11-13 AMP

Durante su vida y ministerio, Pablo enfrentó lo bueno, lo malo y lo feo. Aprendió que Dios no sólo era el Dios que reinaba en los días soleados cuando las aves cantaban, sino también durante las tormentas y los valles de la vida. Las siguientes declaraciones son aún más reveladoras de lo mucho que Pablo necesitaba la gracia de Dios que fortalece en su vida.

He trabajado con más esfuerzo, me han encarcelado más seguido, fui azotado innumerables veces y enfrenté la muerte en repetidas ocasiones. En cinco ocasiones distintas, los líderes judíos me dieron treinta y nueve latigazos. Tres veces me azotaron con varas. Una vez fui apedreado. Tres veces sufrí naufragios. Una vez pasé toda una noche y el día siguiente a la deriva en el mar. He estado en muchos viajes muy largos. Enfrenté peligros de ríos y de ladrones. Enfrenté peligros de parte de mi propio pueblo, los judíos, y también de los gentiles. Enfrenté peligros en ciudades, en desiertos y en mares. Y enfrenté peligros de hombres que afirman ser creyentes, pero no lo son. He trabajado con esfuerzo y por largas horas y soporté muchas noches sin dormir. He tenido hambre y sed, y a menudo me he quedado sin nada que comer. He temblado de frío, sin tener ropa suficiente para mantenerme abrigado.

Además de todo eso, a diario llevo la carga de mi preocupación por todas las iglesias.

2 Corintios 11:23-28 NTV

Cuando llegamos a Macedonia, no hubo descanso para nosotros. Enfrentamos conflictos de todos lados, con batallas por fuera y temores por dentro.

2 Corintios 7:5 NTV

La Biblia dice claramente que Pablo pasó por momentos donde se sentía débil y cansado, y aún así los superó por medio de la gracia de Dios que fortalece. Él dice en 2 Corintios 11:27 RVC, "He pasado por muchos trabajos y fatigas; muchas veces me he quedado sin dormir", y sin embargo, dice en Colosenses 1:29 AMP: "Con este fin, trabajo [hasta el cansancio] y lucho con toda la energía sobrehumana, que Él produce poderosamente y que actúa en mí".

Este último versículo proporciona una perspectiva rica sobre la resistencia increíble de Pablo y sus logros asombrosos. ¿Cómo puede alguien enfrentar tanto odio y abuso, tantos latigazos y encarcelamientos, y tantas condiciones horribles y privaciones? Pablo no fue inconsciente de las cargas físicas y emocionales que tales dificultades ejercerían sobre él, también fue plenamente consciente que él no ejercía su ministerio según las limitaciones de sus propios recursos naturales; él luchaba "con toda la energía sobrehumana, que Él produce poderosamente y que actúa en mí". Pablo había aprendido a recibir la infusión constante de la gracia de Dios que fortalece.

El proceso de aprendizaje

No parece haber sido automático que Pablo recibiera una infusión constante de la gracia que fortalece en su vida. Él dijo: "He aprendido a estar contento en cualquier situación"(Filipenses 4:11), precediendo a su poderosa declaración en Filipenses 4:13 ("¡todo lo puedo en Cristo que me fortalece!). ¡Todo este proceso no fue instantáneo y eso debería darnos esperanza! El mismo Dios que tuvo paciencia con Pablo también tendrá paciencia con nosotros a medida que aprendamos a estar contentos y recibamos una infusión constante de su gracia que fortalece.

Tal vez no haya ningún otro lugar donde el proceso de aprendizaje de Pablo se exhiba más vívidamente que en la descripción de sus encuentros con lo que él denominó "un aguijón en el cuerpo". Dijo que fue el "mensajero de Satanás" destinado a "abofetearlo" (2 Corintios 12:7). Existen muchas teorías sobre qué era este aguijón, pero esta declaración se hace justo después de que Pablo enumerara todos los azotes, encarcelamientos, persecuciones y demás pruebas que atravesó (2 Corintios 11:23-27). Por lo tanto, parece razonable que este aguijón en el cuerpo era un espíritu maligno, que incitaba al acoso, maltrato, tormento y desánimo en Pablo en toda oportunidad. Creo que este espíritu obraba a través de personas y circunstancias en un intento por desmoralizarlo tanto, a fin de que él dejara de predicar el evangelio, sobre todo el evangelio de la gracia. A la luz de esto, considere la oración de Pablo y la respuesta del Señor al respecto:

> *Tres veces le he rogado al Señor que me lo quite, pero él me ha dicho: "Con mi gracia tienes más que suficiente, porque mi poder se perfecciona en la debilidad". Por eso, con mucho gusto habré de jactarme en mis debilidades, para que el poder de Cristo repose en mí. Por eso, por amor a Cristo me gozo en las debilidades, en las afrentas, en las necesidades, en las persecuciones y en las angustias; porque mi debilidad es mi fuerza.*
>
> 2 Corintios 12:8-10

He escuchado a algunas personas decir que Pablo oró, pero que el Señor dijo no. No lo creo así. De acuerdo, Él no respondió, ni tampoco prometió que Pablo iría por la vida sin problemas. Pero su respuesta a Pablo fue afirmativa. Dijo: "Con mi gracia tienes más que suficiente". ¿Qué quiso decir Jesús con esto? El aguijón fue el poder de Satanás dirigido contra Pablo. La gracia fue el poder de Dios desatado hacia Pablo. El Señor estaba diciendo que su poder, el cual obraba en Pablo y a favor de Pablo, era superior al poder de Satanás que se desplegaba contra él.

Lea de nuevo el siguiente pasaje (2 Corintios 12:9, la letra negrita es mía) y note la correlación entre la gracia y el poder.

> *"Con mi **gracia** tienes más que suficiente, porque mi **poder** se perfecciona en la debilidad". Por eso, con mucho gusto habré de jactarme en mis debilidades, para que el **poder de Cristo** repose en mí.*

El Señor habla en la primera parte, y Pablo habla en la última parte. Ellos usan estos dos términos de manera intercambiable:

- Mi gracia. (la gracia del Señor)
- Mi poder. (el poder del Señor)
- El poder de Cristo.

Recuerde, Pablo pasó por un proceso de aprendizaje. Él quería que el problema desapareciera en el versículo 8, pero su perspectiva completa había cambiado en el versículo 10. Él dijo:

> *Por amor a Cristo, estoy bien complacido y me gozo en las debilidades, los insultos, las dificultades, las persecuciones, las perplejidades y las angustias; porque cuando **soy débil [en fortaleza humana], soy [realmente] fuerte (capaz, poderoso en fortaleza divina).***

2 Corintios 12:10 AMP (la letra negrita es mía)

Cuando somos orgullosos, independientes y autosuficientes, no cedemos ante la gracia de Dios que fortalece. Caminamos en nuestra capacidad natural en lugar de caminar en el poder de la gracia de Dios que fortalece. Pablo aprendió que estas infusiones divinas de poder llegaron cuando él reconoció su necesidad de tal poder. Santiago 4:6 dice: "Pero la gracia que él nos da es mayor. Por eso dice: 'Dios se opone a los soberbios, y da gracia a los humildes'". ¿Lo entendió? ¡La gracia es mayor! Dios da más gracia cuando la persona reconoce humildemente su necesidad de ella.

> *Hermanos, no queremos que ustedes ignoren nada acerca de los sufrimientos que padecimos en Asia; porque fuimos abrumados de manera extraordinaria y más allá de nuestras fuerzas, de tal modo que hasta perdimos la esperanza de seguir con vida. Pero la sentencia de muerte que pendía sobre nosotros fue **para que no confiáramos en nosotros mismos, sino en Dios que resucita a los muertos;** y él nos libró, y nos libra, y aún tenemos la esperanza de que él seguirá librándonos de tal peligro de muerte.*
>
> 2 Corintios 1:8-10 (la letra negrita es mía)

Pablo transmitió rápidamente esta verdad a su hijo espiritual, Timoteo, cuando aprendió a acceder a la gracia de Dios que fortalece. Justo antes de decirle a Timoteo "sufre penalidades como buen soldado de Jesucristo" (2 Timoteo 2:3), guió a Timoteo a la verdadera fuente de poder y resistencia: "Timoteo, mi querido hijo, sé fuerte por medio de la gracia que Dios te da en Cristo Jesús" (2 Timoteo 2:1 NTV).

La gracia no es sólo para las crisis

Parece ser una tendencia natural en las personas el pensar que sólo necesitan a Dios en tiempos de crisis; sin embargo, la Biblia deja claro que Dios quiere estar "en" todo. Él nunca tuvo la intención de que nuestra relación con Él estuviera inactiva a excepción de cuando enfrentemos dificultades. Él desea que nos apoyemos en Él y confiemos en Él todo el tiempo. Pablo aprendió más sobre la gracia que fortalece cuando estuvo en una situación que excedió su capacidad para aguantar, pero creo que también aprendió a apoyarse en la gracia de Dios que fortalece como un estilo de vida.

> *Estoy juntamente crucificado con Cristo [comparto su crucifixión con Él]; ya no vivo yo, sino que Cristo (el Mesías) vive en mí; y lo que ahora vivo en la carne, lo vivo en la fe (mediante la adhesión, dependencia y completa confianza) en el Hijo de Dios, el cual me amó y se entregó a sí mismo por mí.*
>
> Gálatas 2:20 AMP

No sólo es nuestra la justicia de Cristo, sino que su poder también es nuestro. ¡Cuán glorioso será el día cuando dejemos los esfuerzos carnales y nos volvamos en lo que sólo el poder de Dios nos puede convertir! ¡Esto significa que habremos dejado de buscar a Dios sólo como un suplemento para nuestra vida y nos habremos dado cuenta que Él es nuestra vida! Incluso en el Antiguo Testamento hubo una distinción clara entre los que confiaban en la carne y los que confiaban en Dios.

> *Esto dice el Señor: "Malditos son los que ponen su confianza en simples seres humanos, que se apoyan en la fuerza humana y apartan el corazón del Señor. Son como los arbustos raquíticos del desierto, sin esperanza para el futuro. Vivirán en lugares desolados, en tierra despoblada y salada." Pero benditos son los que confían en el Señor y han hecho que el Señor sea su esperanza y confianza. Son como árboles plantados junto a la ribera de un río con raíces que se hunden en las aguas. A esos árboles no les afecta el calor ni temen los largos meses de sequía. Sus hojas están siempre verdes y nunca dejan de producir fruto".*
>
> Jeremías 17:5-8 NTV

Debemos confiaren el Señor y hacer que Él sea nuestra esperanza y confianza como un estilo de vida. Jeremías dijo que produciríamos fruto en toda estación, y eso es justamente lo que indicó Jesús que pasaría en Juan 15:5, cuando dijo: "Yo soy la vid y ustedes los pámpanos; el que permanece en mí, y yo en él, éste lleva mucho fruto; porque separados de mí ustedes nada pueden hacer".

El estilo de vida ideal para un cristiano es permanecer en Jesús 24 horas al día, 7 días a la semana, para recibir continuamente la infusión de su gracia que fortalece y caminar en una conciencia continua de su presencia y de su obra. Entonces, cuando surja una crisis, no tendremos un impedimento para recibir su poder para la situación.

> *Por tanto, acerquémonos confiadamente al trono de la gracia, para alcanzar misericordia y hallar gracia para cuando necesitemos ayuda.*
>
> Hebreos 4:16

¡Qué maravillosa invitación y promesa! No necesitamos llegar pidiendo disculpas ni de manera tímida. Podemos llegar a Él con confianza para obtener la gracia, misericordia, sabiduría y poder que nuestra situación exija.

Permanezcamos permeados en la gracia

A continuación se encuentran algunos pasajes adicionales de las Escrituras que revelan la gracia que obra en nuestra vida, que nos fortalece y nos anima. Note cómo la gracia de Dios, cuando entra en vigor y se recibe, produce resultados tangibles.

> *Y los apóstoles daban un testimonio poderoso de la resurrección del Señor Jesús, y la gracia de Dios sobreabundaba en todos ellos.*
>
> Hechos 4:33

Y cuando él[Bernabé] llegó y constató la bondad de Dios, se alegró mucho y exhortó a todos a permanecer fieles al Señor, con todo el fervor de su corazón.

Hechos 11:23

Ahora los encomiendo a Dios y a su palabra de bondad, la cual puede edificarlos y darles la herencia prometida con todos los que han sido santificados.

Hechos 20:32

Pues si por la transgresión de uno solo reinó la muerte, mucho más reinarán en vida los que reciben la abundancia de la gracia y del don de la justicia mediante un solo hombre, Jesucristo.

Romanos 5:17

Ninguna palabra corrompida salga de vuestra boca, sino la que sea buena para la necesaria edificación, a fin de dar gracia a los oyentes.

Efesios 4:29 RVR1960

Sea vuestra palabra siempre con gracia, sazonada con sal, para que sepáis cómo debéis responder a cada uno.

Colosenses 4:6 RVR1960

La palabra de Cristo more en abundancia en vosotros, enseñándoos y exhortándoos unos a otros en toda sabiduría, cantando con gracia en vuestros corazones al Señor con salmos e himnos y cánticos espirituales.

Colosenses 3:16 RVR1960

Es mejor afirmar el corazón con la gracia.

Hebreos 13:9

> *Pero el Dios de toda gracia, que en Cristo nos llamó a su gloria eterna, los perfeccionará, afirmará, fortalecerá y establecerá después de un breve sufrimiento. A él sea dado el poder por los siglos de los siglos. Amén.*
>
> *Les he escrito brevemente por medio de Silvano, a quien considero un hermano fiel, para darles ánimo y asegurarles que ya están en la verdadera gracia de Dios, que es ésta.*
>
> 1 Pedro 5:10-12

Tengamos la identidad correcta

En algún momento usted estuvo perdido y separado de Dios, pero eso ya no es verdad. Usted es el amado de Dios, su hijo o hija, y heredero de todas sus promesas. Conocer esta verdad y vivir en esta realidad es esencial para apropiarnos de la gracia de Dios que fortalece cada área de nuestra vida. Su enfoque debe ser en quién es usted en Cristo, no en quién fue sin Él.

Las epístolas del Nuevo Testamento están repletas de percepciones maravillosas sobre quién es usted por la gracia de Dios. Usted puede proclamar en tono triunfal, con humildad y valentía: "Soy quien Dios dice que soy, tengo lo que Dios dice que tengo, y puedo hacer lo que Dios dice que puedo hacer". Lo animo a hacer estas declaraciones en voz alta.

Soy...

- Una nueva creación.. (2 Corintios 5:17)
- La justicia de Dios en Cristo.. (2 Corintios 5:21)
- Acepto en el Amado. (Efesios 1:6)
- Un nuevo hombre creado en la justicia y santidad de la verdad. (Efesios 4:24)
- Un hijo y heredero de Dios, y coheredero con Jesucristo. (Romanos 8:16-17)

- Hechura suya, creado en Cristo Jesús. (Efesios 2:10)
- Libre del poder de la oscuridad y trasladado al reino del amado Hijo de Dios. (Colosenses 1:13)
- Libre de la ley del pecado y de la muerte. (Romanos 8:2)
- Vencedor porque mayor es el que está en mí que el que está en el mundo. (1 Juan 4:4)
- Más que vencedor por medio de aquel que me ama. (Romanos 8:37)
- Vivificado en Cristo, resucitado con Cristo y sentado con Cristo en los lugares celestiales. (Efesios 2:6)

Tengo...
- La Palabra de Dios. (2 Pedro 1:4)
- El nombre de Jesús. (Juan 16:23-24; Marcos 16:17-18)
- La presencia de Dios. (Hebreos 13:5-6)
- La armadura de Dios. (Efesios 6:13-17)
- El Espíritu de Dios. (1 Corintios 2:12)
- El amor de Dios. (Romanos 5:5)
- Justicia, paz y gozo. (Romanos 14:17)
- La mente de Cristo. (1 Corintios 2:16)

Puedo...
- Todo en Cristo que me fortalece. (Filipenses 4:13).

Aunque sintamos con frecuencia la tensión y el estrés de la vida, recurramos siempre a Aquel quien dijo:

> *"No tengas miedo, que yo estoy contigo; no te desanimes, que yo soy tu Dios. Yo soy quien te da fuerzas, y siempre te ayudaré; siempre te sostendré con mi justiciera mano derecha".*
>
> Isaías 41:10

Capítulo
15

La gracia
que comparte

> Tan fundamental como lo es frecuentemente el dinero, este se puede transformar en un tesoro eterno. Se puede convertir en alimento para el hambriento y ropa para el pobre. Puede mantener activamente a un misionero ganando hombres perdidos hacia la luz del evangelio y por tanto puede transformarse a sí mismo en un valor celestial. Cualquier posesión temporal se puede convertir en una riqueza eterna. Cualquier cosa que se entregue a Cristo es tocado inmediatamente con inmortalidad.
>
> - A.W. Tozer[1]

Dios es la fuente de toda bendición. Inicialmente, somos los destinatarios de su benevolencia llena de gracia, pero el deseo de nuestro corazón entonces debería ser que Dios también nos hiciera distribuidores de sus provisiones. Esto es cierto no sólo de las bendiciones espirituales de Dios, sino también de las provisiones y bendiciones materiales en nuestra vida. Es importante entender que la gracia de Dios es aplicable a las necesidades físicas de nuestra vida, así como para las necesidades espirituales.

> *Y Dios puede hacer que toda gracia (todo favor y bendición terrenal) abunde para ustedes, de manera que siempre sean autosuficientes, en toda circunstancia, y cualquiera que sea la necesidad [que posean lo suficiente para no requerir ayuda alguna ni apoyo y haya provisión en abundancia para toda buena obra y donación caritativa].*
>
> 2 Corintios 9:8 AMP

- La gracia que comparte es el poder y la habilidad de Dios para satisfacer nuestras necesidades y nos hace alegres al dar a los demás.
- La gracia que comparte nos impide que suframos de carencia y seamos egoístas.
- La gracia que comparte es la impartición de la generosidad de Dios.
- La gracia que comparte es el Amor que Provee.

Al contemplar cómo presentar la gracia que comparte me acordé de una primera lección que aprendí sobre la interpretación de la Biblia. No sólo hay un "camino de la verdad", sino que también hay una zanja a cada lado del camino. Ambas zanjas representan la tergiversación hacia lo extremo, lo excesivo y lo equivocado. ¡Cuando se trata del asunto del dinero, parece que hay una gran zanja a cada lado del camino! Algunas personas creen que nunca se debería hablar del dinero desde el púlpito o en la iglesia, mientras que otros parecen estar totalmente obsesionados con el dinero, casi hasta el punto de excluir a todos los demás temas.

Mi deseo es evitar ambas zanjas y estar en la mitad del camino. Se habla frecuentemente del dinero en el Antiguo Testamento, en las enseñanzas de Jesús, en el libro de los Hechos y a través de los escritores de las epístolas del Nuevo Testamento. La Palabra nos enseña a cómo tener una actitud saludable y santa hacia el dinero y hacia las cosas materiales. La Palabra también promulga muchas advertencias sobre los peligros de buscar las riquezas y confiar en ellas.

> *A los ricos de este siglo mándales que no sean altivos, ni pongan su esperanza en las riquezas, las cuales son inciertas, sino en el Dios vivo, que nos da todas las cosas en abundancia para que las disfrutemos. Mándales que hagan el bien, y que sean ricos en buenas obras, dadivosos y generosos.*
>
> 1 Timoteo 6:17-18

Cuando uno se despoja de la avaricia, la codicia, la decepción y el orgullo, permanece la bella verdad en las Escrituras con la que Dios nos bendice.

El amor que provee

Dios es amor y de su amor proviene cada bendición. Hemos visto que su gracia es una expresión externa, un acto tangible de su amor por nosotros; de lo que se deduce que la gracia que comparte forma parte de su expresión de amor. De hecho, dar es el primer atributo del amor de Dios que vemos como creyentes. Versículo tras versículo en las Escrituras representan el dar como la efusión resultante del amor.

- "Porque de tal manera amó Dios al mundo, que ha dado..." (Juan 3:16).
- "Y lo que ahora vivo en la carne, lo vivo en la fe del Hijo

de Dios, el cual me amó y se entregó a sí mismo por mí" (Gálatas 2:20).

- "...como también Cristo nos amó y se entregó a sí mismo por nosotros" (Efesios 5:2).
- "...así como Cristo amó a la iglesia, y se entregó a sí mismo por ella" (Efesios 5:25).
- "Que nuestro Señor Jesucristo mismo, y nuestro Dios y Padre, que nos amó y nos dio consuelo eterno y buena esperanza por gracia..." (2 Tesalonicenses 2:16).

Las bendiciones espirituales que Dios nos ha dado son asombrosas y maravillosas, pero sus bendiciones no son solamente espirituales. Dios también creó el reino material y natural, y a Él le importa satisfacer las necesidades de sus hijos. Se ha dicho frecuentemente que a Dios no le importa que tengamos cosas; Él simplemente no quiere que las cosas se "adueñen de nosotros".

"Tú, Dios y Señor, eres sol y escudo; tú, Señor, otorgas bondad y gloria a los que siguen el camino recto, y no les niegas ningún bien".

Salmos 84:11

"Por lo tanto, busquen primeramente el reino de Dios y su justicia, y todas estas cosas les serán añadidas".

Mateo 6:33

"Por eso os digo que todas las cosas por las que oréis y pidáis, creed que ya las habéis recibido, y os serán concedidas".

Marcos 11:24 LBLA

ESTÁ BIEN DISFRUTAR LAS COSAS

Dios dice en 1 Timoteo 6:17 que Él "nos da todas las cosas en abundancia para que las disfrutemos". Él no quiere que seamos orgullosos, egoístas o que depositemos mal la confianza, y Él también desea que seamos generosos y compartamos libremente nuestros recursos; pero sobre todo, Él no quiere que nos perdamos la parte de disfrutar las cosas con las que nos ha bendecido. ¡No se sienta culpable de disfrutar lo que tiene!

La bendición del Señor es un tesoro; nunca viene acompañada de tristeza.
Proverbios 10:22

Durante los primeros años de mi matrimonio con Lisa, un adolescente del grupo de jóvenes admiraba la guitarra que ella tenía y le preguntó cómo ella había obtenido un instrumento tan fino. De una forma medio humorística, Lisa le dijo que su Padre era el dueño del ganado sobre mil colinas. El muchacho se me acercó la semana siguiente y me dijo: "Cuénteme sobre el rancho que tiene su suegro". Sonreí y le dije que Lisa se refería al Salmo 50:10, y luego lo animé diciéndole que a Dios le gusta bendecir a sus hijos.

No hay nada más grato para un padre que dar algo a sus hijos, verlos saltar de alegría por el obsequio y luego que comiencen inmediatamente a disfrutarlo. ¡Si a nosotros como padres naturales nos encanta dar cosas buenas a nuestros hijos, cuánto más disfruta bendiciéndonos nuestro Padre Celestial y vernos disfrutar lo que Él nos ha dado! Jesús dijo:

Si ustedes, que son malos, saben dar cosas buenas a sus hijos, con mayor razón Dios, su Padre que está en el cielo, dará buenas cosas a quienes se las pidan.
Mateo 7:11 TLA

Algunos pueden pensar que la advertencia en 1 Timoteo 6:17-

18 que dice: "A los ricos de este siglo mándales que no sean altivos, ni pongan su esperanza en las riquezas, las cuales son inciertas", no les es aplicable a ellos porque no son ricos. Sin embargo, ser rico en un país es diferente a ser rico en otro. Para el africano promedio en Sudán, los pobres en Estados Unidos son ricos.

Dependiendo de cuáles estadísticas usted mire, se estima que cerca de la mitad de la población del mundo vive con menos de $2,50 dólares al día, y por lo menos el 80 por ciento de las personas de la Tierra viven con menos de $10 dólares al día.[2] Es posible que usted esté enfrentando en este momento circunstancias financieras difíciles, pero esto puede cambiar. Creo que Dios le ha dado el potencial que usted jamás se haya imaginado, ideas posibles que aún no ha descubierto y promesas por las cuales vale la pena luchar.

Independientemente de cómo se encuentre económicamente, ya sea que se considere bien provisto de posesiones abundantes o luchando y apenas viviendo con lo necesario, la gracia de Dios que comparte se extiende hacia usted, y Él quiere obrar en su vida.

¡LA GRACIA DE DIOS QUE COMPARTE ESTÁ LISTA PARA ENCONTRARSE CON USTED!

Pablo les recordó a los líderes de la iglesia en Jerusalén en Gálatas 2:10 su promesa de "acordarse de los pobres". Él tuvo la oportunidad de cumplir su promesa al coordinar una ofrenda de ayuda especial para los creyentes en Judea que se habían empobrecido por la persecución y la escasez.

Pablo estableció la relación entre el concepto de la gracia con dar y la generosidad. Él hizo un llamamiento al amor de Dios y a la generosidad en su interior, con la esperanza de verlos manifestarse en su corazón y trato hacia los demás.

Hermanos, también queremos contarles acerca de la

*gracia que **Dios** ha derramado sobre las iglesias de Macedonia, cuya generosidad se desbordó en gozo y **en ricas ofrendas**, a pesar de su profunda pobreza y de las grandes aflicciones por las que han estado pasando. Yo soy testigo de que ellos han ofrendado con espontaneidad, y de que lo han hecho en la medida de sus posibilidades, e incluso más allá de éstas. Insistentemente nos rogaron que les concediéramos el **privilegio de participar en este servicio para los santos**, e hicieron más de lo que esperábamos, pues primeramente se entregaron al Señor, y luego a nosotros, por la voluntad de Dios. Por eso le rogamos a Tito completar la obra **de gracia** que ya había comenzado entre ustedes. Por lo tanto, ya que ustedes sobresalen en todo, es decir, en fe, en palabra, en conocimiento, en todo esmero, y en su amor por nosotros, sobresalgan también en **este acto de amor**.*

*No es que les esté dando órdenes, sino que quiero ponderar la sinceridad del amor de ustedes en comparación con la dedicación de otros, pues ustedes ya conocen la **gracia de nuestro Señor Jesucristo** que, por amor a ustedes, siendo rico se hizo pobre, para que con su pobreza ustedes fueran enriquecidos.*

2 Corintios 8:1-9 (la letra negrita es mía)

Pablo presenta claramente el dar como algo motivado y vigorizado por la gracia. Él les habla a los creyentes corintios en el sur de Grecia y hace referencia a la gracia de Dios que comparte y que opera en los creyentes de Macedonia y en Jesús. Creo que él empleó estos dos ejemplos de la gracia que comparte para animar a los corintios. Los macedonios no esperaron hasta ser millonarios para dar generosamente. Pablo dijo que su generosidad llena de gracia se originó en medio de "su profunda pobreza y de las grandes aflicciones por las que han estado pasando". Desde luego, la mayoría de las personas esperarían que lo que dieran fuera "escaso", pero Pablo se refirió a ello como "ricas ofrendas".

Tal vez usted recuerde la iglesia de Esmirna a la cual le habló Jesús en Apocalipsis 2:9 NTV. Él dijo: "Yo sé de tu sufrimiento y tu pobreza, ¡pero tú eres rico!". Estos versículos parecen paradójicos. ¿Cómo se puede describir a los creyentes de Macedonia y Esmirna como generosos y ricos a pesar de su pobreza? Jesús dijo en Lucas 12:15: "La vida del hombre no depende de los muchos bienes que posea".

La gracia estaba obrando demasiado en los corintios que no fueron tacaños ni mezquinos. En consecuencia, hicieron mucho más de lo que Pablo esperaba. Las personas dicen hoy en día que si reciben una buena suma de dinero se volverán grandes donantes, pero esto no es necesariamente cierto. Si una persona no es generosa con lo poco que tiene, tal vez no se vuelva generosa, si obtiene una gran suma de dinero.

> *Si son fieles en las cosas pequeñas, serán fieles en las grandes; pero si son deshonestos en las cosas pequeñas, no actuarán con honradez en las responsabilidades más grandes. Entonces, si no son confiables con las riquezas mundanas, ¿quién les confiará las verdaderas riquezas del cielo?; y si no son fieles con las cosas de otras personas, ¿por qué se les debería confiar lo que es de ustedes?*
> Lucas 16:10-12 NTV

La gracia que comparte da de manera libre, generosa y alegre, y Dios mide la ofrenda por el corazón, no simplemente por la cantidad.

Jesús estaba observando a los ricos que depositaban sus

> *ofrendas en el arca del templo, y vio que una viuda muy pobre depositaba allí dos moneditas de poco valor. Entonces dijo: "En verdad les digo, que esta viuda pobre ha echado más que todos. Porque todos aquellos ofrendaron a Dios de lo que les sobra, pero ella puso, en su pobreza, todo lo que tenía para su sustento".*
>
> Lucas 21:1-4

Consideremos algunas de las exhortaciones adicionales de Pablo a los corintios sobre su participación en la ofrenda para los creyentes en apuros de Judea.

> *Recuerden lo siguiente: un agricultor que siembra sólo unas cuantas semillas obtendrá una cosecha pequeña. Pero el que siembra abundantemente obtendrá una cosecha abundante. Cada uno debe decidir en su corazón cuánto dar; y no den de mala gana ni bajo presión, **"porque Dios ama a la persona que da con alegría". Y Dios proveerá con generosidad todo lo que necesiten. Entonces siempre tendrán todo lo necesario y habrá bastante de sobra que compartir con otros.** Como dicen las Escrituras:*
>
> ***"Ellos** comparten con libertad y dan generosamente a los pobres. Sus buenas acciones serán recordadas para siempre".*
>
> *Pues es Dios quien provee la semilla al agricultor y luego el pan para comer. De la misma manera, él proveerá y aumentará los recursos de ustedes y luego producirá una gran cosecha de generosidad en ustedes.*
>
> *Efectivamente, serán enriquecidos en todo sentido para que siempre puedan ser generosos; y cuando llevemos sus ofrendas a los que las necesitan, ellos darán gracias a Dios. Entonces dos cosas buenas resultarán del ministerio de dar: se satisfarán las necesidades de los*

> *creyentes de Jerusalén y ellos expresarán con alegría su agradecimiento a Dios.*
>
> *Como resultado del ministerio de ustedes, ellos darán la gloria a Dios. Pues* **la generosidad de ustedes** *tanto hacia ellos como a todos los creyentes demostrará que son obedientes a la Buena Noticia de Cristo. Y ellos orarán por ustedes con un profundo cariño debido a* **la desbordante gracia que Dios les ha dado a ustedes**.
>
> 2 Corintios 9:6-14 NTV (la letra negrita es mía)

¡Vaya! Después de todas estas declaraciones fantásticas sobre la alegría, sobre sembrar y cosechar, el aumento y la generosidad, Pablo dice que la fuente de todas estas cosas fue "la desbordante gracia" que Dios les había dado a los corintios.

> La gracia es primero la cualidad de la amabilidad en el Dador, y luego una cualidad de gratitud en el destinatario, que a la vez lo vuelve amable hacia los que lo rodean.
>
> - W. H. Griffith Thomas3

LA SABIDURÍA DE LOS PROVERBIOS

A lo largo del libro de Proverbios, se da una gran instrucción para ayudarnos a vivir según la gracia que comparte, recibiendo las provisiones de Dios y liberándolas hacia los demás.

> *Que nunca te abandonen el amor y la verdad: llévalos siempre alrededor de tu cuello y escríbelos en el libro de tu corazón. Contarás con el favor de Dios y tendrás buena fama entre la gente.*
>
> Proverbios 3:3-4 NVI

> *Honra al Señor con tus bienes y con las primicias de*

tus cosechas. Tus graneros se saturarán de trigo, y tus lagares rebosarán de vino.
Proverbios 3:9-10

Las manos diligentes conducen a la riqueza.
Proverbios 10:4

Con sus obras, el justo se gana la vida.
Proverbios 10:16

A quienes reparten, más se les da; los tacaños acaban en la pobreza. El que es magnánimo, prospera; el que sacia a otros, será saciado.
Proverbios 11:24-25

Los diligentes dominan a otros.
Proverbios 12:24

El que trabaja y las guarda las hace crecer.
Proverbios 13:11

¡Pero a los justos les encanta dar!
Proverbios 21:26 NTV

El Señor recompensa a los que le temen con riquezas, honra y vida, si son humildes.
Proverbios 22:4

Bendito sea quien ve a otros con bondad y comparte su pan con el indigente.
Proverbios 22:9

El que se esfuerza en su trabajo tiene comida en abundancia, pero el que persigue fantasías termina en la pobreza.

La persona digna de confianza obtendrá gran recompensa, pero el que quiera enriquecerse de la noche a la mañana, se meterá en problemas.
Proverbios 28:19-20 NTV

Confiar en el Señor resulta en la prosperidad.
Proverbios 28:25 NTV

Al que ayuda al pobre no le faltará nada, en cambio, los que cierran sus ojos ante la pobreza serán maldecidos.
Proverbios 28:27 NTV

Además de los ejemplos que se citaron anteriormente, los Proverbios están llenos de la sabiduría de Dios en relación con cada área de la vida. Todos estos van de la mano con la gracia de Dios que comparte y nos permiten vivir una vida que sea enriquecida por Dios y que sea de bendición para los demás.

Note la referencia al trabajo que se hace en los versículos de Proverbios. La gracia que comparte actúa en conjunto con una buena ética de trabajo, no en contra de ella. Algunas personas que tienen una ética sólida de trabajo piensan que la gracia de Dios no tuvo nada que ver con la prosperidad que tienen. Fue su trabajo duro que les dio su provisión y bendición material. ¡Si ese es su caso, recuerde de quién es el aire que usted respira, de dónde vienen sus células cerebrales y quién le dio el favor, el talento y la sabiduría!

En general, la bondad de Dios se ha extendido a toda la humanidad, los salvos y no salvos por igual, en cuanto Él creó un lugar para nosotros que era "bueno en gran manera" (Génesis 1:31), una bella Tierra que nos sustenta hoy en día. Aunque trabajemos, Dios todavía es el proveedor y se merece la gloria y la honra.

BELLOS DADORES

> Si mío fuese todo el reino de la naturaleza,
> Sería un presente demasiado insignificante;
> Amor tan asombroso y divino,
> Exige mi alma, mi vida, mi todo.
>
> - Isaac Watts

¡Este bello himno lo dice todo! Y sin duda, si el apóstol Pablo lo hubiera conocido, habría pensado en los filipenses. Él había establecido relaciones con varias iglesias, pero ninguna de sus cartas expresan un mayor sentido de afecto, aprecio y simpatía fraternal que su epístola a los filipenses. No sólo ayudaron a los creyentes empobrecidos de Jerusalén, sino que ellos solos proveyeron el sustento económico permanente para Pablo y su ministerio.

Pablo dijo en Filipenses 1:5 NTV: "Porque han colaborado conmigo en dar a conocer la Buena Noticia acerca de Cristo desde el momento que la escucharon por primera vez hasta ahora". La Biblia Ampliada traduce este versículo: "[Doy gracias a mi Dios] por su comunión (su cooperación y contribución solidaria y su relación) para dar a conocer la Buena Noticia (el Evangelio)". Él pasó a decir en el versículo 7: "Es justo que yo sienta esto por todos ustedes, porque los llevo en el corazón...todos ustedes participan conmigo de la gracia".

La relación entre Pablo y los filipenses estuvo arraigada en una conexión espiritual de la gracia que se expresó a través del apoyo monetario. Ellos no solamente "dieron"; fueron "personas que daban". Vivieron en la realidad de la gracia de Dios que comparte. Tal acto de dar de corazón (no a la fuerza, ni por sentimientos de culpa, ni por presión, ni por manipulación) activa a los donantes como a los destinatarios y expresa la belleza de la gracia.

¡Cuánto alabo al Señor de que hayan vuelto a preocuparse por mí! Sé que siempre se han preocupado por mí, pero no tenían la oportunidad de ayudarme. No que haya pasado necesidad alguna vez, porque he aprendido a estar contento con lo que tengo. Sé vivir con casi nada o con todo lo necesario. He aprendido el secreto de vivir en cualquier situación, sea con el estómago lleno o vacío, con mucho o con poco. Pues todo lo puedo hacer por medio de Cristo, quien me da las fuerzas. De todos modos, han hecho bien al compartir conmigo en la dificultad por la que ahora atravieso.

Como saben, filipenses, ustedes fueron los únicos que me ayudaron económicamente cuando les llevé la Buena Noticia por primera vez y luego seguí mi viaje desde Macedonia. Ninguna otra iglesia hizo lo mismo. Incluso cuando estuve en Tesalónica, ustedes me mandaron ayuda más de una vez. No digo esto esperando que me envíen una ofrenda. Más bien, quiero que ustedes reciban una recompensa por su bondad.

Por el momento, tengo todo lo que necesito, ¡y aún más! Estoy bien abastecido con las ofrendas que ustedes me enviaron por medio de Epafrodito. Son un sacrificio de olor fragante aceptable y agradable a Dios. Y este mismo Dios quien me cuida suplirá todo lo que necesiten, de las gloriosas riquezas que nos ha dado por medio de Cristo Jesús.

Filipenses 4:10-19 NTV

Muchos creyentes parafrasean Filipenses 4:19: "Mi Dios suplirá todas mis necesidades", sin apreciar la profundidad de la gracia que comparte y que existió en la relación entre estos preciosos creyentes y Pablo. Su amor por él y el respeto por su ministerio los motivó a dar, y Pablo dijo que su acto de dar fue "un sacrificio de olor fragante aceptable y agradable a Dios". Es por ello que los filipenses fueron unos bellos dadores.

Si usted quiere ser un bello dador, revise sus motivaciones. Si usted da de mala gana, a la fuerza o por sentimientos de culpa, su dar no se basa en la gracia. Existen grandes beneficios al dar, pero esos beneficios no son incondicionales ni se reciben automáticamente. Considere la declaración radical que hizo Pablo en 1 Corintios 13:3: "Y si repartiera todos mis bienes para dar de comer a los pobres, y entregara mi cuerpo para ser quemado, y no tengo amor, de nada me sirve". El dar que se basa en la gracia nunca se basa en la pregunta: "¿Qué obtendré de ello?". Si usted realmente quiere ser socio de Dios en toda la gracia y dar como Él da, entonces necesita dar con la misma motivación que Él da—el amor—.

La mujer que ungió a Jesús con un alabastro de perfume costoso justo antes de su muerte hizo lo que Jesús dijo que fue "una buena obra", y no le causó la más mínima molestia que el valor de este perfume fuera equivalente al salario de un año. Judas y otros se enojaron por el "derroche", pero en lugar de compartir su indignación, Jesús dijo:

> *"Déjenla tranquila. ¿Por qué la molestan? Ella ha efectuado en mí una buena obra. A los pobres siempre los tendrán entre ustedes, y cuando quieran podrán hacer por ellos algo bueno. Pero a mí no siempre me tendrán. Esta mujer ha hecho lo que pudo. Se ha anticipado a ungir mi cuerpo para la sepultura. De cierto les digo que en cualquier parte del mundo donde este evangelio sea proclamado, también se contará lo que esta mujer ha hecho, y así será recordada".*
>
> Marcos 14:6-9

Jesús no se puso nervioso por el dinero. Él expresó en este

relato el aprecio por el regalo que le ofreció la mujer, y destacó la verdad que ella "ha hecho lo que pudo". Hubo algo al respecto que tocó verdaderamente el corazón de Jesús. La ofrenda de esta mujer no fue algo mecánico ni obligatorio; surgió de su corazón, y Jesús la honró por ello.

Bernabé es otro ejemplo de un bello dador:

> *Fue así como José, un levita de Chipre, a quien los apóstoles apodaban Bernabé (que significa, Hijo de consolación), vendió un terreno de su propiedad y entregó a los apóstoles el dinero de la venta.*
>
> Hechos 4:36-37

Los apóstoles en Jerusalén estuvieron realmente impresionados con el corazón generoso de Bernabé, quien posteriormente se convirtió en apóstol. Luego una pareja llamada Ananías y Safira trataron engañosamente de copiar el acto generoso de Bernabé. Pagaron un precio muy alto por su deshonestidad y motivos equivocados. Pedro los confrontó y murieron por mentirle al Espíritu Santo. Las personas ven lo que hacemos, pero Dios sabe porqué lo hacemos. Un bello dador tiene un corazón sincero y amoroso.

Dorcas de Jope fue una bella dadora, aunque no necesariamente una persona de grandes medios económicos. Hechos 9:36 NTV dice: "Ella siempre hacía buenas acciones a los demás y ayudaba a los pobres". Pedro arribó, cuando ella murió. Hechos 9:39 NTV dice: "El cuarto estaba lleno de viudas que lloraban y le mostraban a Pedro las túnicas y demás ropa que Dorcas les había hecho". Pedro la resucitó de entre los muertos y ese fue un gran milagro, pero no pase por alto la tremenda bendición que ella fue para los demás. La belleza de su generosidad tocó a muchos corazones y muchas vidas.

La bella gracia que comparte emerge de los lugares más insólitos. Una sobreviviente de un campo de concentración Nazi contó la siguiente sorprendente historia:

> Ilse, una amiga mía de la infancia, encontró una frambuesa en el campo de concentración y la llevó todo el día en su bolsillo, para regalármela envuelta en una hoja aquella noche. Imagínese un mundo en el que su posesión entera sea una frambuesa y usted se la regala a una amiga.
>
> - Gerda Weissmann Klein[4]

El pastor Eric Hulstrand de Binford, North Dakota, relató otra historia de la belleza de dar.

> Mientras predicaba un domingo, una anciana, Mary, perdió el conocimiento y se golpeó la cabeza con el borde del banco. De inmediato, un paramédico de la congregación llamó a una ambulancia. Mary recobró el sentido, mientras la sujetaban a la camilla y se preparaban para salir por la puerta. Ella hizo señas para que su hija se acercara. Todos pensamos que ella tomaba fuerzas para expresar lo que podrían ser sus últimas palabras. La hija se inclinó con el oído en la boca de su madre. Ella susurró: "Mi ofrenda está en el bolso".[5]

Una bella dadora que conozco personalmente es Carolyn Zumwalt. Ella y su esposo Claude fueron maestros de la escuela dominical en la iglesia donde Lisa y yo servíamos como conserjes durante nuestro primer año en el Instituto Bíblico. Estábamos recién casados y nos tomaron bajo su protección, mostrándonos mucha simpatía. Claude fue a la presencia del Señor en el 2006, y Carolyn encontró mucha ayuda y consuelo en mi libro, *La vida más allá de la muerte*. Al momento de redactar este libro, ella había comprado y donado más de trescientas treinta copias para ayudar a otros a tratar con el dolor.

Ha sido asombroso cómo el Señor ha dirigido mis

pasos hacia personas en necesidad de su libro. Luego regresan y me dicen qué bendición ha sido para ellas. Una señora me dijo que ha leído su libro cinco veces. Muchas personas han dicho que el libro era "exactamente lo que necesitaban". Conocí hoy a una dama en Wal-Mart que acababa de perder a su hija. Metí la mano en mi bolso y le entregué su libro. Dirigí dos veces un grupo de recuperación de la tristeza en mi iglesia y le di a cada persona uno de sus libros. Todos estuvieron de acuerdo que fue una bendición para su vida. Me niego, cuando las personas ofrecen pagarme por el libro. Muchas gracias por escribirlo.

- Carolyn Zumwalt

Como una bella dadora, Carolyn ha estado cumpliendo lo que dice 2 Corintios 1:3-4:

Bendito sea el Dios y Padre de nuestro Señor Jesucristo, Padre de misericordias y Dios de toda consolación, quien nos consuela en todas nuestras tribulaciones, para que también nosotros podamos consolar a los que están sufriendo, por medio de la consolación con que nosotros somos consolados por Dios.

La gracia que comparte abundó en la vida de Jesús

El Señor Jesús, desde luego, es nuestro ejemplo máximo de un bello dador. Él estuvo lleno de gracia (Juan 1:14), la gracia de Dios reposaba sobre Él (Lucas 2:40), y por supuesto, Él dio su vida por nosotros. Sin embargo, el poder de Dios obraba en su vida, satisfaciendo sus necesidades y permitiéndole satisfacer alegremente las necesidades de los demás. La tradición religiosa ha representado a Jesús como empobrecido, pero los Evangelios revelan un panorama diferente.

Lucas 2:52 dice: "Y Jesús siguió creciendo en sabiduría y en estatura, y en gracia para con Dios y con los hombres". La Nueva Versión Internacional lo traduce: "Jesús siguió creciendo en sabiduría y estatura, y cada vez más gozaba del favor de Dios y de toda la gente." Este favor incluía la provisión económica. Hubo muchas maneras en que Dios proveyó para Él. Cuando llegaron los sabios del oriente, Mateo 2:11 NTV nos dice: "...se inclinaron y lo adoraron. Luego abrieron sus cofres de tesoro y le dieron regalos de oro, incienso y mirra". Eran hombres ricos que trajeron regalos apropiados para un rey. Estos regalos fueron probablemente los recursos que le permitieron a José llevar a su joven familia a Egipto cuando Herodes amenazó con asesinar al pequeño Jesús. Este tesoro también pudo haberlos sostenido hasta que Herodes muriera y pudieran regresar a Israel.

En su ministerio, Jesús y su equipo tenían compañeros en el ministerio que les proveían el apoyo económico permanente. Lucas 8:2-3 LBLA menciona a muchas mujeres: "que de sus bienes personales contribuían al sostenimiento de ellos". Jesús fue tan bendecido económicamente que en Lucas 22:35 declaró que a sus discípulos nunca les faltó nada durante el tiempo que pasaron con Él, aún cuando los envió al ministerio. Además, a Él le dieron tanto que designó a un tesorero.

> *Pero dijo esto, no porque [Judas] se preocupara por los pobres, sino porque era un ladrón, y como tenía la bolsa del dinero, sustraía de lo que se echaba en ella.*
>
> Juan 12:6 LBLA

En el momento que Judas abandonó la cena de la Pascua para traicionar a Jesús, los demás discípulos asumieron que él se había ido para hacer una compra o para dar algo a los pobres (Juan 13:29). Por lo visto, esos tipos de transacciones fueron comunes para Judas. Aún cuando Judas malversaba permanentemente los fondos del ministerio, todavía había suficiente dinero para las compras permanentes y para dar algo a los pobres. Esto no parece como algo que ocurre en la vida de un hombre empobrecido, ¿cierto?

Jesús tuvo benefactores, hasta en la muerte: José de Arimatea y Nicodemo. Mateo 27:57-60 NTV nos dice que José fue un hombre rico que le pidió el cuerpo de Jesús a Pilato, lo preparó para el entierro y "lo colocó en una tumba nueva, su propia tumba que había sido tallada en la roca". Juan 19:39 NTV nos informa que Nicodemo acompañó a José para ayudar a preparar el cuerpo de Jesús para el entierro, y que "llevó consigo unos treinta y tres kilos de ungüento perfumado, una mezcla de mirra y áloe".[6] La *New American Commentary* dice: "Fue realmente un cantidad enorme de especias. De hecho, fueron las suficientes especias para enterrar majestuosamente a un rey".[7]

No estoy insinuando que Jesús viviera de una manera muy fastuosa mientras estuvo en la Tierra. No hay registros de que Él montara en carros de oro o viviera en opulencia, pero sus necesidades fueron generosamente satisfechas y Él suplió frecuentemente las necesidades de los demás. Sin duda, la efusión de la gracia que comparte que surgió del corazón y de la vida de Jesús—y todavía nos llega hoy en día—lo convierte en el dador más bello de todos los tiempos.

LOS PRINCIPIOS DEL DAR

He aquí algunos principios del Nuevo Testamento sobre cómo debemos actuar según la gracia que comparte:

Los creyentes deben dar PERSONALMENTE. En 2 Corintios 8:1-5, Pablo describió la gran generosidad de los macedonios y dijo (en el versículo 5): "primeramente se entregaron al Señor, y luego a nosotros, por la voluntad de Dios". Nuestro dar no es sólo un ritual religioso, sino que refleja una vida totalmente entregada a Dios. El dar debe ser de corazón, la esencia misma de lo que somos.

Los creyentes deben dar SISTEMÁTICAMENTE. Pablo dijo en 1 Corintios 16:2: "Cada primer día de la semana, cada uno de ustedes ponga algo aparte". El dar de manera sistemática y permanente produce estabilidad en las iglesias y promueve la madurez, la disciplina y la responsabilidad en los creyentes. Cuando la gracia de Dios que comparte es prevalente en nuestra vida, esta produce consistencia en nuestro dar.

Los creyentes deben dar PROPORCIONALMENTE. 1 Corintios 16:2 también dice: "Cada primer día de la semana, cada uno de ustedes ponga algo aparte, según lo que haya ganado". El dar debe ser en proporción a lo que hayamos prosperado.

Los creyentes deben dar GENEROSAMENTE. Proverbios 11:25 dice: "El que es magnánimo, prospera; el que sacia a otros, será saciado". Tenga en mente que esto no sólo es aplicable al dinero. También podemos ser generosos con nuestro tiempo, nuestros talentos y nuestro aliento a los demás. Romanos 12:8 se refiere a aquellos que dan "con generosidad".

Los creyentes deben dar GUSTOSAMENTE. Moisés dijo en Éxodo 35:5: "Recojan entre ustedes una ofrenda para el Señor. Todo corazón generoso presentará al Señor...". Isaías 1:19 dice: "Si ustedes quieren y me hacen caso, comerán de lo mejor de la tierra".

Los creyentes deben dar RESUELTAMENTE. Uno de mis versículos favoritos sobre dar siempre ha sido 2 Corintios 9:7, que dice: "Cada uno debe dar según se lo haya propuesto en su corazón". El dar debe ser deliberado e intencional no debido a la presión, al elogio, a la manipulación, ni para impresionar a los demás.

Los creyentes deben dar ALEGREMENTE. La última parte de 2 Corintios 9:7 dice: "Dios ama a quien da con alegría". La palabra "alegría" es el vocablo griego *hilaros*, de donde obtenemos la palabra en español "hilarante".[7] ¡El dar debe ser realmente un gozo! La versión Ampliada del versículo 7 dice: "Dios ama (se complace en, estima por encima de otras cosas, y no está dispuesto a abandonar o a prescindir) a quien da [cuyo corazón está en el dar] con alegría (quien es gozoso, "rápido para hacerlo").

Los creyentes deben dar RESPONSABLEMENTE. Hay un principio de responsabilidad cuando se trata de las finanzas. Debemos apoyar fielmente a nuestra iglesia local y hacer nuestra parte para llevar a cabo la Gran Comisión (Mateo 28:19-20). El Pacto Moravo por la vida cristiana dice: "Consideramos una responsabilidad sagrada y una oportunidad genuina el ser mayordomos fieles de todo lo que Dios nos ha confiado: nuestro tiempo, nuestros talentos y nuestros recursos económicos. Vemos todo en la vida como un fondo sagrado para ser usado sabiamente".[9]

Los creyentes deben dar ILUSIONADAMENTE. Muchos pasajes de las Escrituras, como Eclesiastés 11:1-3 y Lucas 6:38, abordan las bendiciones relacionadas con dar y debemos dar con un corazón expectante.

Los creyentes deben dar REVERENCIALMENTE. Dar genuinamente es mucho más que una transacción financiera; es un acto de reverencia a Dios. Deuteronomio 26:10-11 enseña: "Todo eso lo pondrás delante del Señor tu Dios, y delante de él te postrarás. Después de eso, tú y tu familia, y los levitas y extranjeros que convivan contigo, harán fiesta por todo el bien que el Señor tu Dios te haya dado".

Los creyentes con actitudes maduras hacia las cosas materiales y el dinero son influenciados profundamente por la gracia de Dios que comparte. Tales individuos han llegado al acuerdo de que todo es de Dios, y que Él simplemente les permitió ser mayordomos por una temporada. Los cristianos guiados por el Espíritu y motivados por la gracia no examinan la Biblia, para ver lo poco que puedan dar y aún así estar bien con Dios; más bien, se han consagrado totalmente, y todo lo que tienen, a Dios. También saben que debido a su pacto con Dios, todo lo que Él tiene es de ellos.

Con este entendimiento de la economía del reino, están comprometidos a usar los recursos que Dios les ha confiado para ayudar a avanzar su reino y glorificarlo. En lugar de ver lo poco que pueden dar, buscan en oración cuánto pueden dar y a dónde deben dar.

> No valoro nada que tenga o pueda poseer, salvo en relación con el reino de Dios. Si hay algo que promueva los intereses del reino, eso debe donarse o guardarse, sólo para que al donarlo o guardarlo yo promueva mejor la gloria de Él a quien le debo toda mi esperanza en el tiempo de esta vida o en la eternidad.
>
> - David Livingstone[10]

¿Es el sistema del diezmo para los creyentes del Nuevo Testamento?

La palabra "diezmo" es otra palabra que significa simplemente "décimo" (como en una décima parte, o el 10 por ciento).[11] Los creyentes del Antiguo Testamento supieron que el diezmo era una décima parte de sus ganancias económicas o ingresos, que se le dan a Dios como una expresión de la fe y la consagración. El sistema del diezmo se aborda desde el principio en el libro del Génesis y permanece como un tema de interés, discusión y debate hoy en día.

Existen varias opiniones de personas bienintencionadas a un lado y a otro del tema del diezmo. Algunos niegan el diezmo como algo obligatorio para los creyentes del Nuevo Testamento, al afirmar que era una práctica del Antiguo Testamento asociada con la Ley. Otros creen que el diezmo permanece como una expresión vital de la fe y la obediencia. Lo consideran un principio atemporal que trasciende a ambos pactos.

Aunque el diezmo comenzó mucho antes del tiempo de Moisés, muchas normas se aplicaron al diezmo mediante la Ley cuando esta surgió, y muchas de estas estipulaciones reflejaron su sociedad agrícola. Si uno estudia la Ley Mosaica a profundidad, algunas de las declaraciones sobre el diezmo serían difíciles de poner en práctica por la mayoría de las personas hoy en día, debido a todas las referencias a los animales, los cereales y a otras exigencias agrícolas. He aquí algunas referencias al diezmo bajo la Ley Mosaica:

> *El diezmo de la tierra es del Señor, lo mismo de la simiente de la tierra como del fruto de los árboles. Se trata de una ofrenda consagrada al Señor.*
>
> Levítico 27:30

> *Cada año deberás presentar, sin falta, la décima parte de todo el grano que tu campo produzca.*
>
> Deuteronomio 14:22

> *Cuando este edicto fue divulgado, los israelitas dieron muchas primicias de grano, vino, aceite y miel, y de todos los frutos de la tierra; y llevaron igualmente abundantes diezmos de todas las cosas. También los israelitas y los habitantes de las ciudades de Judá dieron los diezmos de las vacas y de las ovejas, y presentaron los diezmos de lo santificado y de todo lo que habían prometido al Señor su Dios, y los depositaron en montones.*
>
> 2 Crónicas 31:5-6

> *Entonces el pueblo llevó a los almacenes del templo los*

> *diezmos de cereales, de vino y de aceite.*
>
> Nehemías 13:12

> *¿Habrá quien pueda robarle a Dios? ¡Pues ustedes me han robado! Y sin embargo, dicen: "¿Cómo está eso de que te hemos robado?" ¡Pues me han robado en sus diezmos y ofrendas! Malditos sean todos ustedes, porque como nación me han robado. Entreguen completos los diezmos en mi tesorería, y habrá alimento en mi templo. Con esto pueden ponerme a prueba: verán si no les abro las ventanas de los cielos y derramo sobre ustedes abundantes bendiciones. Lo digo yo, el Señor de los ejércitos.*
>
> *"Además, reprenderé a esos insectos que todo lo devoran, para que no destruyan los productos de la tierra, ni dejen sin uvas sus viñedos". Lo digo yo, el Señor de los ejércitos.*
>
> Malaquías 3:8-11

Jesús mencionó primero el diezmo cuando comparó a un hombre santurrón que se justifica a sí mismo con un hombre que reconoció su pecado y apeló a la misericordia de Dios (Lucas 18:9-14). Diezmar, junto con el ayuno y evitar ciertos pecados, fue la base del sentido de orgullo y autosuficiencia del primer hombre. Jesús no dijo que diezmar, ayunar o evitar el pecado fuera malo, simplemente dijo que esas cosas no deberían producir orgullo, altivez ni santurronería.

La segunda referencia que hizo Jesús sobre el diezmo ocurrió cuando Él les hablaba a los líderes religiosos. Él dijo:

> *¡Qué aflicción les espera, maestros de la ley religiosa y fariseos! ¡Hipócritas! Pues se cuidan de dar el diezmo sobre el más mínimo ingreso de sus jardines de hierbas, pero pasan por alto los aspectos más importantes de la ley: la justicia, la misericordia y la fe. Es cierto*

que deben diezmar, pero sin descuidar las cosas más importantes.

Mateo 23:23 NTV

Jesús reconoció el diezmo como algo bueno, que formaba parte de la Ley. Sin embargo, también resaltó que el diezmo súper técnico no se debería emplear para establecer un complejo de superioridad espiritual, ni debería hacer que pasáramos por alto o ignoráramos la naturaleza de la justicia, la misericordia y la fe de Dios. Jesús dijo que estos fueron los aspectos más importantes de la Ley.

Los que creen que el diezmo se volvió obsoleto en el Nuevo Pacto resaltan que ya no estamos bajo la Ley, y que el diezmo no se originó en la Ley. El primer ejemplo del diezmo fue un acto espontáneo de la fe y la consagración de parte de Abraham.

Entonces Melquisedec, que era rey de Salén y sacerdote del Dios Altísimo, sacó pan y vino y lo bendijo así: "Bendito seas, Abrán, del Dios Altísimo, creador de los cielos y de la tierra, y bendito sea el Dios Altísimo, que puso en tus manos a tus enemigos". Y le dio Abrán los diezmos de todo.

Génesis 14:18-20

Melquisedec fue una especie de presagio profético del Señor Jesucristo, nuestro Gran Sumo Sacerdote. Algunos creen que Melquisedec fue una manifestación pre-Betlemita del Hijo de Dios. Aprendemos en Hebreos 7 que el sacerdocio de Melquisedec no fue como el sacerdocio levítico, que estuvo relacionado con la Ley de Moisés y que fue interrumpido con el tiempo. Jesús, nuestro Gran Sumo Sacerdote, es una clase completamente diferente de sacerdote.

Ese cambio resulta aún más evidente, ya que ha surgido

un sacerdote diferente, quien es como Melquisedec. Jesús llegó a ser sacerdote, no por cumplir con la ley del requisito físico de pertenecer a la tribu de Leví, sino por el poder de una vida que no puede ser destruida. Y el salmista lo señaló cuando profetizó: "Tú eres sacerdote para siempre, según el orden de Melquisedec".

Así que el antiguo requisito del sacerdocio quedó anulado por ser débil e inútil. Pues la ley nunca perfeccionó nada, pero ahora confiamos en una mejor esperanza por la cual nos acercamos a Dios.

Hebreos 7:15-19 NTV

Aprendemos en Hebreos 8:6 que Jesús "ha recibido un ministerio mucho mejor, pues es mediador de un pacto mejor, establecido sobre mejores promesas". Este versículo enseña la superioridad del sacerdocio de Jesús, que sigue el modelo del sacerdocio de Melquisedec. Esto significa que Jesús es el Sacerdote que recibe nuestros diezmos.

Abrahán se encontró una vez con Melquisedec, y le pagó los diezmos; nuestro Sumo Sacerdote vive en nosotros y vivimos en Él. Por lo tanto, no debería parecer extraño diezmar al Señor como parte de nuestro estilo de vida. Romanos 4:12 y 16 hacen referencia a aquellos que "siguen las pisadas de la fe que tuvo nuestro padre Abrahán" y "los que son de la fe de Abrahán, el cual es padre de todos nosotros".

Los creyentes del Nuevo Pacto no están bajo la Ley Mosaica del diezmo, pero existe un principio del diezmo (una expresión de fe y consagración) que permanece para todos nosotros. Presentamos nuestro diezmo al Señor Jesucristo así como Abrahán presentó su diezmo a Melquisedec. Si creemos que nuestro Sumo Sacerdote, Jesús, es realmente el Mediador de un pacto mejor, establecido sobre mejores promesas (Hebreos 8:6), ¿querríamos hacer menos "bajo la gracia" que lo que hicieron los creyentes del Antiguo Testamento "bajo la ley"? Sus diezmos suministraron la provisión para el sacerdocio y para el Templo, y eso fue importante. Pero nuestros diezmos cubren la obra de la Iglesia y la proclamación del evangelio que tienen un impacto sobre el alma de los hombres por la eternidad. ¡Tal esfuerzo merece lo mejor de nosotros!

Pongamos primero a Dios

Por lo tanto, busquen primeramente el reino de Dios y su justicia, y todas estas cosas les serán añadidas.

Mateo 6:33

Esta declaración de Jesús es una verdad tan vital y poderosa, y sin embargo hay tantos cristianos que todavía arrojan un dólar en el plato de las ofrendas cada semana, sabiendo que pueden dar mucho más. Encuentro preocupante que la mayoría de las iglesias funcionan con apenas una fracción de lo que podrían estar funcionando si todos los cristianos dieran por lo menos una décima parte de sus ingresos a quienes trabajaron para alimentarlos espiritualmente.

Piense qué ocurriría en y a través del Cuerpo de Cristo si todos los cristianos decidieran honrar a Dios y ponerlo primero en sus finanzas. ¿Y qué si todo cristiano decidiera honrar a Dios con el diezmo (el 10% de sus ingresos) y luego proyectara su presupuesto para vivir con el 90% restante? Los ingresos de muchas iglesias se multiplicarían ampliamente, el pueblo de Dios sería enormemente bendecido y la proclamación del evangelio podría ser garantizada y financiada abundantemente.

Lamentablemente, muchos cristianos luchan económicamente y con una deuda excesiva. Algunas personas han experimentado dificultades que estuvieron más allá de su control, mientras que otros se han sobre excedido con gastos inoportunos. La cultura estadounidense promueve los excesos, la complacencia propia y la avaricia—que son sobradamente facilitados por nuestro sistema crediticio (no estoy en contra del crédito utilizado de manera sabia, pero muchos abusan del crédito y terminan en problemas). Y más importante aún, muchos actúan de manera independiente, en lugar de tener una relación íntima con Dios en las finanzas, y de seguir su consejo e instrucciones. Compran lo que quieren, hacen las cosas que quieren hacer—y si queda algo—, entonces tal vez vaya para Dios.

En un artículo de *Christianity Today* titulado "Vive Scrooge, (el Avariento Típico)", Rob Moll escribió:

> Más de uno de cada cuatro estadounidenses protestantes no ofrendan nada de dinero en absoluto—"ni siquiera una muestra simbólica de $5 dólares al año", dicen los sociólogos Christian Smith, Michael Emerson y Patricia Snell en un estudio reciente sobre las ofrendas cristianas, *Passing the Plate* [Pasando el plato] (Oxford University Press). De todos los grupos de cristianos, los protestantes evangélicos tienen la más alta puntuación: sólo el 10 por ciento no da nada. Los evangélicos tienden a ser más generosos, pero no superan a sus compañeros lo suficientemente para llevar la insignia del mérito. El treinta y seis por ciento informa que dan menos del dos por ciento de sus ingresos. Sólo el 27 por ciento diezma.[12]

Estos creyentes no están entendiendo la directriz que dio Jesús: ¡busquen primeramente el reino de Dios!

Si tiene dificultades económicas y nunca ha diezmado, nada de esto tiene la intención de condenarlo. Dios está a su favor no en su contra. Su amor por usted no se basa en cuánto dinero da para su obra, sino que Él quiere participar en sus finanzas, y eso incluye tanto el dar como el recibir.

Es bueno que usted, su iglesia y otros adquieran la sabiduría de Dios sobre sus finanzas y se conviertan en dadores bellos y generosos como Él, como Jesús, como Bernabé y como la mujer que derramó el salario de todo un año en perfume sobre los pies de Jesús. Esto puede involucrar el desarrollo de una cosmovisión bíblica y recalibrar completamente su sistema de valores, pero los beneficios son sorprendentes.

Usted sabrá que la gracia de Dios que comparte ha hecho una gran obra en su corazón cuando ya no vea el diezmo ni las ofrendas como una carga gravosa sino como una bendición gozosa. En lugar de ver lo poco que puede dar, busque siempre las maneras de dar generosamente—en cada área de la vida—porque ¡así es la gracia que comparte!

> *Siempre les enseñé, y ustedes lo aprendieron, que a los necesitados se les ayuda trabajando como he trabajado yo, y recordando las palabras del Señor Jesús, que dijo: "Hay más bendición en dar que en recibir".*
>
> Hechos 20:35

Capítulo 16

LA GRACIA QUE SIRVE

> No trabajó Pablo para recibir la gracia, sino que recibió la gracia para trabajar.
>
> - San Agustín[1]

La gracia que salva, santifica y fortalece es en su mayoría la obra interna de la gracia de Dios para nuestro beneficio. La gracia que comparte nos beneficia, pero nuestro dar con generosidad beneficia también a los demás. La gracia que sirve se nos da predominantemente para el beneficio de los demás. Reservé la gracia que sirve para la última de las cinco expresiones de la gracia de Dios, porque esta es el manantial—la fuente—de todos los dones, llamados y habilidades ministeriales. Es un depósito divino en nuestra vida de parte del Cielo que nos permite servir a Dios de una forma que le agrada a Él y beneficia a todos en nuestra vida.

- La gracia que sirve es el poder y la habilidad de Dios para servirle y a los demás con sus dones y aptitudes divinamente impartidos.
- La gracia que sirve nos impide que seamos improductivos.
- La gracia que sirve es la impartición de la aptitud de Dios.
- La gracia que sirve es el Amor que Ayuda.

La vida y el ministerio de Pablo

Pablo hizo mucho más que enseñar la doctrina de la gracia; su vida fue radicalmente transformada por la gracia de Dios que salva, santifica y fortalece, y la gracia que comparte y que sirve rigió su vida. La gracia de Dios lo salvó, lo hizo cada vez más como Cristo, le dio la habilidad para soportar las dificultades del ministerio y lo convirtió en un bello dador. Veremos ahora cómo la gracia de Dios que comparte revistió de poder a Pablo para que conociera y cumpliera su llamado.

Pablo dijo que por medio de Cristo, había recibido "la gracia del apostolado" (Romanos 1:5). Declaró que la gracia de Dios lo había hecho un "perito arquitecto" y le permitió establecer la iglesia de Corinto (1 Corintios 3:10). En relación con su conducta ministerial y ética: "Hemos dependido de la gracia de Dios y no de nuestra propia sabiduría humana" (2 Corintios 1:12 NTV). Habló de la "administración de la gracia de Dios" (Efesios 3:2 RVR1960) una revelación que Dios le dio para los creyentes en Cristo, y él fue "hecho ministro por el don de la gracia de Dios" (Efesios 3:7). Pablo dijo: "me fue dada esta gracia de anunciar... el evangelio de las inescrutables riquezas de Cristo" (Efesios 3:8), al declarar que era menos que el más pequeño de todos los santos.

El mensaje de Pablo no surgió de su intelecto ni voluntad. Él dijo: "Digo, pues, por la gracia que me es dada..." (Romanos 12:3). Él entendió que las cosas que habló y escribió fueron generadas por la gracia y basadas en ella. También le dijo a la iglesia romana: "Pero les he escrito con toda franqueza, como para hacerles recordar, por la gracia que Dios me ha dado" (Romanos 15:15).

Al hablar con Timoteo, Pablo dijo que Dios los había salvado y llamado "con llamamiento santo, no conforme a nuestras obras, sino según el propósito suyo y la gracia" que les fue dada en Cristo Jesús antes de los tiempos de los siglos (2 Timoteo 1:9).

Los escritos de Pablo muestran claramente su aprecio por la gracia de Dios en su vida y ministerio. Creo que Pablo debió estar también de acuerdo con las siguientes cuatro declaraciones:

- Sin gracia, no hay salvación.
- Sin gracia, no hay ministerio.
- La gracia que salva trae misericordia y perdón al peor de los pecadores.
- La gracia que sirve imparte llamado y propósito, luego nos reviste de poder y nos permite lograrlos.

Quizás la declaración más poderosa que Pablo haya escrito sobre la gracia de Dios en relación con su propia experiencia se encuentra en 1 Corintios 15:10:

Pero por la gracia de Dios soy lo que soy, y su gracia para conmigo no ha sido en vano, pues he trabajado más que todos ellos, aunque no lo he hecho yo, sino la gracia de Dios que está conmigo.

Miremos las cuatro partes de este versículo en detalle:

1. Por la gracia de Dios soy lo que soy. La vida de Pablo había sufrido una completa transformación por la gracia de Dios. En el versículo anterior a esta declaración (1 Corintios 15:9), hizo alusión a su vida pre-cristiana: "Soy el más pequeño de los apóstoles, y no soy digno de ser llamado apóstol porque perseguí a la iglesia de Dios". Según las definiciones modernas, Pablo (Saulo de Tarso) había sido un terrorista. Él estaba persiguiendo brutalmente a los seguidores de Jesús.

> *Saulo trató vergonzosamente y saqueó continuamente a la iglesia [con crueldad y violencia]; y entraba de casa en casa, arrastraba a hombres y mujeres y los llevaba a la cárcel.*
>
> Hechos 8:3 AMP

> *Yo antes blasfemaba el nombre de Cristo. En mi insolencia, yo perseguía a su pueblo.*
>
> 1 Timoteo 1:13 NTV

Otras traducciones describen a Saulo de Tarso como un hombre arrogante, un agresor cruel, que insultaba de manera vergonzosa, escandalosa y agresiva, un hombre insolente e imperioso, un hombre violento, una persona destructiva y perjudicial. Aunque tenía presente claramente la profundidad y magnitud de su pecado antes de la conversión, Pablo glorificó la gracia de Dios, quien lo perdonó y lo llamó a servir.

> *...aun cuando antes yo había sido blasfemo, perseguidor e injuriador; pero fui tratado con misericordia porque lo hice por ignorancia, en incredulidad. Pero la gracia de nuestro Señor fue más abundante con la fe y el amor que es en Cristo Jesús.*
>
> 1 Timoteo 1:13-14

La gracia de Dios hizo una obra asombrosa y revolucionaria en la vida de Saulo de Tarso, cuando este conoció a Jesús. Fue transformado:

- de ser Saulo un aborrecedor de Cristo a ser Pablo un amante de Cristo,
- de ser Saulo el destructor a ser Pablo el constructor,
- de ser un apóstol del terror a ser un apóstol de la gracia.

El cambio que experimentó Pablo no fue cosmético ni superficial; él fue transformado desde el centro mismo de su ser. Sin embargo, el contexto completo de "por la gracia de Dios soy lo que soy", hace referencia a su misión ministerial. Pablo declara en otra parte: "Pero aun antes de que yo naciera, Dios me eligió y me llamó por su gracia maravillosa" (Gálatas 1:15 NTV) y había sido "constituido predicador, apóstol y maestro de los no judíos" (1 Timoteo 1:11). La gracia de Dios no sólo determinó la identidad personal de Pablo en Cristo, sino también su misión ministerial.

2. Su gracia para conmigo no ha sido en vano. Pablo revela la naturaleza funcional de la gracia que sirve. ¡La gracia de Dios se debe expresar! No es vacía, inútil, infructuosa ni sin propósito. La gracia de Dios en Pablo produjo los resultados deseados en su vida y ministerio. 1 Corintios 15:10 en la Biblia Ampliada dice: "Su gracia para conmigo no ha sido [no se ha encontrado ser] en vano (infructuosa y sin efecto)".

3. He trabajado más que todos ellos. Pablo ahora hace un contraste de sus labores ministeriales con la de otros apóstoles. La Nueva Traducción Viviente traduce esta parte de 1 Corintios 15:10: "he trabajado mucho más que cualquiera de los otros apóstoles". Esto significa en el griego: "laborar, trabajar hasta el punto del cansancio, trabajar duro...la fatiga producto del esfuerzo máximo".[2]

¡Si bien el ministerio está arraigado en la gracia, todavía es trabajo! "El Espíritu Santo dijo: 'Apártenme a Bernabé y a Saulo, porque los he llamado para un importante trabajo'"

(Hechos 13:2). Pablo es conocido como el "Apóstol de la Gracia", pero él fue partidario del trabajo y él mismo trabajo con diligencia.

> *Nos cansamos trabajando con nuestras manos para ganarnos la vida.*
>
> 1 Corintios 4:12 NTV

> *Manténganse firmes y constantes, y siempre creciendo en la obra del Señor, seguros de que el trabajo de ustedes en el Señor no carece de sentido.*
>
> 1 Corintios 15:58

> *Timoteo... hace la obra del Señor lo mismo que yo.*
>
> 1 Corintios 16:10

> *Si eres ladrón, deja de robar. En cambio, usa tus manos en un buen trabajo digno y luego comparte generosamente con los que tienen necesidad.*
>
> Efesios 4:28 NTV

> *¿Acaso no se acuerdan, amados hermanos, cuánto trabajamos entre ustedes? Día y noche nos esforzamos por ganarnos la vida, a fin de no ser una carga para ninguno de ustedes mientras les predicábamos la Buena Noticia de Dios.*
>
> 1 Tesalonicenses 2:9 NTV

> *...y que procuren vivir en paz, y ocuparse de sus negocios y trabajar con sus propias manos, tal y como les hemos ordenado.*
>
> 1 Tesalonicenses 4:11

Los tesalonicenses aparentemente no captaron el mensaje, porque Pablo tuvo que abordar otra vez este asunto. Él fue siempre compasivo con los que estuvieron realmente en necesidad, pero usó palabras duras con los individuos que fueron simplemente irresponsables y perezosos aprovechados.

> *Nosotros no vivimos entre ustedes de manera desordenada, ni comimos el pan de nadie sin pagarlo, sino que día y noche trabajamos muy duro y sin descanso, para no ser una carga a ninguno de ustedes.*
>
> *Cuando estábamos con ustedes, también les ordenamos esto: «Si alguno no quiere trabajar, que tampoco coma.» Y es que nos hemos enterado de que algunos de ustedes viven desordenadamente, y no trabajan en nada, y se entrometen en lo ajeno. A tales personas les ordenamos y exhortamos, por nuestro Señor Jesucristo, que simplemente se pongan a trabajar y se ganen su propio pan.*
>
> 2 Tesalonicenses 3:7-8,10-12

Pablo tuvo un gran entendimiento de la gracia, pero esto no hizo que él se quedara de brazos cruzados, se relajara y dijera: "Gracias a Dios que Él ha hecho todo. No tengo que hacer nada". La gracia no significa que no trabajemos. Sin embargo, la gracia influye en por qué trabajamos, cómo trabajamos y nuestra actitud hacia el trabajo. Pablo fue siempre consciente que fue la gracia de Dios la que le permitió y lo revistió de poder para servir.

4. Aunque no lo he hecho yo, sino la gracia de Dios que está conmigo. Pablo hizo una declaración dramática y restrictiva, después de haber dicho que trabajó incansablemente hasta caer rendido. "Trabajé tremendamente duro, pero no fue realmente yo; fue la gracia de Dios en mí". Esto suena un poco como su declaración a los gálatas: "Ya no vivo yo, sino que Cristo vive en mí" (Gálatas 2:20).

Pablo trabajó duro, pero él supo que no trabajó solo. La gracia de Dios que sirve se expresó a través de él. John Chrysostom, el arzobispo de Constantinopla que murió en el año 407 d.C., dijo: "La buena disposición y el compromiso de un hombre no son suficientes si este no disfruta también la ayuda de lo alto; al mismo tiempo, la ayuda de lo alto no es un beneficio para nosotros a menos que haya también compromiso y buena disposición de nuestra parte".[3]

Colaboradores en la gracia que sirve

Pablo también reconoció la necesidad de los colaboradores a medida que actuó en la gracia que sirve de Dios. Dijo: "Yo sembré, y Apolos regó, pero el crecimiento lo ha dado Dios. Así que ni el que siembra ni el que riega son algo, sino Dios, que da el crecimiento" (1 Corintios 3:6-7). Continuó diciendo: "Nosotros somos colaboradores de Dios" (1 Corintios 3:9). La Biblia Ampliada dice: "Nosotros somos compañeros de trabajo (promotores asociados, obreros) junto con Dios y para Dios".

Pablo reconoció la gracia de Dios que obra en nosotros. Él escribió del apóstol Pedro:

> *Aquel que motivó y capacitó a Pedro y que actuó eficazmente a través de él para la misión con los circuncidados, me motivó y capacitó, y actuó también a través de mí para [la misión] con los gentiles.*
>
> Gálatas 2:8 AMP

El siguiente versículo dice: "...y como reconocieron la gracia que me había sido dada, Jacobo, Cefas y Juan... nos dieron a mí y a Bernabé la diestra en señal de compañerismo, para que nosotros fuéramos a los no judíos, y ellos a los judíos" (Gálatas 2:9). Jacobo, Pedro y Juan reconocieron que la gracia de Dios actuaba en la vida de Pablo.

Estos versículos en Gálatas son muy descriptivos de la gracia que sirve de Dios y que obra en y a través de Pedro y Pablo respectivamente. Pablo señala que ellos tuvieron misiones diferentes, y que la gracia que sirve que cada uno había recibido los equipó en consecuencia. La misión principal de Pablo era con los gentiles, mientras que Pedro fue llamado principalmente a alcanzar a los judíos.

Esto revela un principio fundamental para actuar según la gracia que sirve de Dios: Él no lo equipa a usted para hacer el trabajo de otra persona. Todo ministro debe asumir su misión en el ministerio. Es por ello que Pablo empleó la frase: "nos ceñiremos a los límites establecidos por Dios" (2 Corintios 10:13). Dios sólo concede su gracia para servir y ser efectivos en su campo establecido de servicio.

Pablo dice en Colosenses 1:28-29 AMP que su propósito en el ministerio fue "presentar a toda persona madura (adulta, plenamente iniciada, completa y perfecta) en Cristo Jesús (el Ungido). Con este fin, trabajo [hasta el cansancio], luchando con toda la energía sobrehumana que Él enciende tan poderosamente y que actúa en mí". Pablo trabajó intensamente, pero al fin y al cabo, reconoció de inmediato que el trabajo y los logros verdaderos no se alcanzaron mediante su esfuerzo humano sino mediante la gracia de Dios que actuaba en y a través de él.

El ministerio no se supone que es algo de ir y hacerlo para Dios; se supone que es algo que hacemos con Dios. También está concebido para ser un esfuerzo conjunto con otras personas y con Él. A medida que moramos en Él y Él mora en nosotros, podemos servirle de manera alegre y productiva. Nosotros trabajamos, pero Él es quien en últimas produce los resultados mediante su Palabra y Espíritu. De esto se trata la gracia que sirve.

No sólo para los predicadores

> ...*debemos ser agradecidos y, con esa misma gratitud, servir a Dios y agradarle con temor y reverencia.*
>
> Hebreos 12:28

Uno de los más grandes malentendidos que ha atormentado al cuerpo de Cristo durante siglos es la idea de que el clero y los pastores "tiempo completo", que reciben sueldo, son los únicos llamados por Dios para hacer la obra del ministerio. Algunos creyentes tienen la actitud de que "para eso le pagamos al pastor", cuando se trata de orar, visitar, animar a la gente y el evangelismo, y todos los demás aspectos del ministerio. Debido a esta mentalidad, muchos miembros de la iglesia se ven a sí mismo como espectadores en los servicios de la iglesia. Simplemente con asistir a la iglesia y sentarse en el banco como un observador se cumple con el deber cristiano. Como consecuencia, tanto ellos como sus iglesias nunca logran su potencial máximo.

La Biblia enseña que todo creyente nacido de nuevo tiene algún tipo de llamado en su vida, un área de servicio agraciada por Dios para cumplir. Pedro dijo:

> *Ponga cada uno al servicio de los demás el don que haya recibido, y sea un buen administrador de la gracia de Dios en sus diferentes manifestaciones. Cuando hable alguno, hágalo ciñéndose a las palabras de Dios; cuando alguno sirva, hágalo según el poder que Dios le haya dado, para que Dios sea glorificado en todo por*

medio de Jesucristo, de quien son la gloria y el poder por los siglos de los siglos. Amén.

1 Pedro 4:10-11

Dios, de su gran variedad de dones espirituales, les ha dado un don a cada uno de ustedes. Úsenlos bien para servirse los unos a los otros. ¿Has recibido el don de hablar en público? Entonces, habla como si Dios mismo estuviera hablando por medio de ti. ¿Has recibido el don de ayudar a otros? Ayúdalos con toda la fuerza y la energía que Dios te da. Así, cada cosa que hagan traerá gloria a Dios por medio de Jesucristo. ¡A él sea toda la gloria y todo el poder por siempre y para siempre! Amén.

1 Pedro 4:10-11 NTV

Observemos varios puntos importantes:

Todo **creyente tiene un don para usar y una función para cumplir.** Pedro escribió esta carta a varias feligresías no a predicadores. (Ver 1 Pedro 1:1). Él dice que Dios le dio dones a todo creyente para que usara en el servicio a los demás, y esto significa que ningún cristiano debe ser un espectador inactivo ni un observador pasivo.

Los creyentes deben usar sus dones para servirse los unos a los otros. La gracia no es algo que Dios nos dio para aislarnos o alejarnos de los demás, sino más bien, para estar mejor integrados y ser más útiles a los demás. Es muy esclarecedor examinar las muchas ocasiones en que la frase "unos a otros" se usa en el Nuevo Testamento:

- Ámense unos a otros. (Juan 13:34; 1 & 2 Juan, y muchos otros)

- En cuanto a honra, prefiéranse los unos a los otros. (Romanos 12:10)
- Recíbanse unos a otros. (Romanos 5:7)
- Amonéstense unos a otros. (Romanos 15:14)
- Sírvanse los unos a los otros. (Gálatas 5:13)
- Sobrelleven los unos las cargas de los otros. (Gálatas 6:2)
- Sean bondadosos y misericordiosos los unos a los otros. (Efesios 4:32)
- Perdónense unos a otros. (Efesios 4:32)
- Instrúyanse y exhórtense unos a otros. (Colosenses 3:16)
- Que crezca y sobreabunde el amor que tienen unos por otros. (1 Tesalonicenses 3:12)
- Anímense unos a otros. (1 Tesalonicenses 4:18)
- Edifíquense unos a otros. (1 Tesalonicenses 5:11)
- Exhórtense los unos a los otros. (Hebreos 3:13)
- Confiesen sus pecados unos a otros, y oren unos por otros. (Santiago 5:16)
- Hospédense los unos a los otros. (1 Pedro 4:9)

Dios desea que sus hijos formen comunidades de amor, ánimo y apoyo mutuo. Algunas de estas cosas se darán mediante individuos que sirvan formalmente en cargos oficiales de la iglesia, mientras que otras expresiones de la gracia que sirve fluirán a través de nosotros de manera informal y espontánea en nuestras relaciones de día a día con los demás. Estoy ciento por ciento de acuerdo con que las personas sirvan en su iglesia local, pero no tenemos que tener un título para ayudar, orar o consolar a alguien en necesidad.

Los creyentes deben ser "buenos administradores de la multiforme gracia de Dios". Un administrador o mayordomo es alguien que administra los asuntos o negocios de otra persona. Un mayordomo en los días de la Biblia no era dueño de la propiedad de su amo, sino que la administraba para que esta fuera más rentable para el amo. Igualmente, debemos usar nuestros dones para ayudar a nuestros hermanos y hermanas en el Señor y promover al reino de Dios, y no a nosotros mismos. La palabra griega traducida como "multiforme" significa variada y multicolor.[4] 1 Pedro 4:10 NTV traduce esto como la "gran variedad de dones espirituales" de Dios. No debería sorprendernos que Dios dotara a cada persona de una manera especial y única. Si tomamos en cuenta la creación natural de Dios, comprendemos que Él ama la variedad. Debemos, como creyentes, usar la variedad de los dones de Dios para su gloria y beneficio de los demás.

Dos expresiones principales de la gracia son hablar y servir. Parecería que el término "multiforme" significa más que hablar y servir, pero Pedro hace énfasis en ellas. Para aquellos cuyo don está en la categoría de hablar, él dice en 1 Pedro 4:11 que cuando hablen, lo hagan "ciñéndose a las palabras de Dios". Ya sea que fuesen apóstoles, profetas, evangelistas, pastores o maestros, deben transmitir la Palabra de Dios, no sus opiniones, teorías, puntos de vista y especulaciones. Los que sirven deben hacerlo con la habilidad, fortaleza y energía que Dios provee y a esto se le suele describir como "el ministerio de ayudas" (ver 1 Corintios 12:28). *En busca de Timoteo: desarrollando la grandeza en el personal de la iglesia y los voluntarios* es un libro que escribí sobre todo para aquellos que son llamados a servir en funciones de apoyo en la Iglesia. ¡No todas las personas están llamadas a servir en el ministerio del púlpito! Muchos más están llamados a servir detrás del telón.

El resultado es la gloria de Dios. Dios es glorificado, cuando aquellos que hablan o sirven son revestidos de poder mediante la gracia que sirve de Dios. No debemos hablar ni servir por la atención, la gratificación del ego, ni los elogios de los demás. Nuestro servicio dentro y fuera de la iglesia se debe basar en el amor de Dios y apuntar hacia su gloria.

La variedad de dones

Discutir la gracia multiforme de Dios y abordar sólo de hablar y servir es un poco como hablar de comida y mencionar sólo las frutas y las verduras. ¡Hay demasiado en estas dos categorías! Entre las frutas se incluyen los bananos, las fresas, las manzanas y más; las verduras incluyen las zanahorias, las alverjas, el brócoli y más. Hablar y servir se puede desglosar también en una lista más específica. Pablo hizo exactamente eso cuando se dirigió a los creyentes en Roma.

> *Por la gracia que me es dada, digo a cada uno de ustedes que no tenga más alto concepto de sí que el que debe tener, sino que piense de sí con sensatez, según la medida de fe que Dios repartió a cada uno. Porque así como en un cuerpo hay muchos miembros, y no todos los miembros tienen la misma función, así también nosotros, aunque somos muchos, formamos un solo cuerpo en Cristo, y cada miembro está unido a los demás. Ya que tenemos diferentes dones, según la gracia que nos ha sido dada, si tenemos el don de profecía, usémoslo conforme a la medida de la fe. Si tenemos el don de servicio, sirvamos; si tenemos el don de la enseñanza, enseñemos; si tenemos el don de exhortación, exhortemos; si debemos repartir, hagámoslo con generosidad; si nos toca presidir, hagámoslo con solicitud; si debemos brindar ayuda, hagámoslo con alegría.*
>
> Romanos 12:3-8

De nuevo, el Espíritu Santo nos dice que la gracia no sólo tiene una aplicación individual sino también colectiva. Así como Pedro hizo énfasis en "los unos a los otros", Pablo dice: "así nosotros, siendo muchos, somos un cuerpo en Cristo, y todos miembros los unos de los otros" (Romanos 12:5 RVR1960). La gracia nos coloca en el cuerpo de Cristo, nos vincula y nos dirige a interactuar y a beneficiarnos mutuamente. Pablo enumera en este pasaje de Romanos siete maneras en que podemos hacer esto que son todas funciones de la gracia que sirve: la profecía, el ministerio (o el servicio), la enseñanza, la exhortación, el dar, el dirigir y la misericordia. He aquí tres cosas que usted debe saber:

1. Esta lista no es exhaustiva. Estas siete expresiones de la gracia de Dios que actúa a través de los creyentes no son necesariamente las únicas maneras en que Dios les concede gracia a las personas para servir. Por ejemplo, Pablo menciona la hospitalidad unos versículos posteriores en Romanos 12:13, tal como lo hace Pedro en 1 Pedro 4:9. Creo que Pablo les dio a los romanos estos siete como un trampolín para ayudarles a reconocer sus propios dones de servicio.

2. Esta lista no es exclusivista. No creo que Dios haya dispuesto que usted se atribuyera uno de estos y luego se excusara de cumplir otras responsabilidades cristianas. Por ejemplo, digamos que usted cree que Dios le haya otorgado la gracia para exhortar a los demás. Un día usted decide que ya no tiene que apoyar financieramente a su iglesia porque usted sólo fue llamado a exhortar a los demás. O si el pastor le pide que visite a alguien en el hospital, usted dice: "No, ese no es mi don. Yo sólo exhorto". Entonces alguien lo ofende y usted dice: "No necesito perdonar porque la misericordia no es mi don". ¿Ve cómo es de insensato esto? Nuestros "dones" jamás deberían impedirnos participar en el servicio básico cristiano ni cumplir con las responsabilidades básicas cristianas. Jamás debemos decir: "Oh, no soy llamado a eso" para evitar las oportunidades de amar y ayudar a los demás.

3. Una persona no se limita necesariamente a un don. Creo que la mayoría de las personas tienen más que un don. A veces los dones se mezclan con lo que podríamos denominar "una mezcla de dones", como la misericordia y la hospitalidad que actúan juntos en la vida de un creyente, o un pastor que se desenvuelve bien dirigiendo y enseñando. La clave para fluir en la gracia que sirve de Dios es no preocuparse por las etiquetas. Lo importante es servir con un corazón amoroso.

Los dones de la gracia en Corintios

> *Hermanos, no quiero que ignoren lo relacionado con los dones espirituales.*
>
> 1 Corintios 12:1

La palabra traducida como "dones" en 1 Corintios 12, también se utiliza en los versículos 4, 9, 28, 30 y 31 y es la palabra griega *Charismata*. La raíz de la palabra es *Charis*, la palabra griega para gracia, que estudiamos en el Capítulo 4. Un estudioso griego reconocido dijo: "La *Charis* de Dios se manifiesta a sí misma en diversas *Charis*matas".[5] Dicho de otro modo, la gracia que Dios ha colocado dentro de nosotros será activada por el Espíritu Santo para manifestarse como uno de los dones.

> *Pero todo esto lo hace uno y el mismo Espíritu, que reparte a cada uno en particular, según su voluntad.*
>
> 1 Corintios 12:11

Pablo enumera nueve manifestaciones o expresiones del Espíritu en 1 Corintios 12:8-10, que incluyen la palabra de sabiduría, la palabra de ciencia, la fe, los dones de sanidades, el don de hacer milagros, la profecía, el don de discernir espíritus, el don de diversos géneros de lenguas y el don de interpretar lenguas. Posteriormente, en el versículo 28, Pablo proporciona una lista que de alguna manera coincide con los demás dones y funciones de la gracia que benefician a la Iglesia: apóstoles, profetas, maestros, los que hacen milagros, los que sanan, los que ayudan, los que administran y los que tienen el don de lenguas. Él menciona de nuevo el don de interpretar lenguas en el versículo 30.

Resulta lógico que los dones que fluyen de la gracia de Dios se deben administrar con gracia. Si usted se encuentra con un hermano o hermana que insiste que tiene un don pero no muestran gracia, como al tratar de imponer su don en los demás, demandar reconocimiento por su don o llamar la atención para sí mismo a medida que actúa con ese don, usted puede estar seguro que algo falla. No necesariamente significa que no haya recibido algo de Dios, pero tal vez necesita mucho que madurar. De nuevo, creo que es por ello que Pablo puso 1 Corintios 13 (el gran capítulo sobre el amor) entre los capítulos 12 y 14, los dos capítulos más decisivos sobre las manifestaciones del Espíritu Santo. *Charis*mata (dones de la gracia) deben manifestar y expresar la *Charis* (gracia) de Dios, no nuestra carnalidad.

Un comentario ofrece una gran apreciación de cómo los dones espirituales deben actuar en la iglesia:

> Los dones espirituales son herramientas para edificar, no son juguetes para jugar ni armas para luchar. Los creyentes estaban destruyendo el ministerio, en la iglesia de Corinto, porque abusaban de sus dones espirituales. Estaban usando sus dones como medios en sí mismos y no como medios hacia el fin de edificar la iglesia. ¡Enfatizaron tanto en sus dones espirituales que perdieron su gracia espiritual! Tenían los dones del Espíritu, pero les faltaban los frutos del espíritu—amor, gozo, paz, etc. (Gálatas 5:22-23).[6]

Pablo le dice en Efesios 4:7 a esa iglesia que todos ellos fueron destinatarios de la gracia de Dios. Él explica en el versículo 8 que cuando Jesús ascendió, Él "dio dones a los hombres". Tres preguntas que vienen a la mente son:

- ¿Cuáles fueron los dones que dio Jesús?
- ¿Con qué propósito los dio?
- ¿Por cuánto tiempo los dio?
- Pablo responde a estas preguntas en Efesios 4:11-16 NTV:

> *Ahora bien, Cristo dio los siguientes dones a la iglesia: los apóstoles, los profetas, los evangelistas, y los pastores y maestros. Ellos tienen la responsabilidad de preparar al pueblo de Dios para que lleve a cabo la obra de Dios y edifique la iglesia, es decir, el cuerpo de Cristo. Ese proceso continuará hasta que todos alcancemos tal unidad en nuestra fe y conocimiento del Hijo de Dios que seamos maduros en el Señor, es decir, hasta que lleguemos a la plena y completa medida de Cristo.*
>
> *Entonces ya no seremos inmaduros como los niños. No seremos arrastrados de un lado a otro ni empujados por cualquier corriente de nuevas enseñanzas. No nos dejaremos llevar por personas que intenten engañarnos con mentiras tan hábiles que parezcan la verdad. En cambio, hablaremos la verdad con amor y así creceremos en todo sentido hasta parecernos más y más a Cristo, quien es la cabeza de su cuerpo, que es la iglesia. Él hace que todo el cuerpo encaje perfectamente. Y cada parte, al cumplir con su función específica, ayuda a que las demás se desarrollen, y entonces todo el cuerpo crece y está sano y lleno de amor.*

Hay dos temas predominantes que se repiten en todos los pasajes de las Escrituras que están relacionados con la *Charis*mata, los dones de la gracia o las manifestaciones:

1. La gracia que sirve de Dios es la fuente de todos los dones y manifestaciones que vienen de Él. Él lo asigna, de manera que no podemos simplemente decidir: "Quiero ser un apóstol" o "quiero ser un pastor". Aquél que llama establece nuestro llamado, y nos compete a nosotros permitirle a Él que nos muestre cuáles son nuestras tareas y dones. ¡Él sabe qué es lo mejor! A medida que confiemos en Él para ello, le podemos servir alegremente, haciendo uso continuamente de su gracia, ya sea que estemos sirviendo en el púlpito o detrás de escena.

2. Dios tiene dones y llamados para cada uno de sus hijos. Cada uno de nosotros tiene un papel vital para desempeñar, y Dios nos dio su gracia divina para revestirnos de poder e inspirarnos para hacer nuestra parte de manera efectiva para su gloria.

¡Por favor no piense que si no es un predicador poderoso o un cantante dotado con dinamismo que Dios no lo pueda usar! Él no está buscando producir celebridades; Él quiere usar a siervos. Dwight L. Moody dijo: "Estoy convencido que si este mundo ha de ser alcanzado, ha de hacerse con hombres y mujeres de talento promedio".[7] No se vea atrapado comparándose con los demás, lo cual sólo conduce al orgullo y a la inferioridad, sino sea agradecido por los dones y llamados que Dios le ha concedido para que sirva a Él y a su pueblo.

La mayoría de las personas conocen a George Washington Carver como el hombre que descubrió cientos de usos para el maní, la soja y la batata. Muchos no conocen que fue un hombre de oración, que le dio a Dios la gloria por toda la sabiduría que tenía y por los descubrimientos que hizo. Carver también habló del papel de los creyentes en la Iglesia:

> Habrá un gran despertar espiritual en el mundo, y vendrá de...personas sencillas y humildes que saben realmente— no solamente creen—que Dios responde las oraciones. Será un gran avivamiento del cristianismo, no un

avivamiento de la religión. Va a ser un avivamiento del verdadero cristianismo. Va a surgir de laicos, de hombres que desarrollan sus actividades cotidianas e incluyen a Dios en lo que hacen, de hombres que creen en la oración y que quieren hacer a Dios real a la humanidad.[8]

Despertemos al hecho de que Dios quiere usar a cada uno de nosotros y seamos fervientes y diligentes para ser verdaderos siervos del Señor a medida que respondamos y cedamos ante la gracia y los dones que Él ha puesto en nuestra vida.

Preguntas para reflexionar y discutir

- ¿Qué fue nuevo y fresco para usted?
- ¿Qué reforzó el entendimiento que usted ya tenía?
- ¿Qué desafió su entendimiento pasado y actual?
- En lo que se refiere a la gracia que santifica, explique la diferencia entre la verdad posicional de quién es usted en Cristo y la aplicación conductual de su caminar espiritual o estilo de vida.
- ¿Qué le diría usted a un cristiano que cree que la gracia de Dios es irrelevante para su estilo de vida?
- ¿Cómo la gracia que santifica de Dios nos guía a una vida de obediencia y santidad?
- ¿Cómo el conocimiento de la gracia que santifica afectó su idea personal de una vida piadosa? ¿De la disciplina personal?
- ¿Confías más en Dios para la gracia que fortalece en los momentos de crisis y dificultad, o has establecido una disciplina diaria de depender en la fortaleza de Dios para todo?
- ¿Cómo afectaría lo que usted conoce sobre la gracia que fortalece de Dios en lo que usted compartiría con una

persona que cree que confiar en Dios implica que nunca se enfrentarán problemas ni desafíos?

- Después de leer sobre la gracia que comparte, ¿cómo abordaría la idea de que Dios sólo se preocupa por las necesidades espirituales de las personas?
- Explique la relación bíblica entre la gracia y el trabajo, a la luz de la gracia que comparte.
- Si el diezmo comenzó como un acto de consagración y fe por Abram, antes de la Ley de Moisés, ¿qué significa para usted hoy en día?
- Si la gracia que comparte hace que veamos el dar no como una carga gravosa sino como una bendición feliz, ¿cuánto ha obrado Dios en su corazón?
- Es claro a partir de las Escrituras que Pablo recibió la gracia que sirve para llevar a cabo su ministerio, así que ¿cuánto estaba implicado Pablo y su propio esfuerzo personal?
- Cuando una persona recibe la gracia que sirve, ¿esto significa que puede servir efectivamente en cualquier función del ministerio en cualquier momento? ¿Sus dones y llamado le prohíben cumplir las responsabilidades básicas cristianas?

PARTE 5

¿Cómo Crezco en la *Gracia* de Dios?

CAPÍTULO
17

LA ALEGRÍA DE MÁS GRACIA

> ¡Cuán dulce el nombre de Jesús...raudal que nunca exhausto vi, de gracia y de salud!
>
> - John Newton

Al oír de las maravillas de la gracia de Dios, usted tal vez pregunte: "¿Será posible que yo experimente más gracia de la que tengo ahora mismo?". Usted sabe que la definición de gracia es un regalo por el cual usted no requiere hacer nada para ganarlo o merecerlo, pero tal vez usted haya notado que algunos cristianos parezcan tener una mayor conciencia y entendimiento de la gracia. Quizás ayude a nuestra comprensión si somos conscientes de la siguiente verdad: La gracia se nos da gratuitamente, pero esta no se disfruta automáticamente. Tal vez una mejor pregunta es: "¿Cómo puedo asegurarme que camino en la conciencia de la gracia de Dios, accediendo a ella, beneficiándome de ella y creciendo en ella?".

La gracia no es una cosa

Ciertamente de su plenitud tomamos todos, y gracia sobre gracia. La ley fue dada por medio de Moisés, pero la gracia y la verdad vinieron por medio de Jesucristo.

Juan 1:16-17

Cuando uno recibe a Jesús, uno recibe la gracia. Es importante entender que la gracia no es algo que se recibe estando separados de Él. Sinclair B. Ferguson dijo sabiamente: "La gracia no es una 'cosa'. No es una sustancia que se puede medir ni un artículo que se puede distribuir. Es 'la gracia del Señor Jesucristo' (2 Corintios 13:14). En esencia, es Jesús mismo".[1] Ferguson también compartió en otro escrito:

> Hay un punto central en la Biblia y en su mensaje de la gracia. Se encuentra en Jesucristo crucificado y resucitado. La gracia, por lo tanto se debe predicar de tal forma que se centre y enfoque en Jesucristo mismo. Jamás debemos ofrecer los beneficios del evangelio sin el Benefactor mismo.[2]

La Biblia Ampliada traduce Juan 1:16: "Pues de su plenitud (abundancia) que todos hemos recibido [todos hemos tenido una participación y a todos nos proporcionaron] gracia sobre gracia y bendición espiritual sobre bendición espiritual e incluso favor sobre favor y regalo [colmado] sobre regalo".

Parece que Jesús trae muchas expresiones y experiencias de la gracia a nuestra vida. *El Nuevo Comentario Bíblico* dice: "La plenitud no nos llega a todos nosotros de inmediato sino en una progresión de experiencias llenas de gracia".[3] Otro comentario dice: "La idea aquí es la gracia que toma el lugar de la gracia como el maná fresco cada mañana, nueva gracia para el nuevo día y el nuevo servicio".[4]

Colosenses 2:10 NTV nos dice que ustedes están "completos mediante la unión con Cristo" y sin embargo la gracia de Dios viene a nosotros en una ola tras ola gloriosa a lo largo de nuestro andar con Él. Podemos entender esto al considerar el matrimonio. Un hombre y una mujer quedan legalmente casados, cuando se les pronuncia marido y mujer. A medida que crecen a lo largo de los años y tratan juntos con los desafíos de la vida, logran conocerse más y más, tienen oportunidades adicionales para apoyarse y mostrarse amabilidad, paciencia y comprensión el uno al otro. Algunas parejas están legalmente casadas, pero en lugar de ser buenos el uno al otro, levantan muros de ofensas, de falta de perdón y de amargura. Estos muros les impiden disfrutar de la relación maravillosa que Dios destinó. Todavía están legalmente casados, pero es inexistente la calidez, la camaradería y la dulce comunión que podrían haber tenido.

De igual manera, "...el que se une al Señor, es un espíritu con él" (1 Corintios 6:17). Nuestra unión con Jesús comienza el momento en que nacemos de nuevo, pero la calidad de nuestra comunión con Él puede variar considerablemente dependiendo de la manera como interactuamos como Él. Jesús nos ofrece más gracia para cada situación y nos anima literalmente a que nos apoyemos en su amor, empoderamiento y habilidad a medida que encontremos las nuevas etapas de la vida. Pero tenemos que recibirla.

Cinco maneras para recibir más gracia

Jamás nos ganamos la gracia, pero si respondemos de la manera correcta podemos disfrutar de más gracia y ser partícipes de ella, sobre todo durante los momentos de necesidad. A continuación se encuentran cinco de estas respuestas.

1. La fe

Así, pues, justificados por la fe tenemos paz con Dios por medio de nuestro Señor Jesucristo, por quien tenemos

> *también,* **por la fe, acceso a esta gracia en la cual estamos firmes**, *y nos regocijamos en la esperanza de la gloria de Dios.*
>
> Romanos 5:1-2 (la letra negrita es mía)

> *Ciertamente la gracia de Dios los ha salvado* **por medio de la fe.** *Ésta no nació de ustedes, sino que es un don de Dios.*
>
> Efesios 2:8 (la letra negrita es mía)

Se ha dicho que la gracia es la mano extendida de Dios hacia nosotros y que la fe es nuestra mano confiada y puesta en la suya. Su gracia nos ofrece a Dios mismo y a sus bendiciones, mientras que nuestra fe acepta, recibe y adquiere lo que Él ofrece gratuitamente.

- La gracia se trata de Jesús que dice: "Yo proveo".
- La fe se trata de nosotros que decimos: "Yo recibo".
- La gracia dice: "He provisto para ti, porque te amo,".
- La fe dice: "Creo y recibo tu provisión, porque te amo,".

La gracia y la fe nunca se contradicen ni se oponen una a la otra; más bien, son inseparablemente interdependientes entre sí y actúan conjuntamente sin dificultades. Si Dios no proveyera bendiciones mediante su gracia, podríamos creer hasta decir no más, pero nada ocurriría. Igualmente, la gracia requiere de la fe para que se reciban las bendiciones de Dios. Dios es un caballero y Él no va a imponernos sus bendiciones.

El crecimiento en la gracia se trata de la relación y la intimidad con Dios. La fe es nuestra parte—nuestra respuesta—, pero incluso nuestra fe se origina en la gracia de Dios. Es por ello que Pablo, al hablar de la gracia y la fe, añadió: "...no nació de ustedes, sino que es un don de Dios". ¡La misma fe por la que somos salvos vino de Dios (Romanos 10:17)!

Jerónimo, uno de los padres de la iglesia primitiva que murió en el año 420 d.C., abordó este mismo asunto cuando hizo comentarios de Efesios 2:8:

> Pablo dice esto en caso de que el secreto pensamiento nos engañe en que "si no somos salvados por nuestras obras, por lo menos somos salvados por nuestra fe, y así en otra forma nuestra salvación sea por nuestra cuenta". Por lo tanto, él añadió la afirmación de que la fe tampoco está en nuestra voluntad sino que es un regalo de Dios. No quiere decir que él elimine la libre elección de la humanidad...sino que incluso su misma libertad de elección tiene a Dios como su autor, y que todas las cosas son remitidas a su generosidad, y que incluso él nos ha permitido querer lo bueno.[5]

Ningún cristiano tiene derecho a presumir de nada, incluyendo su fe (ver también Juan 3:27; 1 Corintios 1:27-31 y 4:7).

> *Por la gracia que me es dada, digo a cada uno de ustedes que no tenga más alto concepto de sí que el que debe tener, sino que piense de sí con sensatez, según la medida de fe que Dios repartió a cada uno.*
>
> Romanos 12:3

Dios nos otorgó "una medida de fe" por medio de la cual abrazamos su gracia, primero en la salvación y luego a lo largo de nuestra vida cristiana. Nuestra fe participa de la gracia a medida que enfrentamos todo desafío en la vida.

> *Así, pues, justificados por la fe tenemos paz con Dios por medio de nuestro Señor Jesucristo, por quien tenemos también, por la fe, acceso a esta gracia en la cual estamos firmes.*
>
> Romanos 5:1-2

Usted tiene acceso a la gracia de Dios a través de su fe en Él. Así como el abrir una puerta le da acceso a una habitación, ejercer la fe en Dios le da acceso a su gracia. Necesitamos la fe y la gracia para disfrutar de las bendiciones de Dios. La gracia se trata de Dios que concede la provisión, mientras que la fe le permite al hombre tener acceso a la provisión.

2. El conocimiento de Dios

Que la gracia y la paz les sea multiplicada por medio del conocimiento de Dios y de nuestro Señor Jesús.

2 Pedro 1:2

He aquí otro versículo que nos dice que podemos crecer en la gracia y esta vez la Palabra revela que lo hacemos a través del conocimiento de Dios y del Señor Jesucristo. La palabra griega para "conocimiento" significa el pleno conocimiento. Esto implica más que conocer sobre Dios, acumular datos o tener información sobre Él; se refiere a conocer a Dios de una manera personal e íntima—una experiencia del corazón—.

El conocimiento—el verdadero conocimiento de Dios—es tremendamente importante en nuestra vida cristiana. Dios dijo en Oseas 4:6: "Mi pueblo ha sido destruido porque le faltó conocimiento". Jesús dijo: "Si ustedes permanecen en mi palabra, serán verdaderamente mis discípulos; y conocerán la verdad, y la verdad los hará libres" (Juan 8:31-32). El apóstol Pablo dijo:

Y a decir verdad, incluso estimo todo como pérdida por la excelencia del conocimiento de Cristo Jesús, mi Señor. Por su amor lo he perdido todo, y lo veo como basura, para ganar a Cristo...a fin de conocer a Cristo y el poder de su resurrección, y de participar de sus padecimientos.

Filipenses 3:8,10

Para Pablo, conocer a Jesús fue la gran búsqueda de su corazón, y aunque sin duda consideraríamos que Pablo tiene una relación maravillosa con el Señor, él tuvo presente que siempre hubo más por conocer de Él. Dijo: "Ahora conozco en parte, pero en aquel día conoceré tal y como soy conocido" (1 Corintios 13:12). También oró para que todos los creyentes conocieran de manera íntima a Dios:

> *Pido en oración que, de sus gloriosos e inagotables recursos, los fortalezca con poder en el ser interior por medio de su Espíritu. Entonces Cristo habitará en el corazón de ustedes a medida que confíen en él. Echarán raíces profundas en el amor de Dios, y ellas los mantendrán fuertes. Espero que puedan comprender, como corresponde a todo el pueblo de Dios, cuán ancho, cuán largo, cuán alto y cuán profundo es su amor. Es mi deseo que experimenten el amor de Cristo, aun cuando es demasiado grande para comprenderlo todo. Entonces serán completos con toda la plenitud de la vida y el poder que proviene de Dios.*
>
> Efesios 3:16-19 NTV

¿Cómo conoce usted a Dios y de este modo crecer en su gracia? Vimos anteriormente que la gracia vino inicialmente a nosotros en la Persona de Jesucristo, y Dios continúa hoy en día revelándose a sí mismo e impartiendo su gracia a notros por medio de su Palabra y el Espíritu Santo. El mensaje que predicamos se llama el evangelio de la gracia de Dios y la palabra de su gracia (Hechos 20:24,32). El Espíritu Santo se llama el Espíritu de la gracia (Hebreos 10:29). Cada vez que nos internamos en la Palabra de Dios y pasamos tiempo en su presencia, estamos siendo partícipes de la gracia. Esto se aplica en un marco colectivo (recibiendo la Palabra como se enseña y adorando colectivamente) así como pasando tiempo uno a uno con Dios en la Palabra y en la adoración. Efesios 4:29 incluso nos dice que podemos impartir gracia el uno al otro por medio de las palabras piadosas y edificantes. Todo esto le ayuda a conocerlo, y cuanto más lo conozca, más disfrutará y se beneficiará de su gracia.

3. La humildad

> *Pero la gracia que él nos da es mayor. Por eso dice: «Dios se opone a los soberbios, y da gracia a los humildes.» Por lo tanto, sométanse a Dios; opongan resistencia al diablo, y él huirá de ustedes. Acérquense a Dios, y él se acercará a ustedes.*
>
> Santiago 4:6-8

> *...y todos ustedes, practiquen el mutuo respeto. Revístanse de humildad, porque:«Dios resiste a los soberbios, pero se muestra favorable a los humildes.»Por lo tanto, muestren humildad bajo la poderosa mano de Dios, para que él los exalte a su debido tiempo.*
>
> 1 Pedro 5:5-6

Algunos tal vez creen que Dios nunca opone resistencia a nadie, pero los apóstoles Santiago y Pedro dejaron claro que sí lo hace. Si bien Dios les da gracia (y más gracia) a los humildes—a la persona que depende y confía en Él—, Él opone resistencia a la persona orgullosa que cree arrogantemente que puede hacerlo por su cuenta sin la ayuda de Dios. El hombre orgullo dice: "Dios, no lo necesito. Puedo hacerlo todo por mi cuenta".

Le diré cuán grave es esto. Cuando Santiago dijo que Dios se opone a los soberbios, la palabra que empleó para "opone" es un término militar griego que significa "luchar contra".[7] Dios no quiere otra cosa más que bendecirlo, pero cuando usted es orgulloso, arrogante e independiente, ¡usted le declara la guerra! Dios no pretende destruirlo cuando a usted se le crece el pecho con el orgullo o se ve engañado por la arrogancia, pero Él no puede bendecir ni animar su actitud o conducta orgullosa y autodestructiva. Es pecado y Él debe oponerle resistencia.

Dwight L. Moody dijo: "Dios no despide a nadie con las manos vacías salvo a aquellos que son vanidosos".[8] Thomas à Kempis preguntó: "¿De qué te servirá discutir profundamente acerca de la Trinidad, si eres falto de humildad y por lo tanto incapaz de comprenderla?".[9] El momento en que pensamos o decimos: "Está bien Dios, lo emprenderé solo a partir de aquí", hemos dejado de reconocer nuestra absoluta necesidad de Él.

Usted debe permanecer consciente de su necesidad de la presencia de Dios y de su gracia que sustenta. Siempre que usted reconozca su necesidad de Él, continuará disfrutando, experimentando y beneficiándose de su gracia que crece en su interior.

4. La valentía

Puede parecer un poco inusual que la valentía esté en la misma lista de la humildad, pero las dos son perfectamente compatibles. La arrogancia es lo opuesto a la humildad y, en realidad, una tergiversación de la valentía. La arrogancia es el orgullo que se basa en el yo; la valentía es la confianza que se basa en Dios.

> *Por lo tanto, ya que tenemos un gran Sumo Sacerdote que entró en el cielo, Jesús el Hijo de Dios, aferrémonos a lo que creemos. Nuestro Sumo Sacerdote comprende nuestras debilidades, porque enfrentó todas y cada una de las pruebas que enfrentamos nosotros, sin embargo él nunca pecó. Así que acerquémonos con toda confianza al trono de la gracia de nuestro Dios. Allí recibiremos su misericordia y encontraremos la gracia que nos ayudará cuando más la necesitemos.*
>
> Hebreos 4:14-16 NTV

¡Qué invitación tan maravillosa de Dios! Somos invitados a acercarnos confiadamente a su trono—¡y gracias a Dios el suyo es un trono de gracia y no de juicio! ¿Qué vamos a encontrar allá? ¿Crítica? ¿Búsqueda de defectos? ¿Condenación? ¡No! Él dijo que recibiríamos misericordia y encontraríamos su gracia cuando más la necesitemos.

Todos nosotros enfrentamos desafíos en la vida que nos harán darnos cuenta de nuestra completa dependencia de Dios. En esos momentos, Él lo invita a tomar parte, aprovechar, experimentar y disfrutar la misericordia y la gracia que tiene para usted. Proverbios 28:1 dice: "el hombre justo vive tranquilo como un león". Cuando usted sabe que Dios lo ha limpiado de todo pecado y lo ha hecho su hijo, y él está ciento por ciento con usted, ¡esto genera valentía en su corazón!

Pedro y Juan fueron llamados al banquillo en Hechos 4, por los líderes religiosos por predicar sobre Jesús a la gente. Estos fueron los mismos líderes que estuvieron involucrados en la crucifixión de Jesús, de modo que esta fue una situación sumamente peligrosa para los dos discípulos. Sin embargo, en lugar de echarse atrás, Pedro presentó un testimonio poderoso de Jesús como el Salvador del mundo. Sus comentarios concluyeron con: "¡En ningún otro hay salvación! Dios no ha dado ningún otro nombre bajo el cielo, mediante el cual podamos ser salvos" (Hechos 4:12 NTV).

¿Cómo reaccionaron los líderes religiosos?

> *Los miembros del Concilio quedaron asombrados cuando vieron el valor de Pedro y de Juan, porque veían que eran hombres comunes sin ninguna preparación especial en las Escrituras. También los identificaron como hombres que habían estado con Jesús.*
>
> Hechos 4:13 NTV

Pedro y Juan fueron amenazados de nuevo y les dijeron que no predicaran el evangelio; pero luego fueron liberados. ¿Qué hicieron, cuando se unieron a sus compañeros creyentes? Oraron. Fue un tiempo de peligro y recurrieron valientemente al trono de Dios (usted puede leer su oración en Hechos 4:23-30). Los versículos siguientes muestran cómo vivían el principio de Hebreos 4:16:

> *Después de esta oración, el lugar donde estaban reunidos tembló y todos fueron llenos del Espíritu Santo. Y predicaban con* **valentía** *la palabra de Dios.*
>
> *Los apóstoles daban testimonio con* **poder** *de la resurrección del Señor Jesús y la gran bendición[***gracia***]de Dios estaba sobre todos ellos.*
>
> Hechos 4:31,33 NTV (la letra negrita es mía)

¿Y qué de usted?¿Hay alguna situación amenazadora que esté enfrentando, un gran desafío o prueba en su contra? El mismo trono de la gracia al cual tuvieron acceso los primeros cristianos está disponible ahora para usted, y usted ha sido invitado allí a presentarse valientemente ante Dios.

Tal vez usted diga: "Pero no me siento valiente. Esto es realmente serio". La valentía no se basa en cómo se siente; se basa únicamente en el carácter de Dios, y usted puede confiar en Él para que le de la sabiduría y la fortaleza que necesita para prevalecer y ser "más que vencedor" en su situación.

5. El amor imperecedero

Vimos al comienzo de este libro la mezcla del amor y la gracia. Dios nos da su gracia para ser salvos y vivir de manera alegre y exitosa, porque Él nos ama. Efesios 6:24 resalta esta conexión:

- "Que la gracia sea con todos los que, con amor inalterable, aman a nuestro Señor Jesucristo. Amén".
- "La gracia sea con todos los que aman a nuestro Señor Jesucristo con amor incorruptible" (LBLA).

1 Juan 4:10 y 19 dice: "En esto consiste el amor: no en que nosotros hayamos amado a Dios, sino en que él nos amó a nosotros" y "Él nos amó primero". Nuestra habilidad de amar a Dios vino de Él. El amor y la gracia maravillosa de Dios se nos transmitieron cuando nacimos de nuevo, y Juan indica que la gracia en la que caminamos crece a medida que amamos a Jesús con sinceridad, sin corrupción y con amor imperecedero.

Permítame animarlo a hacer la siguiente oración y a saturar su ser con ella, para que las palabras de estas verdades fluyan libremente y con regularidad de su corazón.

> "Querido Padre Celestial, te agradezco que a través de tu Hijo Jesús he recibido ola tras ola de tu maravillosa gracia. Recibí tu gracia mediante la fe y te agradezco que tu gracia se multiplica en mí al conocerte por lo que tú realmente eres. Reconozco que no puedo hacer nada sin Ti, te agradezco que Tú me otorgues incluso más gracia. Te agradezco que no tenga que sentirme inferior ni indigno delante Ti y que Tú me hayas invitado a acercarme confiadamente a tu trono de la gracia para obtener misericordia y encontrar la gracia para ayudarme en mis momentos de necesidad. También te agradezco que tu amor haya sido derramado en abundancia en mi corazón y me des la gracia a medida que te amo con un amor imperecedero, incorruptible y sincero. Quiero ser como Jesús, quien estuvo lleno de gracia, quien tuvo la gracia descansando sobre Él y de cuyos labios fluyeron palabras llenas de gracia. Gracias que soy el hijo de la gracia de un Dios lleno de gracia. Oro en el nombre de Jesús, amén".

Capítulo

18

¡No provoque un cortocircuito en la gracia!

Es posible reducir y disminuir la gracia en nuestra vida; necesitamos, por lo tanto, saber cómo "tapar esa gotera". Esto no es sólo una discusión teológica; ¡esto es extremadamente práctico! Necesitamos la gracia de Dios para volvernos más como Jesucristo y cumplir con nuestro destino dado por Dios. La historia bíblica está repleta de relatos de Dios donde extiende su gracia a los individuos y a las naciones que en ese entonces fueron rechazadas. Otros sólo recibieron y caminaron en una fracción de la gracia y la bendición que Él quiso darles.

> Pues fui yo, el Señor tu Dios, quien te rescató de la tierra de Egipto. Abre bien tu boca, y la llenaré de cosas buenas.»Pero no, mi pueblo no quiso escuchar; Israel no quiso que estuviera cerca. Así que dejé que siguiera sus tercos deseos, y que viviera según sus propias ideas. ¡Oh, si mi pueblo me escuchara!¡Oh, si Israel me siguiera y caminara por mis senderos!¡Qué rápido sometería a sus adversarios!¡Qué pronto pondría mis manos sobre

sus enemigos !Los que odian al Señor se arrastrarían delante de él; quedarían condenados para siempre. Pero a ustedes los alimentaría con el mejor trigo; los saciaría con miel silvestre de la roca».

Salmos 81:10-16

Jonás 2:8 (NVI) dice que aquellos que se aferran a los ídolos vanos desprecian la gracia que podría ser suya. La idea de "despreciar la gracia" me recuerda la letra del viejo himno: "Oh qué amigo nos es Cristo":

> ¿Vive el hombre desprovisto
> De paz, gozo y santo amor?
> Esto es porque no llevamos
> Todo a Dios en oración.

¿Podemos despreciar realmente la paz de Dios y experimentar dolores innecesarios? Muchos pasajes de las Escrituras apoyan esta idea, y la vida tiene suficientes retos y dificultades, donde no me importa experimentar innecesariamente el dolor.

Jesús lamentó que la Ciudad de Jerusalén rechazara la gracia que salva de Dios que Él les había traído. Él dijo en Lucas 13:34 NTV: "¡Jerusalén, Jerusalén, que matas a los profetas y apedreas a los que se te envían!¡Cuántas veces quise reunir a tus hijos, como reúne la gallina a sus pollitos debajo de sus alas, pero no quisiste!". La profundidad de la compasión de Jesús hacia el pueblo judío se revela aún más en Lucas 19:41 NVI: "Jesús vio la ciudad y lloró por ella".

Aquellas palabras representan un panorama difícil. "Yo quería...pero no me dejaste". El deseo de Jesús de verlos recibir la gracia que salva de su Padre no se basó en su desempeño impecable ni perfección. ¡Él todavía les extendía la mano!, aún cuando Él dijo que habían matado a los profetas y apedreado a los mensajeros de Dios. De esto se trata la gracia: Dios está con nosotros aún cuando nosotros estemos en su contra. Tal como lo dice Romanos 5:8: "Pero Dios muestra su amor por nosotros en que, cuando aún éramos pecadores, Cristo murió por nosotros".

Los creyentes del Nuevo Testamento

Tal vez usted diga: "Bueno eso fue el Antiguo Testamento y antes de que Jesús fuera a la Cruz. Ellos no entendieron la gracia. Yo nací de nuevo y recibí su gracia". Si usted recibió la gracia que salva de Dios, todavía puede evitar otras expresiones de la gracia en su vida cristiana. ¿Existen ciertas áreas de su vida donde quizás usted detenga el flujo de la gracia de Dios—la que santifica, fortalece, comparte o sirve? Después de todo, los beneficios de la gracia de Dios no se aplican, experimentan, ni disfrutan automáticamente, simplemente porque somos sus hijos. Por ejemplo, 2 Corintios 6:1 dice: "Nosotros,...les rogamos a ustedes que no reciban su gracia en vano".

- "Les suplicamos que no reciban ese maravilloso regalo de la bondad de Dios y luego no le den importancia" (NTV).
- "No la reciban sin ningún motivo" (AMP).
- "Les rogamos que no menosprecien el amor que Dios les ha demostrado" (TLA).

> *Mi antiguo yo ha sido crucificado con Cristo. Ya no vivo yo, sino que Cristo vive en mí. Así que vivo en este cuerpo terrenal confiando en el Hijo de Dios, quien me amó y se entregó a sí mismo por mí.* ***Yo no tomo la gracia de Dios como algo sin sentido.*** *Pues, si cumplir la ley pudiera hacernos justos ante Dios, entonces no habría sido necesario que Cristo muriera.*
>
> Gálatas 2:20-21 NTV

La versión Reina Valera traduce el versículo 21: "No desecho la gracia de Dios", mientras que la Biblia Ampliada dice: "[Por lo tanto, no trato el don gratuito de Dios como algo de poco importancia, sin cumplir su objetivo mismo]; no rechazo, ni invalido, ni desecho, ni anulo la gracia (el favor no merecido) de Dios".

Según estas escrituras, los creyentes del Nuevo Testamento pueden rechazar, ignorar, no utilizar, desperdiciar, desaprovechar, emplear mal, desechar, minimizar, abandonar, poner a un lado, invalidar y anular la gracia de Dios. ¡Así que debemos ser diligentes para hacer lo opuesto! Debemos comprometernos siempre a aceptar, dar un valor preponderante, utilizar en la mayor medida, animar, codiciar, maximizar, centrarnos y construir nuestra vida en la gracia de Dios. Debemos vivir según la esencia de quiénes somos en Jesucristo y de la gracia que Él ha derramado gratuitamente en nuestra vida.

Caerse de la Gracia

> *Ustedes, los que por la ley se justifican, se han desligado de Cristo; han caído de la gracia.*
>
> Gálatas 5:4

¿Qué significa caerse de la gracia? ¿Estaba diciendo Pablo que los gálatas habían perdido su salvación y ya no eran hijos de Dios? Lamentablemente, muchos creyentes han llegado a esta terrible conclusión y, como consecuencia, viven en el temor de estar perdidos. Sin embargo, ¿la evidencia interna de esta epístola apoya esa opinión? Considere que Pablo hace referencia nueve veces a los destinarios de esta carta como hermanos. También se refiere a ellos como hijos en cuanto a su relación con Dios.

- "Hijitos míos, por quienes vuelvo a sufrir dolores de parto, hasta que Cristo sea formado en ustedes..." (Gálatas 4:19).

- "Así que, hermanos, nosotros, como Isaac, somos hijos de la promesa" (Gálatas 4:28).
- "De modo, hermanos, que no somos hijos de la esclava, sino de la libre" (Gálatas 4:31).

Además de referirse a los gálatas como hermanos, Pablo se refiere a ellos como "hijos de Dios".

- "Pues todos ustedes son hijos de Dios por la fe en Cristo Jesús" (Gálatas 3:26).
- "Y por cuanto ustedes son hijos, Dios envió a sus corazones el Espíritu de su Hijo, el cual clama: «¡Abba, Padre!»" (Gálatas 4:6).

Pablo todavía considera a los gálatas como hijos de Dios, pero estuvo profundamente preocupado y alarmado de que una gran tergiversación del evangelio los estuviera alejando de la libertad y de las riquezas de la fe en Cristo. Los falsos maestros habían llegado y les habían dicho a los creyentes gálatas que la fe en Cristo no era suficiente; que debían, además de confiar en Él, ser circuncidados y comenzar a observar la Ley.

Pablo estaba perturbado porque ellos habían sido engañados con esas mentiras y estaban retrocediendo en su andar espiritual. Señaló que la justificación mediante la observación de la Ley y la justificación mediante la gracia a través de la fe se excluyen mutuamente, y sostuvo que es contradictoria la vida cristiana que no se basa en la gracia. Arremetió vehementemente contra el desvío engañoso que habían tomado y se refirió a este como una tergiversación del evangelio (Gálatas 1:7), declarando que fueron insensatos y que habían sido seducidos para abrazar tal doctrina falsa (Gálatas 3:1,3).

Si bien Pablo estuvo profundamente perturbado por la esclavitud a la que los gálatas habían regresado, sus palabras más duras no fueron en contra de las víctimas de la enseñanza legalista sino de sus defensores. Dijo: "Pero si aun nosotros, o un ángel del cielo, les anuncia otro evangelio diferente del que les hemos anunciado, quede bajo maldición"(Gálatas 1:8), y "Cómo me gustaría que esos perturbadores que quieren mutilarlos a ustedes mediante la circuncisión se mutilaran ellos mismos" Gálatas 5:12 NTV). El tono de su carta completa revela la seriedad con la que tomó este asunto, y cuánto apreció a los creyentes que continuaron andando en la gracia por el resto de su viaje espiritual, sin impedir ni caerse de la influencia de la gracia de Dios con el tiempo.

El espíritu de la gracia

Encontramos en el Nuevo Testamento una declaración sobre los no creyentes que se oponen al Espíritu Santo (Hechos 7:51), y encontramos advertencias para los creyentes en cuanto a no apagar o entristecer al Espíritu Santo (1 Tesalonicenses 5:19; Efesios 4:30). Como creyentes, tal vez hayamos fallado de vez en cuando en estas áreas, y el perdón esté disponible, pero debemos aspirar a desarrollar nuestra consciencia, sensibilidad y obediencia al Señor para que en el futuro vivamos vidas que acepten la guía e influencia del Espíritu Santo.

Hay una advertencia aún más severa y seria que se encuentra en el libro de Hebreos que está relacionada con insultar al Espíritu de la gracia:

> *Si con toda intención pecamos después de haber recibido el conocimiento de la verdad, ya no queda más sacrificio por los pecados sino una terrible expectativa del juicio y del fuego ardiente que devorará a los enemigos de Dios. Cualquiera que desobedece la ley de Moisés, muere sin falta, siempre y cuando haya dos o tres testigos que declaren en su contra. ¿Y qué mayor castigo*

> *piensan ustedes que merece el que pisotea al Hijo de Dios y considera impura la sangre del pacto, en la cual fue santificado, e insulta al Espíritu de la gracia?*
>
> Hebreos 10:26-29

¿Qué significa exactamente insultar al Espíritu de la gracia? Algunos creyentes, sobre todo aquellos que son bastante fervientes, encuentran esto muy inquietante. Personas se me han acercado en el transcurso de los años atormentadas y con el temor de haber cometido el pecado imperdonable de insultar al "Espíritu de la gracia", porque ahora iban a estar perdidas para siempre. Su razonamiento radica en que fueron tentadas, sabían que estaba mal y lo hicieron en todo caso. Ahora se sienten fuera del alcance de la gracia y del perdón de Dios.

Creo que es importante ver todo esto en contexto. ¿Pecaron en algún área? Sí. Pero ¿cumplen con todos los requisitos que se mencionan en Hebreos? Lo dudo seriamente. Le he preguntado a las personas que fueron perturbadas de esta manera: "Si Jesús llegara ahora mismo, ¿usted lo pisotearía?".

"¡No! Me doblegaría, lo adoraría y le pediría que me perdonara".

"Si el Señor le dijera que su sangre fue derramada para su perdón, ¿consideraría su sangre algo muy trivial?".

"Oh, no, no hay nada más precioso que la sangre de Jesús".

"Y si el Espíritu Santo le hablara ahora mismo y le dijera que estaba aquí para conceder la gracia y el perdón de Dios a su vida, ¿lo rechazaría y lo insultaría?".

"¡Jamás! Le daría la bienvenida y le agradecería por traer la gracia de Dios para consolarme".

Tales individuos puede que hayan pecado, pero sin duda no han perdido su salvación. Necesitan aceptar el perdón de Dios según 1 Juan 1:9. Sólo unos versículos más adelante, Hebreos 10:39 NTV dice: "Pero nosotros no somos de los que se vuelven atrás y se pierden, sino de los que tienen fe y salvan su alma". Necesitamos centrarnos en los pasajes de las escrituras que proporcionan seguridad de nuestra salvación y facilitan el crecimiento y el fluir de la gracia de Dios en nuestra vida. El diablo tratará de atormentar nuestra mente, diciéndonos que hemos perdido nuestra salvación y ya nos somos hijos de Dios. Debemos más bien meditar en la Palabra de Dios y crecer en la gracia.

Entre algunos versículos que son especialmente tranquilizadores se incluyen:

- "Todo lo que el Padre me da, vendrá a mí; y al que a mí viene, no lo echo fuera" (Juan 6:37).

- "Las que son mis ovejas, oyen mi voz; y yo las conozco, y ellas me siguen. Y yo les doy vida eterna; y no perecerán jamás, ni nadie las arrebatará de mi mano. Mi Padre, que me las dio, es mayor que todos, y nadie las puede arrebatar de la mano de mi Padre" (Juan 10:27-29)

- "Por lo cual estoy seguro de que ni la muerte, ni la vida, ni los ángeles, ni los principados, ni las potestades, ni lo presente, ni lo por venir, ni lo alto, ni lo profundo, ni ninguna otra cosa creada nos podrá separar del amor que Dios nos ha mostrado en Cristo Jesús nuestro Señor" (Romanos 8:38-39).

- Necesitamos conocer y permanecer en el amor de Dios para no estar inseguros de perder nuestra salvación cada vez que pequemos o cometamos un error. ¿Debemos evitar el pecado? Desde luego, pero no olvidemos que son ciertas las palabras del antiguo himno: "Gracia, gracia, la gracia de Dios, gracia que perdona y limpia por dentro; gracia, gracia, la gracia de Dios, gracia que es mayor que todo nuestro pecado".

No se deje engañar

Hebreos 3:13 NTV dice: "Adviértanse unos a otros todos los días mientras dure ese «hoy», para que ninguno sea engañado por el pecado y se endurezca contra Dios". Aun cuando el pecado puede ser perdonado, si una persona persiste en el pecado, este trae engaño y dureza hacia Dios en su vida.

Jesús habló de una supuesta profetisa en Apocalipsis 2:21 NTV. Dijo: "Le di tiempo para que se arrepintiera, pero ella no quiere abandonar su inmoralidad". 1 Timoteo 4:1-2 habla de aquellos que se apartarán de "la fe" y que tendrán cauterizada la conciencia. Dicho de otro modo, serán completamente insensibles al pecado y ya no les importará más. Una parte del engaño del pecado es que cuando no ocurren inmediatamente las consecuencias negativas, la persona piensa: *puedo pecar y salirme con la mía; no va a ocurrir nada malo*. Algunos incluso pueden pensar que a Dios le parece bien su comportamiento, ya que no experimentaron inmediatamente ninguna consecuencia, ¡pero la razón por la que no ocurrió ninguna consecuencia es porque el Espíritu Santo les da la oportunidad de arrepentirse! Si continúan pecando, con el tiempo ni siquiera se sentirán más culpables—sino que habrá un tiempo en que cosecharán lo que sembraron—.

> *No se engañen. Dios no puede ser burlado. Todo lo que el hombre siembre, eso también cosechará. El que siembra para sí mismo, de sí mismo cosechará corrupción; pero el que siembra para el Espíritu, del Espíritu cosechará vida eterna.*
>
> Gálatas 6:7-8

Un claro ejemplo del engaño del pecado tiene que ver con la pornografía. Las encuestas han encontrado una incidencia alarmante de ella entre los hombres cristianos. Sus testimonios son generalmente muy similares, cuando buscan ayuda y se liberan de esa esclavitud. Comenzaron viendo pornografía, tal vez lo que se denomina pornografía "blanda", de manera despreocupada, pero después de algún tiempo se volvieron insensibles a ella y no recibieron el mismo estímulo o sentido de intoxicación. Por lo tanto, buscaron formas más intensas y desviadas. Se volvieron adictos, antes de darse cuenta. Jamás pensaron que caerían tan bajo, pero se endurecieron con el engaño del pecado (Hebreos 3:13). Este es un verdadero refrán: "El pecado te llevará más lejos de donde pensabas llegar, te retendrá más tiempo del que te pensabas quedar y te cobrará más caro de lo que pensabas pagar".

Esto no quiere decir que Dios los deje de amar, ni que los rechace eternamente, sino que Él espera que ellos extiendan la mano hacia Él para recibir el perdón, la limpieza y la restauración. Necesitan ser restaurados en la pureza y recibir sanidad por cualquier daño que haya ocurrido en las relaciones o en otras áreas de su vida como consecuencia de su conducta pecaminosa. Dios espera que ellos respondan a su gracia santificadora.

¡Si usted juega con fuego, se quema! En lugar de ceder ante la tentación, permita que la gracia de Dios lo revista de poder y lo mantenga en el camino correcto. Si ya lo pasó por alto, permita que su gracia lo saque de la zanja y le dé un nuevo comienzo.

> *Levanten, pues, las manos caídas y las rodillas entumecidas; enderecen las sendas por donde van, para que no se desvíen los cojos, sino que sean sanados.*
>
> Hebreos 12:12-13

Tal vez usted pregunte: "¿pero cómo lo hago? ¡He luchado por mucho tiempo con esta área del pecado!". Hay algunas situaciones en donde logrará la victoria simplemente al ceder al control de Espíritu Santo y al renovar su mente mediante la Palabra de Dios. En otras situaciones mucho más arraigadas, puede haber un tremendo beneficio al establecer límites significativos y formar parte de un grupo de rendición de cuentas.

Existen grupos basados en la Biblia que proporcionan una atmósfera amorosa y gobernada por la gracia, donde ayudan a las personas en su recuperación. En estos grupos, los creyentes encuentran la ayuda al confesar honestamente sus fallas el uno al otro y exhortándose y animándose mutuamente (Santiago 5:16 y Hebreos 3:13).

¡NO SE QUEDE CORTO!

> *Por lo tanto, consideren a aquel que sufrió tanta contradicción de parte de los pecadores, para que no se cansen ni se desanimen. En la lucha que ustedes libran contra el pecado, todavía no han tenido que resistir hasta derramar su sangre; y ya han olvidado la exhortación que como a hijos se les dirige:«Hijo mío, no menosprecies la disciplina del Señor, ni te desanimes cuando te reprenda; porque el Señor disciplina al que ama, y azota a todo el que recibe como hijo.»*
>
> *Si ustedes soportan la disciplina, Dios los trata como a hijos. ¿Acaso hay algún hijo a quien su padre no discipline? Pero si a ustedes se les deja sin la disciplina que todo el mundo recibe, entonces ya no son hijos legítimos, sino ilegítimos. Por otra parte, tuvimos padres terrenales, los cuales nos disciplinaban, y los respetábamos. ¿Por qué no mejor obedecer al Padre*

> *de los espíritus, y así vivir? La verdad es que nuestros padres terrenales nos disciplinaban por poco tiempo, y como mejor les parecía, pero Dios lo hace para nuestro beneficio y para que participemos de su santidad. Claro que ninguna disciplina nos pone alegres al momento de recibirla, sino más bien tristes; pero después de ser ejercitados en ella, nos produce un fruto apacible de justicia.*
>
> *Procuren vivir en paz con todos, y en santidad, sin la cual nadie verá al Señor. Tengan cuidado. No vayan a perderse la gracia de Dios; no dejen brotar ninguna raíz de amargura, pues podría estorbarles y hacer que muchos se contaminen con ella.*
>
> Hebreos 12:3-11,14-15

Este pasaje de las Escrituras aborda cómo triunfar en la vida, recibir la corrección de Dios y participar de su santidad. Hay una obra de Dios en nuestro corazón que impide que nos ofendamos cuando enfrentamos tres desafíos específicos: la hostilidad de los pecadores o no creyentes (versículo 3), nuestra lucha personal contra el pecado (versículo 4) y la disciplina del Señor (versículos 5-11). Necesitamos la gracia de Dios para responder adecuadamente en cada caso.

Hebreos 12:15 en la NTV dice: "Cuídense unos a otros, para que ninguno de ustedes deje de recibir la gracia de Dios. Tengan cuidado de que no brote ninguna raíz venenosa de amargura, la cual los trastorne a ustedes y envenene a muchos". Parece que los creyentes pueden ayudarse mucho mutuamente para continuar andando en la gracia de Dios. Si no nos aferramos a la gracia entonces nos amargamos, y tal amargura puede traer problemas y deshonra a muchas otras vidas.

Podemos responder de manera correcta o equivocada, ya sea que luchemos con la persecución por el bien del evangelio, con una tentación del pecado o con someternos a la corrección del Señor. Podemos responder recurriendo a la gracia maravillosa de Dios y permitirle llenarnos con su poder, amor y humildad, o podemos envenenarnos con amargura, negándonos a perdonar y amar como Él nos ha perdonado y amado. No vamos a quedarnos cortos, al ceder a la gracia de Dios. Dios no nos maltrata, cuando nos castiga; más bien, Él nos capacita como un padre lo haría como un hijo. El propósito de su disciplina no es herirnos ni derribarnos a golpes, sino hacernos madurar y desarrollar. Hebreos 12:10 nos dice que Él nos disciplina "para nuestro beneficio y para que participemos de su santidad" y en el versículo 11, su disciplina nos permite producir "un fruto apacible de justicia" en nuestra vida. Creo que los dos primeros versículos de Hebreos lo dicen todo:

> *Por lo tanto, también nosotros, que tenemos tan grande nube de testigos a nuestro alrededor, liberémonos de todo peso y del pecado que nos asedia, y corramos con paciencia la carrera que tenemos por delante. Fijemos la mirada en Jesús, el autor y consumador de la fe, quien por el gozo que le esperaba sufrió la cruz y menospreció el oprobio, y se sentó a la derecha del trono de Dios.*
>
> Hebreos 12:1-2

No nos quedaremos cortos de la gracia de Dios en nuestra vida cristiana, siempre y cuando mantengamos nuestra mirada en Jesús, el autor y consumador de nuestra fe. Entonces seremos partícipes de su gracia con alegría y ¡correremos nuestra carrera con paciencia y victoria!

Querido Padre Celestial, llego a Ti en el nombre de Jesús, expresando mi deseo de que tu gracia maravillosa fluya siempre de manera abundante en cada área de mi vida. Sé que con tu ayuda jamás me perderé de la gracia que tienes para mí. Oro y creo que hoy no voy a recibir tu gracia en vano ni voy a ignorar tu amabilidad hacia mí. El deseo de mi corazón es valorar y tener en alta estima tu gracia, nunca desechar tu gracia ni tratarla como si no tuviera sentido. Con tu ayuda, no quiero alejarme jamás ni quedarme corto de tu gracia. Deseo apoyarme e inclinarme siempre hacia tu gracia. Te agradezco también que si alguna vez dejo de disfrutar, beneficiarme o aprovechar al máximo tu gracia, Tú no me rechazas ni me echas fuera, sino que me recuerdas que soy tu hijo/hija. Con esto en mente, nunca quiero ser engañado por el pecado ni endurecido contra Ti. Deseo crecer en la gracia y en el conocimiento—el conocimiento personal—de quién eres. En el nombre de Jesús, amén.

Preguntas para reflexionar y discutir

- ¿Qué fue nuevo y fresco para usted?
- ¿Qué reforzó el entendimiento que usted ya tenía?
- ¿Qué desafió su entendimiento pasado y actual?
- ¿Cuál debería ser su respuesta cuando entiende que puede recibir más gracia, hacer que esta se multiplique en su vida y recibir ola tras ola de la gracia a lo largo de su vida?
- ¿Cómo trabajan juntas la gracia y la fe?
- ¿Qué significa caerse de la gracia? ¿Apagar el Espíritu? ¿Entristecer el Espíritu?
- ¿Qué significa en Hebreos 3:13 NTV, que el Espíritu Santo le advierte que no sea "engañado por el pecado y se endurezca contra Dios"?

PARTE 6

¿Cuál es la controversia sobre la *Gracia*?

Capítulo
19

LOS ATRIBUTOS COMPLEMENTARIOS

> Con respecto al debate sobre la fe y las obras, me parece que es como preguntar cuál de las dos hojas en unas tijeras es más necesaria.
>
> - C.S. Lewis[1]

Dije en mi nota al comienzo del libro que abordaría los problemas que creo que han surgido con relación a la enseñanza de la gracia. Debemos entender primero que la gracia no es autónoma, para entender cómo surge este error. Nunca fue la intención de Dios que la gracia fuera una fuerza espiritual independiente. Ya sea el amor, la fe o la gracia, todas las expresiones y atributos de Dios se complementan y se relacionan sin problemas para hacernos creyentes sanos y productivos. Si aislamos la gracia (o cualquier otra doctrina) de una manera exclusivista, se volverá sesgada y desproporcionada en nuestra vida. Dejaremos de apreciar que Dios entrelazó todos los aspectos de su carácter y naturaleza para hacernos íntegros y plenamente eficaces como sus hijos.

Por ejemplo, hace unos años mientras estudiaba el libro de Santiago, vi que se abordaban cuatro principios espirituales poderosos en los primeros versículos del primer capítulo: la alegría, la fe, la paciencia y la sabiduría. Me di cuenta que había visto que las personas trataban de ser exitosas en su vida cristiana al emplear la fe, pero muchas veces habían perdido su alegría, les faltaba resistencia o no estuvieron ejercitando la sabiduría. Desarrollé un mensaje a partir de esos cuatro puntos llamado: "El cristiano de doble tracción".

Uno obtiene mejor tracción al conducir cuando tiran las cuatro ruedas, sobre todo en las condiciones adversas. Igualmente, nos irá mucho mejor en nuestra vida cristiana si actuamos con el arsenal completo de la verdad. Es por ello que Pablo consideró muy valioso anunciar "todo el consejo de Dios" (Hechos 20:27 RVR1960) y porqué exhortó a los creyentes a ponerse "toda la armadura de Dios" (Efesios 6:11). Si usted sólo hace énfasis en una parte de la Palabra y sólo se reviste de una parte de su armadura espiritual, perderá el equilibrio y será vulnerable.

Imagínese una clase de anatomía de futuros médicos, que aprenden sobre diferentes partes del cuerpo humano. Los estudiantes pueden centrar su atención en una parte, como el corazón, por algún tiempo; sin embargo, cuando se trata de atender medicamente a un paciente, el médico no puede examinar el corazón sin considerar su relación con el resto del cuerpo. El corazón depende de los vasos sanguíneos, los pulmones y muchos otros órganos para funcionar correctamente. Además, el resto del cuerpo depende del corazón. Todas las partes del cuerpo físico deben actuar juntas para que seamos sanos y estemos funcionando.

Igualmente, podemos centrarnos en la gracia con el fin de

estudiar y discutir, pero cuando se trata de vivir la vida cristiana, la gracia es una de las muchas expresiones de Dios en nuestra vida que debemos considerar. Oro que nadie lea este libro y diga: "Solía vivir por la fe, pero ahora vivo por la gracia". Las verdades de la Biblia no son como dos alternativas posibles; son consideraciones que integran a todas las partes, y debemos abrazar todas las verdades de Dios.

Ningún estudio sobre algún tema bíblico debe erigir un altar alrededor de esa verdad en particular y cerrar la puerta a las demás doctrinas bíblicas. Ninguna doctrina se debe elevar inapropiadamente por encima de otra. Jesús no dijo que viviríamos mediante palabras aisladas o seleccionadas de Dios. Él dijo en Mateo 4:4: "Escrito está: No sólo de pan vive el hombre, sino de toda palabra que sale de la boca de Dios". Debemos vivir de toda palabra que sale de la boca de Dios.

Todas las anteriores

He llamado estos atributos complementarios porque las verdades y las bendiciones que fluyen del corazón de Dios hacia nosotros nunca se contradicen ni compiten entre sí. Él las puso en nuestra vida, y es por ello que debemos aprender a cómo usar bien la Palabra de Dios (2 Timoteo 2:15). Entonces podemos ver cada verdad, cada atributo de Dios en la mezcla armoniosa y fluida que Él dispuso.

La justificación o ser hechos o declarados justos delante de Dios, es una doctrina de vital importancia. Es muy interesante ver los diferentes ángulos desde los cuales Pablo presenta la justificación en el libro de Romanos:

- "...son justificados gratuitamente por su gracia" (Romanos 3:24).
- "...resucitó para asegurar nuestra justificación"

(Romanos 4:25 AMP).
- "Así, pues, justificados por la fe..." (Romanos 5:1).
- "...hemos sido justificados en su sangre...". (Romanos 5:9)

Podemos leer los versículos anteriores y preguntar: "Así que, ¿cómo somos justificados? ¿Es por la gracia, la resurrección, la fe o la sangre?". La respuesta correcta es "todas las anteriores". Es por ello que no podemos centrarnos exclusivamente en un principio bíblico mientras ignoremos o rechacemos los demás. Dios pudo haber elegido comunicarse con nosotros de una manera unidimensional, pero él escogió darnos una perspectiva multidimensional de su naturaleza y su obra. Si aislamos una verdad de otras verdades complementarias o exaltamos una verdad por encima de todas las demás, terminaremos con una perspectiva distorsionada de Dios y su Palabra, así como de quiénes somos y cómo debemos vivir como sus hijos.

La gracia y...

A riesgo de parecer como el boletín de notas de una escuela primaria, podríamos decir que la gracia "juega bien con los demás". La gracia no invalida ni hace obsoleta ninguna otra verdad del Nuevo Testamento. La gracia honra y funciona conjuntamente con cada uno de los demás atributos y expresiones de Dios en nuestra vida. Considere todas las maneras en que la Biblia presenta la gracia de Dios a medida que colabora y armoniza con otras fuerzas espirituales:

- La gracia y las palabras. (Salmos 45:2; Proverbios 22:11; Lucas 4:22; Efesios 4:29; Colosenses 4:6)
- La gracia y la gloria. (Salmos 84:11; Proverbios 4:9; Juan 1:14)
- La gracia y la humildad. (Proverbios 3:34; Santiago 4:6; 1 Pedro 5:5)

LOS ATRIBUTOS COMPLEMENTARIOS

- La gracia y la súplica. (Zacarías 12:10)
- La fortaleza, la sabiduría y la gracia. (Lucas 2:40)
- La gracia y la verdad. (Juan 1:14, 17)
- El poder y la gracia. (Hechos 4:33)
- La gracia y las iglesias. (Hechos 11:23; 2 Corintios 8:1; Apocalipsis 1:4)
- La valentía, la gracia, las señales y los milagros. (Hechos 14:3)
- La gracia y el encargo. (Hechos 14:26)
- La gracia y la salvación. (Hechos 15:11; Efesios 2:5,8; Tito 2:11)
- La gracia y el evangelio. (Hechos 20:24)
- La gracia, la edificación la herencia y la santificación. (Hechos 20:32)
- La gracia y el apostolado. (Romanos 1:5)
- La justificación, la gracia y la redención. (Romanos 3:24)
- La gracia y la fe. (Romanos 4:16; 5:2; Efesios 2:8)
- La gracia y el regocijo en la esperanza. (Romanos 5:2)
- La gracia y el obsequio. (Romanos 5:15; Efesios 2:8)
- La gracia y la justicia. (Romanos 5:17,21; Gálatas 2:21)
- La gracia y la vida eterna. (Romanos 5:21)
- La gracia y el abandono del pecado. (Romanos 6:1-2,15)
- Los dones y la gracia. (Romanos 12:6)
- La gracia y la edificación. (1 Corintios 3:10)
- La gracia y la habilitación. (1 Corintios 15:10; Efesios 3:7)

- La gracia y el trabajo. (1 Corintios 15:10)
- La sencillez, la sinceridad y la gracia. (2 Corintios 1:12
- La gracia y la acción de gracias. (2 Corintios 4:15)
- La gracia y el sacrificio. (2 Corintios 8:9; Hebreos 2:9)
- La gracia, la suficiencia y la abundancia. (2 Corintios 9:8)
- La gracia, la fortaleza y el poder. (2 Corintios 12:9)
- La gracia, la separación y el llamado. (Gálatas 1:15)
- La gracia y la aceptación. (Efesios 1:6)
- La redención, el perdón, la gracia. (Efesios 1:7)
- La gracia y la amabilidad. (Efesios 2:7)
- La gracia y la predicación. (Efesios 3:8)
- La gracia y la asociación. (Filipenses 1:7)
- La gracia y el canto. (Colosenses 3:16)
- La gracia y la glorificación. (2 Tesalonicenses 1:12)
- La consolación, la esperanza y la gracia. (2 Tesalonicenses 2:16)
- La gracia, la misericordia y la paz. (1 Timoteo 1:2; 2 Timoteo 1:2; Tito 1:4)
- La gracia, la fe y el amor. (1 Timoteo 1:14)
- La gracia, el propósito y el llamado. (2 Timoteo 1:9)
- La gracia y la fortaleza. (2 Timoteo 2:1)
- La gracia y el rechazo a la impiedad y a los deseos mundanos. (Tito 2:12)
- La gracia y la sobriedad, la justicia y la vida piadosa. (Tito 2:12)
- La gracia y la justificación. (Tito 3:7)

- La valentía, la gracia y la misericordia. (Hebreos 4:16)
- La gracia y la sangre del pacto. (Hebreos 10:29)
- La gracia, el servicio, la reverencia y el temor piadoso. (Hebreos 12:28)
- La gracia y la paz. (1 Pedro 1:2; 2 Pedro 1:2; Apocalipsis 1:4)
- El matrimonio, la gracia y la oración. (1 Pedro 3:7)
- El servicio, la mayordomía y la gracia. (1 Pedro 4:10)
- La gracia y el conocimiento. (2 Pedro 3:18)

Si usted quiere ser realmente bendecido, busque y lea los versículos que se enumeraron anteriormente. Examine la relación entre la gracia y las demás partes espirituales de su vida. Verá que no hay competencia entre ellas. No luchan entre sí, disputando por su atención por encima de todas las demás. Trabajan juntas para mantener su salud espiritual.

También notará que en algunos de estos versículos, la gracia es la raíz y que los demás atributos o verdades enumerados son el fruto. Por ejemplo: "La gracia y la sobriedad, la justicia y la vida piadosa" o "la gracia y el canto". La gracia proporciona la inspiración o el empoderamiento para la acción piadosa. En otros versículos, la gracia actúa con otras expresiones de Dios para su bien. Por ejemplo, "la gracia y la verdad" o "la gracia y la misericordia". En estos casos, la gracia y la otra fuerza espiritual obran para su beneficio.

Escuchamos frecuentemente de peticiones por tener un equilibrio cuando se trata de las enseñanzas bíblicas, y el equilibrio es muy importante. Tenga presente, sin embargo, que el verdadero equilibrio nunca se logra combinando el cincuenta por ciento de fe y el cincuenta por ciento de incredulidad, ni el cincuenta por ciento de gracia y el cincuenta por ciento de legalismo. Más bien, logramos el equilibrio cuando planteamos correctamente la palabra de verdad (2 Timoteo 2:15) y vivimos de cada palabra que sale de la boca de Dios.

Un buen entrenador físico trabaja todos los grupos de músculos de alguien que quiera estar en forma. ¿Se puede imaginar a un entrenador que sólo haga que su cliente trabaje en la parte superior del cuerpo semana tras semana? Si hacen ejercicio lo suficiente, la persona probablemente terminará con unos músculos bien definidos por encima de la cintura—¡y con piernas flacuchentas! Cuestionaríamos la sabiduría del entrenador cuyo régimen de ejercicios desarrolló una parte del cuerpo del cliente y no la otra.

Si queremos ser cristianos íntegros, fuertes y eficaces, nos haría bien recordar la lección incluida en la siguiente canción que aprendí en mi infancia. Tenía varios títulos diferentes: "Aquellos huesos", "Los huesos secos" o "Aquellos huesos secos". Tal vez no era anatómicamente correcta, pero destacaba lo importante.

El hueso del pie conectado al hueso de la canilla,

El hueso de la canilla conectado al hueso de la rodilla,

El hueso de la rodilla conectado al hueso de la pierna,

El hueso de la pierna conectado al hueso del espinazo,

El hueso del espinazo conectado al hueso del cuello,

El hueso del cuello conectado al hueso de la cabeza,

¡Oh escuchen la palabra del Señor![2]

Dios no quiere que usted esté desarticulado. Él no quiere que su perspectiva de la gracia esté distorsionada porque usted está desconectado de las demás verdades que Él ha comunicado en su Palabra. Él lo quiere todo "junto". Así su vida entera será sana y fuerte en Él.

Capítulo
20

Reconozcamos nuestros filtros

> El verdadero arrepentimiento es dejar de pecar.
>
> - San Ambrosio de Milán[1]

A mi hermano Dave le fascinaban los enchufes eléctricos, cuando era muy pequeño. Esto fue antes de los días de los tapones de seguridad, y mi mamá muchas veces lo atrapó antes de que introdujera algo en alguno de ellos. Un día ella no fue lo suficientemente rápida. Él encontró un destornillador que encajaba perfectamente en un tomacorriente y, sobra decir, que recibió una severa descarga eléctrica. Quedó tan traumatizado que se negó a conectar cualquier cosa en los tomacorrientes por muchos años venideros. Su experiencia fue extremadamente negativa.

Imagínese a otro niño, que creció en un hogar que tenía todos los enchufes eléctricos necesarios, pero su padre nunca pagó la factura de la electricidad. Nada ocurría, sin importar lo que el niño conectara o metiera en esos tomacorrientes. Su experiencia con ellos habría sido muy diferente a la de mi hermano. Sería neutral, ni positiva ni negativa.

Por último, imagínese a otro niño, que creció en un hogar que disfrutaba de todos los beneficios de la electricidad y nunca hizo nada que causara una descarga desagradable. Funcionaba cualquier cosa que él conectara y disfrutaba de los beneficios de los juegos, la televisión, el aire acondicionado y toda clase de cosas que funcionara con la electricidad. Como consecuencia, la experiencia de este niño con los tomacorrientes eléctricos fue muy positiva.

Cada uno de estos niños, al crecer, va a tener una perspectiva diferente sobre los enchufes eléctricos con base en sus experiencias. El primero les tiene miedo porque fue severamente lastimado con uno de ellos. El segundo tal vez se sienta desilusionado o sienta una completa apatía porque sus enchufes nunca produjeron ningún resultado. El tercer niño ve los tomacorrientes como una gran fuente de ayuda y utilidad.

Igualmente, cada uno de nosotros tenemos antecedentes o filtros por medio de los cuales procesamos la información sobre la vida, incluyendo nuestra perspectiva de la Biblia. Tal vez nos guste pensar que somos totalmente objetivos cuando leemos las Escrituras, pero en realidad es difícil no leer subjetivamente, con base en nuestras experiencias pasadas de la vida.

Por ejemplo, alguien que creció en un hogar con un padre que fue abusivo, acusador y crítico puede parecerle un reto relacionarse con Dios como un Padre, que lo ame incondicionalmente. Las personas comparten frecuentemente la gran lucha que es para ellas referirse a Dios como su Padre, debido a los recuerdos dolorosos y traumáticos con sus padres terrenales. Podemos sentir empatía en esos tipos de situaciones, pero no podemos erradicar todo lo que la Biblia dice sobre Dios como un Padre.

Igualmente, alguien que fue sujeto a mucha predicación que condena, que es legalista y que acusa, tal vez tenga una perspectiva diferente de Dios (por lo menos al comienzo), que alguien que haya crecido escuchando mucho sobre el amor, la gracia y la misericordia de Dios.

Usted no quiere que las experiencias pasadas oscurezcan su percepción de la verdad, pero esto tal vez implique que deba deshacerse de algunas "vacas sagradas". Usted no puede aferrarse a los filtros antiguos cuando se de cuenta que oscurecen la verdad de la Palabra de Dios. Por otro lado, usted no debe asumir que todo lo que ha aprendido estaba mal. Tal vez algunas de las cosas que descubrió o que le enseñaron sean correctas de acuerdo a lo que dice la Biblia. Confíe en el Espíritu Santo para que le ayude a examinarlo todo y retener lo bueno (1 Tesalonicenses 5:21).

> *Pónganlo todo a prueba, pero quédense nada más con lo bueno, y rechacen todo lo malo.*
> 1 Tesalonicenses 5:21-22 TLA

Debemos estar dispuestos a permitir que el Espíritu Santo tenga rienda suelta en la manera como vemos las cosas. Debemos reconocer la verdad de las Escrituras como nuestra guía; no las tradiciones de los hombres. Mantenga esta idea de los filtros y la verdad presente a medida que exploremos uno de los asuntos que funciona íntimamente con la gracia: la confesión.

La confesión del pecado, por ejemplo...

Cuando se trata de la confesión del pecado, cada uno de nosotros tiene un trasfondo diferente ya sea religioso o no religioso que afecta nuestra perspectiva. Miremos algunos puntos de vista diferentes sobre la confesión. Luego veremos lo que dice la Biblia al respecto.

1. La confesión del pecado es un ritual religioso. Algunas personas se criaron practicando la confesión religiosa con muy poco compromiso sincero. Tales formalidades se convirtieron en obras muertas que se realizaron de manera mecánica y ceremonial. Básicamente recitaban las palabras obligatorias del boletín de la iglesia o en un confesionario para deshacerse de su culpa hasta la siguiente confesión. Sin duda muchos han hecho esto con sinceridad, pero otros confesaron sus pecados de manera rutinaria, mecánica y superficial, sin que eso impactara su alma. Para estos individuos, la confesión del pecado era un ritual sin vida.

2. La confesión del pecado es una obsesión. Algunas personas son naturalmente conscientes, sensibles y propensas a la culpabilidad intensa. Tales individuos se pueden volver preocupados religiosamente con la confesión de cada pecado, ya sea real o imaginado. Se sienten continuamente inseguros y angustiados de si Dios los ama y los perdona o si está disgustado y les ha dado la espalda. Puede que le teman a morir sin haber confesado ese último pecado o haberse olvidado, el cual, en su mente, los enviará al Infierno. Este tipo de persona puede ver a Dios como un criticón sádico, quien busca ansiosamente encontrar sus pecados, para poder castigarlo.

Estos individuos pueden llegar al altar semana tras semana, para confesar los mismos pecados una y otra vez. Lamentan continuamente su pecado y se deleitan en su indignidad, tratando de mostrarle a Dios cuánto lo sienten. Entonces tal vez, sólo tal vez, si tienen suficiente remordimiento y se esfuerzan, Dios decidirá perdonarlos.

En su sentido de vulnerabilidad, son víctimas de una mentalidad de la obras donde tratan consciente o inconscientemente de ganarse el perdón de Dios, a veces desesperadamente. Para estos individuos, la confesión continua del pecado (no la gracia de Dios a través de Jesús) es lo que los salvará de la condenación eterna.

3. La confesión del pecado no es un tema que preocupe. No todas las personas son sensibles y conscientes. Si bien algunos son rápidos para condenarse a sí mismos, otros son igual de rápidos para disculparse a sí mismos. El líder de una organización misionera les da ocasionalmente a sus empleados unas palabras para levantar la moral. Expresó el aprecio y los elogió por trabajar duro, luego mencionó que había notado que algunos de ellos no eran tan productivos como él quería que fueran. Exhortó a los empleados a ser más diligentes, a aumentar el ritmo y a rendir al máximo en el trabajo.

Inevitablemente, el empleado que trabaja más duro, el más diligente y el más sincero, es el único que se le acerca al líder y le dice: "Gracias por el ánimo. Le prometo que trabajaré más duro". Fue tan consciente que creyó que la exhortación fue solo para él. Entretanto, los que habían aflojado el ritmo de trabajo no respondieron en absoluto; la exhortación les había resbalado como si nada. Las personas tienden a oír lo que desean oír y a no oír lo que no desean oír.

Si bien algunos son muy bondadosos, conscientes y rápidos para disculparse; otros se han endurecido, son insensibles y son los menos propensos a sentir remordimiento o pena por los actos equivocados. Su respuesta al asunto de la confesión del pecado simplemente es: "¿Cuál pecado?". En lugar de confesar que fueron ladrones, creen que fue la culpa de la otra persona por dejar el artículo descuidado para tentarlos. En lugar de confesar que maltrataron a su cónyuge, asumen que esta "se lo merecía". En lugar de confesar que usaron vocabulario vulgar, dicen: "¿Cuál es el problema? Todos hablan de esa manera".

Estos individuos están tan endurecidos, que no ven la necesidad de reconocer o alejarse del pecado.

4. La confesión del pecado es una expresión significativa de la fe. Algunas personas entienden el amor incondicional de Dios, que su amor por ellos no se basó en la perfección ni en el desempeño. Fueron iluminados con respecto a la redención por la gracia mediante la fe, y su consciencia fue librada de la preocupación por el pecado y de la severa condenación que trajo el que "acusaba a nuestros hermanos" (Apocalipsis 12:10).

Tales personas saben que Jesús murió por sus pecados y que Dios los perdonó, haciéndolos justos con su justicia, cuando se dan cuenta del perdón espléndido que es suyo a través de la Cruz y de la sangre de Jesús. Ahora, cuando fallan o pecan, saben que Dios todavía los ama, es misericordioso y los perdona. Se acercan fácilmente a Él, confiesan su pecado en fe, le agradecen por perdonarlos, y avanzan en la vida, libres de culpa, vergüenza y condenación.

Diferentes experiencias, la misma Biblia

Si bien todos tendemos a ver la verdad a través de los filtros, necesitamos enseñar de forma exhaustiva a partir de la Palabra y no hacer una doctrina de nuestra propia experiencia personal. Nuestros testimonios pueden ser útiles y proporcionar perspectivas provechosas, sobre todo cuando se relacionan con aquellos de trasfondos similares, pero a la larga, necesitamos poder decir con el apóstol Pablo "Nosotros no nos predicamos a nosotros mismos, sino que proclamamos a Jesucristo como Señor" (2 Corintios 4:5).

Si cada uno de nosotros sometemos nuestros "filtros" y experiencias personales a la Palabra de Dios—haciéndola la autoridad máxima—todos nosotros, a pesar de nuestro pasado, podemos tener un entendimiento verdadero y bíblico de la gracia de Dios.

Capítulo 21

El arrepentimiento y la confesión

Un concepto equivocado que se ha colado en la mente de muchas personas hoy en día tiene que ver con cómo la gracia, el arrepentimiento, la confesión y el pecado actúan juntos en nuestra vida nueva en Jesucristo. Algunos tienen la impresión clara que vivir bajo la gracia significa que no es necesario arrepentirse ni confesar los pecados que cometemos después de ser salvados. Simplemente reconocemos que ya fuimos perdonados. Antes de abordar esto directamente, definamos nuestros términos bíblicamente.

El arrepentimiento

Las palabras "arrepentirse" y "arrepentimiento" se malinterpretan frecuentemente. Asegurémonos que conozcamos la definición verdadera y bíblica del arrepentimiento, que se traduce de la palabra griega *metanoia*. He aquí lo que tienen que decir algunos de los eruditos más respetados del griego:

> El sustantivo griego *metanoia* significa literalmente: "un cambio de mentalidad". Es más que un dolor emocional, que con mucha frecuencia no produce ningún cambio en la vida. Más bien, es un cambio de mentalidad o actitud hacia Dios, el pecado y hacia nosotros mismos.

- Ralp Earle[1]

...el cambio de mentalidad de aquellos que han comenzado a aborrecer sus errores y fechorías, y han decidido tener un mejor curso de la vida, de manera que estaabraza un reconocimiento del pecado y del dolor por este y lo enmienda, y cuyas señales y efectos son las buenas obras.

- Joseph H. Thayer[2]

Rick Renner escribe en su obra destacada, *Una luz en la oscuridad: siete mensajes para siete iglesias*:

> La palabra "arrepentirse" viene de la palabra griega *metanoeo* que se compone de *meta* y *nous*. La palabra meta significa cambiar y la palabra nous significa la mente, el intelecto, la voluntad, el marco de reflexión, la opinión, o la perspectiva general de la vida. Cuando se combinan las palabras meta y nous, la nueva palabra describe una decisión de cambiar completamente la manera de pensar, vivir y comportarse de una persona. No describe un dolor emocional temporal por las acciones pasadas; más bien, es una firme decisión intelectual de cambiar— enfrentar y tomar una nueva dirección— para alterar completamente la vida de una persona, desechando el patrón antiguo y destructivo y abrazando uno nuevo. El verdadero arrepentimiento involucra una decisión consciente de apartarse del pecado, el egoísmo y la rebelión y de acercarse a Dios con todo corazón y mente. Es un giro completo de 180 grados en la forma de pensar y comportarse de una persona.[3]

Si no entendemos qué es el arrepentimiento, podemos pensar que este involucra una preocupación continua por los pecados particulares que hemos cometido, o que es simplemente la decisión de abandonar ciertos malos hábitos. Cada 31 de diciembre, un sinnúmero de personas (salvas y no salvas por igual) toman decisiones de comer más sano, perder peso, dejar de fumar o beber, ser mejores o cambiar algo más en su vida. Si bien a algunos les va bien con tales propósitos, es bien sabido que la mayoría son un fracaso; la inmensa mayoría abandonan por completo sus buenos propósitos al final de enero.

Los buenos propósitos no son lo mismo que el arrepentimiento. William Douglas Chamberlain escribió: "La fe cristiana hace que el rostro de los hombres miren hacia adelante. El arrepentimiento es la reorientación de la personalidad con referencia a Dios y a su propósito".[4] Chamberlain procedió a citar a otra persona que sugirió una palabra alternativa para el arrepentimiento: transmentación. Dijo que la palabra describe "la transfiguración mental que tanto Juan como Jesús pidieron: una mente reasentada que piensa nuevos pensamientos, aspira a cosas mejores y reconoce una nueva soberanía—la voluntad de Dios—, no la propia".[5] Además, declara que para que los creyentes disfruten el reino de Dios, deben "someterse a una transfiguración mental, que llamamos 'arrepentimiento'. El arrepentimiento mira hacia adelante con esperanza y anticipación mientras que el remordimiento mira hacia atrás con vergüenza y temor".[6]

Al igual que la gracia, el arrepentimiento involucra la actitud y la acción. Se trata del abandono del comportamiento equivocado con base en un corazón y una mente que se ha vuelto completamente hacia Dios y a sus caminos. El arrepentimiento no resulta de algún tipo de palmada celestial en la mano por la maldad ni de ser enviado a la esquina para tener un tiempo de aislamiento. El arrepentimiento ocurre cuando nuestro corazón y mente se despiertan a la invitación del potencial glorioso de Dios para nuestra vida. A la luz de la bondad y de las buenas intenciones de Dios hacia nosotros, reconocemos la deficiencia de nuestra perspectiva egoísta y el carácter destructivo de nuestra conducta pecaminosa. Por lo tanto, nos alejamos de ellas para abrazar una vida nueva, mejor y superior que ofrece un Dios de gracia.

Es lamentable que el arrepentimiento no se haya entendido bien. En algunas iglesias, la conducta equivocada de los creyentes nunca se trata por temor a ofender a las personas o por miedo a ser tildado de "legalista". Esto es triste porque el Nuevo Testamento tiene mucho que decir sobre la conducta pía e impía para los cristianos. A la vez, otros creyentes han sido expuestos a la predicación en contra del pecado que es más como ser aporreados, y desde luego, resulta la gran culpabilidad. Sin un entendimiento adecuado de la gracia, las personas pueden expresar tristeza por sus pecados pero nunca encuentran liberación o libertad de ellas. Los creyentes permanecen preocupados por sus defectos o pecados y viven perpetuamente bajo la culpa y la condenación, en lugar de descubrir la libertad que ofrece el Espíritu de Dios, cuando no se proclama el poder liberador de la gracia de Dios.

LA CONSCIENCIA DE LA GRACIA

> *La ley es apenas el contorno de los bienes venideros, y no su imagen real. Por eso jamás podrá hacer perfectos a los que cada año se acercan a Dios para ofrecer los mismos sacrificios. Si en realidad pudiera, entonces los que rinden este culto, una vez limpios, dejarían de ofrecerlos, pues ya no tendrían más conciencia de pecado.* **Pero con estos sacrificios, cada año se hace memoria de los pecados**, *porque la sangre de los toros y de los machos cabríos no puede quitar los pecados.*
>
> Hebreos 10:1-4

Los creyentes recibieron un "cobertura" no una "limpieza", bajo el sistema del Antiguo Testamento. Recibieron un "recordatorio" anual del pecado pero no una "remisión" completa del pecado (ver también Hebreos 9:9). Fue sólo con el sacrificio de Jesús que los creyentes recibieron la limpieza y la redención completa del pecado. Como resultado, no tenemos que ir de acá para allá con una "conciencia del pecado". No necesitamos estar preocupados con las faltas pasadas o vivir bajo la sombra de la culpa y la condenación. "Así que, si el Hijo los liberta, serán verdaderamente libres" (Juan 8:36).

Los sacrificios del Antiguo Testamento les recordaron continuamente a aquellos bajo la Ley que había un asunto continuo del pecado; el sacrificio completo del Señor Jesucristo nos recuerda continuamente que fuimos limpiados y hechos justos. Su sangre nos ha lavado completamente y nos ha hecho puros, y ya no necesitamos vivir bajo la culpa, la condenación o la preocupación por el pecado.

Sin embargo, el no tener mayor consciencia del pecado, no significa que seamos insensibles o que tomemos a la ligera los pecados que podamos cometer como creyentes. Significa simplemente que ya no caminamos bajo una nube de culpa, vergüenza y condenación—como si nuestros pecados no hubieran sido perdonados—. Además, si pecamos o cuando pequemos, no necesitamos pasearnos de acá para allá regañándonos o condenándonos a nosotros mismos, sino que volvemos una vez más a Dios, reconocemos nuestro pecado y nos alejamos de este, nos reenfocamos y avanzamos con Dios, sabiendo que Él ha perdonado nuestros pecados y nos ha limpiado de toda injusticia. Responder a Dios de tal manera no es caminar en la "consciencia del pecado". Más bien, es caminar en la "consciencia de la gracia", que nos permite saber que podemos acercarnos "confiadamente al trono de la gracia, para alcanzar misericordia y hallar gracia para cuando necesitemos ayuda" (Hebreos 4:16).

LAS VERDADERAS CONFESIONES

Si confesamos nuestros pecados, él es fiel y justo para

perdonar nuestros pecados y limpiarnos de toda maldad
1 Juan 1:9

Utilicé anteriormente la confesión como un ejemplo de cómo nuestras experiencias pasadas pueden filtrar nuestra perspectiva y creencias sobre diferentes asuntos doctrinales. Vimos cómo la confesión puede significar cosas diferentes para personas distintas. "Confesar" se traduce en la Biblia de la palabra griega *homologeo*, que se deriva de *homou* (lo mismo) y *lego* (decir). Por lo tanto, se define típicamente como hablar lo mismo. Confesar también significa aceptar, admitir, consentir, conceder y reconocer.[7] *El comentario de la exposición bíblica* dice lo siguiente, al explicar la palabra confesar en 1 Juan 1:9:

> Confesar los pecados significa mucho más que simplemente "admitirlos". La palabra confesar significa realmente "decir lo mismo [sobre]". Confesar el pecado significa, entonces, decir lo mismo sobre lo que Dios dice al respecto. La verdadera confesión es nombrar el pecado—llamarlo por el nombre como Dios lo llama: envidia, odio, lujuria, engaño o lo que sea. La confesión significa simplemente ser honestos con nosotros mismos y con Dios, y si otros están involucrados, ser también honestos con ellos. Es más que admitir el pecado. Significa juzgar el pecado y enfrentarlo directamente.[8]

Después de que Ezequías "volvió su rostro a la pared" y oró, Dios dijo: "He escuchado tu oración, y he visto tus lágrimas. Te voy a devolver la salud (2 Reyes 20:5). En este caso, las lágrimas de Ezequías representaron la naturaleza sincera y sentida de su confesión del pecado y del arrepentimiento. David dijo: "Tú llevas la cuenta de mis huidas; tú has puesto mis lágrimas en tu redoma; más bien, las has anotado en tu libro" (Salmos 56:8).

Por otro lado, en Malaquías 2:13, Dios notó las lágrimas de aquellos que oraron, pero no lo impresionaron, debido a la rebelión perpetua y la desobediencia de la gente. Clamaron por su situación, no porque su corazón estuviera alejado de Él. Dios es compasivo, pero las lágrimas o las emociones no lo conmueven, Jesús nunca dijo: "Que se haga con ustedes conforme a su sentimentalismo". Lo que dijo fue: "Que se haga con ustedes conforme a su fe" (Mateo 9:29). La confianza sencilla es lo que le agrada a Dios.

Si usted tiene una respuesta emocional a Dios que es sentida y genuina, eso es bueno, pero jamás debe creer como si Dios lo escuchará mejor o le responderá más favorablemente si usted se esfuerza por estar en un estado emocional. Necesitamos ser sinceros y honestos con Dios, sabiendo que su gracia será derramada a través de nuestro arrepentimiento, de la misma manera que fuimos salvados: por medio de la fe.

BAJO EL ANTIGUO PACTO

Una de las funciones principales de los profetas del Antiguo Testamento era llamar al pueblo de Dios a apartarse del pecado y a regresar a Él. Desde luego, Dios quería que su pueblo tuviera fe en Él, pero también sabía que la fe auténtica se refleja con las acciones correspondientes. Él no quería un palabrerío de parte de su pueblo; Él quería corazones que estuvieran sometidos a Él y vidas que respondieran a su voluntad.

Si usted lee los profetas del Antiguo Testamento, verá docenas de ejemplos del pueblo de Dios que se arrepiente y confiesa sus pecados. He aquí un ejemplo de Jeremías:

> *El Señor le dio otro mensaje a Jeremías diciendo: «Vete a la entrada del templo del Señor y dale el siguiente mensaje al pueblo: "Oh Judá, ¡escucha este mensaje del Señor! ¡Escúchenlo, todos ustedes que aquí adoran al Señor! Esto dice el Señor de los Ejércitos Celestiales,*

Dios de Israel:

»*"Incluso ahora, si abandonan sus malos caminos les permitiré quedarse en su propia tierra; pero no se dejen engañar por los que les prometen seguridad simplemente porque aquí está el templo del Señor. Ellos repiten: '¡El templo del Señor está aquí! ¡El templo del Señor está aquí!'. Pero seré misericordioso únicamente si abandonan sus malos pensamientos y sus malas acciones, y comienzan a tratarse el uno al otro con justicia; si dejan de explotar a los extranjeros, a los huérfanos y a las viudas; si dejan de asesinar; y si dejan de dañarse ustedes mismos al rendir culto a los ídolos. Entonces, les permitiré quedarse en esta tierra que les di a sus antepasados para siempre.*

»*"No se dejen engañar ni crean que nunca tendrán que sufrir porque el templo está aquí. ¡Es una mentira! ¿De verdad piensan que pueden robar, matar, cometer adulterio, mentir y quemar incienso a Baal y a los otros nuevos dioses que tienen, y luego venir y presentarse delante de mí en mi templo a repetir: '¡Estamos a salvo!', sólo para irse a cometer nuevamente todas las mismas maldades?¿No reconocen ustedes mismos que este templo, que lleva mi nombre, se ha convertido en una cueva de ladrones? Les aseguro que veo todo el mal que ocurre allí. ¡Yo, el Señor, he hablado!*

Jeremías 7:1-11 NTV

¡Algo poderoso! Era obvio que Dios no estaba impresionado con palabras fingidas ni promesas desocupadas, tampoco ignoró su pecado ni idolatría sólo porque iban regularmente al Templo para cumplir con los rituales religiosos. Él quería ver una confesión y arrepentimiento genuinos y sentidos. El Antiguo Testamento revela una herencia de larga data de confesión y arrepentimiento, tanto de los individuos como de la nación como un todo. Estos fueron momentos sagrados y decisivos en la historia de Israel, que sirvieron como acontecimientos importantes que fueron altamente honrados y bendecidos por Dios. A medida que el Espíritu Santo inspiraba la documentación de las Escrituras, Él se aseguró que estas fueran registradas para el beneficio de todas las generaciones de creyentes. He aquí algunos ejemplos:

> **Moisés**; *Bajo el sacerdocio levítico, la confesión del pecado fue una parte de la ceremonia en que los pecados de la gente se transfirieron simbólicamente a un chivo, que era enviado al desierto. El chivo representaba al Mesías y presagiaba cómo Jesús quitaría literalmente el pecado del mundo.*
>
> *Cuando Aarón haya terminado de purificar el Lugar Santísimo, el tabernáculo y el altar, presentará el chivo vivo. Pondrá ambas manos encima de la cabeza del chivo y confesará sobre él toda la perversidad, la rebelión y los pecados del pueblo de Israel. De esta forma, traspasará los pecados del pueblo a la cabeza del chivo. Después un hombre, especialmente seleccionado para la tarea, llevará el chivo al desierto. Al irse el chivo al desierto, llevará todos los pecados del pueblo sobre sí mismo a una tierra desolada.*
>
> Levítico 16:20-22 NTV

David; "He cometido un grave pecado. Te ruego, Señor, que perdones a este siervo tuyo por haber sido tan necio" (2 Samuel 24:10). Lo mismo dice el Salmo 32:5:

> *Te confesé mi pecado; no oculté mi maldad. Me dije:*

«Confesaré al Señor mi rebeldía», y tú perdonaste la maldad de mi pecado.

Confesiones adicionales de David y otros salmistas se encuentran en el Salmo 38:18; Salmo 41:4; Salmo 51:2-4; Salmo 106:6, y muchos más. David también dijo: "Si no hubiera confesado el pecado de mi corazón, mi Señor no me habría escuchado" (Salmos 66:18 NTV). Otras traducciones de este versículo dicen:

- "Si mis intenciones fueran malas, Dios no me habría escuchado" (TLA)
- "Si en mi corazón hubiera yo abrigado maldad, el Señor no me habría escuchado" (NVI).
- "Si guardo iniquidad en mi corazón, el Señor no me escuchará" (AMP).

Salomón; "El que encubre sus pecados no prospera; el que los confiesa y se aparta de ellos alcanza la misericordia divina" (Proverbios 28:13; ver también 1 Reyes 8:46-50).

Esdras; Esdras 9:6 presenta al profeta que confiesa: "Dios mío, estoy muy confundido y avergonzado. Me siento incapaz de levantar mi rostro hacia ti porque nuestra maldad ha aumentado; ¡nos ha rebasado hasta llegar al cielo!". También vemos que Esdras dirige el arrepentimiento colectivo en el pueblo de Dios: "Mientras Esdras estaba en el templo de Dios, de rodillas y orando, llorando y confesando sus pecados, una gran multitud de israelitas se le unió; eran hombres, mujeres y niños, que lloraban amargamente" (Esdras 10:1).

Nehemías; "...que prestes atención a las súplicas que de día y de noche te hace este humilde siervo tuyo en favor de Israel. Reconozco que tu pueblo Israel ha pecado contra ti, lo mismo que mis antepasados y yo. Nuestra corrupción ha llegado a los extremos, pues no hemos cumplido con los mandamientos, leyes y estatutos que le diste a tu siervo Moisés" (Nehemías 1:6-7).

Así como lo había hecho Esdras, Nehemías también dirigió al pueblo de Dios en el arrepentimiento colectivo: "Puestos de pie, los israelitas confesaron sus pecados y los de sus padres, y así de pie, durante tres horas escucharon la lectura del libro de la ley del Señor su Dios, y durante las siguientes tres horas el pueblo confesó sus pecados y adoró al Señor" (Nehemías 9:2-3).

Isaías; Este gran profeta de Israel reconoció su propio pecado y el pecado de su pueblo. "Entonces dije yo:«¡Ay de mí! ¡Soy hombre muerto! ¡Mis ojos han visto al Rey, el Señor de los ejércitos, aun cuando soy un hombre de labios impuros y habito en medio de un pueblo de labios también impuros!»" (Isaías 6:5). Él escribió posteriormente: "Ciertamente, nuestras rebeliones ante ti se han multiplicado; nuestros pecados nos acusan" (Isaías 59:12).

Jeremías; "Reconocemos, Señor, nuestra impiedad y la iniquidad de nuestros padres, pues contra ti hemos pecado" (Jeremías 14:20).

Daniel; "Hemos pecado, hemos hecho lo malo, hemos sido impíos y rebeldes;¡nos hemos apartado de tus leyes y mandamientos! No obedecimos a tus siervos los profetas" (Daniel 9:5-6). El capítulo 9 de Daniel está completamente dedicado a la confesión de Daniel y al arrepentimiento, y también detalla la respuesta de Dios por medio de una visitación del ángel Gabriel.

Dios respondió con misericordia, perdón y compasión, a lo largo de la historia de Israel, cada vez que hubo un sincero arrepentimiento y confesión por parte del pueblo. La toma de conciencia de David sin duda demostró ser cierta: "Los sacrificios que tú quieres son el espíritu quebrantado; tú, Dios mío, no desprecias al corazón contrito y humillado" (Salmos 51:17).

Isaías expresó este bello decreto:

¡Que dejen los impíos su camino, y los malvados sus malos pensamientos! ¡Que se vuelvan al Señor, nuestro Dios, y él tendrá misericordia de ellos, pues él sabe perdonar con generosidad.

Isaías 55:7

Juan Bautista; Para cuando Juan Bautista entró en escena, el pueblo de Israel estaba muy familiarizado con la idea del arrepentimiento y la confesión, y Juan tuvo un mensaje sencillo: "Arrepiéntanse, porque el reino de los cielos se ha acercado" (Mateo 3:2). Multitudes de personas respondieron. Mateo 3:5-6 dice: "A él acudía la gente de Jerusalén y de toda Judea, y de toda la provincia cercana al río Jordán, y allí en el Jordán la gente confesaba sus pecados y Juan los bautizaba". Él también exhortó a sus oyentes a que "Produzcan frutos dignos de arrepentimiento" (Mateo 3:8).

La gente le preguntó a Juan qué debían hacer, en respuesta a la exhortación de Juan de que se expresara de manera tangible el arrepentimiento mediante el fruto o el cambio correspondiente del estilo de vida (Lucas 3:10). Juan respondió haciéndoles saber que el verdadero arrepentimiento se evidenciará con una conducta piadosa.

Y Juan les respondía: «El que tenga dos túnicas, comparta una con el que no tiene ninguna, y el que tenga comida, haga lo mismo.» También unos cobradores de impuestos llegaron para ser bautizados, y le preguntaron: «Maestro, ¿qué debemos hacer nosotros?» Él les dijo: «No cobren más de lo que deban cobrar.» Unos soldados también le preguntaron: «Y nosotros, ¿qué debemos hacer?» Y Juan les respondió: «No extorsionen ni calumnien a nadie, y confórmense con su salario.»

Lucas 3:11-14

El arrepentimiento y la confesión del pecado en el Antiguo Testamento fue una riqueza del viaje de Israel con Dios. El arrepentimiento y la confesión no fueron vistos como algo negativo, sino como un cambio positivo que restauraría al pueblo de Dios y liberaría sus bendiciones. No estaban simplemente alejándose del pecado; estaban volviendo su corazón de vuelta a Dios. A su vez, Él derramó su gracia y bendición una y otra vez. Las personas aprendieron que cuando pecaban, no tenían que arrojarse a sí mismos sobre sus espadas; necesitaban arrojarse a la misericordia de Dios con la fe de que Él les daría un nuevo comienzo y una nueva esperanza.

Capítulo 22

¿QUÉ DIJO JESÚS?

Siendo la confesión del pecado y el arrepentimiento una parte tan intrínseca y perdurable en la historia judía, ¿qué dijo Jesús al respecto? Él ciertamente no tuvo que presentar el concepto a nadie—ya estaba firmemente establecido en el corazón y la mente de la gente—. ¿Reforzó Él la idea de la confesión y el arrepentimiento o la erradicó? Considere lo que Jesús enseñó y cómo interactuó con las personas:

El primer sermón de Jesús: Las primeras palabras que predicó Jesús (según Mateo 4:17) fueron: "Arrepiéntanse, porque el reino de los cielos se ha acercado". Marcos 1:15 registra el primer mensaje de Jesús como: "El tiempo se ha cumplido, y el reino de Dios se ha acercado. ¡Arrepiéntanse, y crean en el evangelio!". Jesús dijo posteriormente: "Yo no he venido a llamar al arrepentimiento a los justos, sino a los pecadores" (Lucas 5:32).

La predicación de los discípulos: Marcos 6:12 nos dice, cuando Jesús envió a los discípulos de dos en dos a ministrar: "Los doce salieron e iban predicando a la gente que se arrepintiera".

El Padre nuestro: Jesús les enseñó a sus discípulos lo que se considera el modelo de oración, cuando estos le pidieron que les enseñara a orar. La siguiente declaración se incluye en esa oración: "Perdónanos nuestros pecados, porque también nosotros perdonamos a todos los que nos deben" (Lucas 11:4).

La historia del hijo pródigo: El reconocimiento, la confesión y el arrepentimiento del pecado desempeñan un papel importante en una de las historias más queridas que Jesús jamás haya contado. El hijo pródigo dice, al regresar donde su padre: "Padre, he pecado contra el cielo y contra ti, y no soy digno ya de ser llamado tu hijo" (Lucas 15:21, ver también 15:18-19). Él iba a pedir que lo recibieran simplemente como un siervo contratado, pero subestimó la profundidad y la magnitud del amor de su padre. A medida que leemos la historia completa en Lucas 15:11-32, vemos cuán entusiasmado estaba el padre de conceder su amor y perdón a su hijo equivocado mucho antes de que él regresara; su padre nunca había dejado de amarlo. Por lo tanto, el joven fue recibido, no como un siervo contratado sino como su célebre hijo. Parecería extraño que Jesús presentara esta bella descripción del amor y de la gracia del padre, así como el arrepentimiento y confesión del hijo, si estos no fueran componentes valiosos en el proceso de restauración de un creyente que se ha desviado.

La mujer sorprendida en adulterio: Jesús estuvo lleno de gracia cuando le dijo a la mujer en Juan 8:11: "Tampoco yo te condeno", pero Él también le dijo: "Vete, y no peques más". Jesús trató con ambas caras de la moneda. No le dio una directriz de cómo comportarse en el futuro sin exonerarla de su condenación pasada, tampoco la exoneró de la condenación pasada sin guiarla en su comportamiento futuro.

El hombre enfermo: Jesús le dijo al hombre que había estado enfermo durante treinta y ocho años: "Como puedes ver, has sido sanado; así que no peques más, para que no te sobrevenga algo peor" (Juan 5:14). Jesús impartió misericordia, gracia, perdón y redención, y ciertamente todas estas cosas son regalos gratuitos, no ganados ni merecidos. A la vez, podemos ver fácilmente que no tuvo problemas diciéndole a la gente que dejara su conducta pecaminosa.

La gran comisión: Jesús encomendó a los discípulos, en Lucas 24:47, diciéndoles: "y que en su nombre se predicara el arrepentimiento y el perdón de pecados en todas las naciones, comenzando por Jerusalén".

Después de su ascensión: Alguien podría decir: "Sí, pero todo eso tenía que ver con personas que no nacieron de nuevo, así que tenían que arrepentirse. Pero los cristianos, una vez son perdonados, no necesitan realmente arrepentirse ni confesar sus pecados de nuevo porque Jesús se ha encargado de ello". Esta opinión ignora múltiples pasajes del Nuevo Testamento, incluyendo la manera como Jesús se dirigió a los creyentes equivocados en Apocalipsis 2-3:

- A los cristianos de Éfeso: "Así que ponte a pensar en qué has fallado, y arrepiéntete, y vuelve a actuar como al principio. De lo contrario, vendré a ti y, si no te arrepientes, quitaré tu candelero de su lugar" (Apocalipsis 2:5).

- A los cristianos de Pérgamo: "Así que, ¡arrepiéntete! De lo contrario, pronto vendré a ti, y con la espada de mi boca pelearé contra ellos" (Apocalipsis 2:16).

- A los cristianos de Tiatira: "Le he dado tiempo para que se arrepienta, pero no quiere renunciar a su inmoralidad sexual. Por tanto, a ella y a los que con ella adulteran los haré caer en cama; y si no se arrepienten de sus malas obras, los haré sufrir en gran manera" (Apocalipsis 2:21-22).

- A los cristianos de Sardis: "Haz memoria de lo que has recibido y oído, y ponlo en práctica y arrepiéntete. Si no te mantienes vigilante, cuando menos lo esperes vendré sobre ti como un ladrón" (Apocalipsis 3:3).

- A los cristianos de Laodicea: "A todos los que amo, yo los reprendo y los castigo; así que muestra tu fervor y arrepiéntete" (Apocalipsis 3:19).

Jesús les habla a los creyentes en estos pasajes, aquellos que nacieron de nuevo y habían puesto su fe y confianza en Él. Aun así, les ordenó arrepentirse, a darse cuenta de su bondad, a cambiar de dirección y a vivir su vida de acuerdo al orden divino. Él no dijo: "Ya fueron perdonados, así que no tienen que arrepentirse ni confesar nada". Tampoco les dijo que se arrepintieran para que se ganaran su perdón.

En estas iglesias, sus vidas, sus sistemas de creencias, sus actitudes y sus conductas se habían distorsionado gravemente. Habían perdido la perspectiva de la voluntad y del propósito del Señor en ciertas áreas de su vida y en la vida de la iglesia. Se tenían que realizar ajustes importantes, y Jesús les dijo sin reservas que se arrepintieran. Tenga en cuenta que el arrepentimiento no es sólo tratar con los fracasos del pasado, sino es hacer un llamado a las personas que fallaron en el pasado y se apropien del plan superior que Dios tiene para su futuro.

Está claro que no podemos minimizar el significado de las realidades espirituales que son nuestras a través de Cristo, cuando consideramos la pregunta de por qué tenemos que arrepentirnos y confesar nuestros pecados, si el perdón ya fue provisto en la Cruz. Pero Dios quiere más que un contrato legal con nosotros; Él desea tener una comunión íntima con nosotros, así como gozar de nuestra obediencia.

Usted no trataría a su cónyuge de la manera que algunos tratan a Dios

Se ha presentado la idea: "Uno no necesita confesar los pecados a Dios para ser perdonado, Él ya nos perdonó". Si bien hay algo de verdad en esta declaración, esta puede ser engañosa. Es cierto que legalmente, nuestros pecados fueron perdonados en la Cruz, pero si un esposo utilizara esa lógica en su matrimonio, concluiría: "No tengo que disculparme con mi esposa cuando la ofendo, con el fin de estar casado". Esto puede ser cierto en un sentido, pero esta insensibilidad descarada y falta de comunicación afectaría seriamente la relación. Sería una necedad que un hombre que ha ofendido a su esposa mostrara su certificado de matrimonio y dijera: "Cariño, no es necesario tratar con mi conducta, porque estamos legalmente casados hace varios años, y tú dijiste que me aceptabas 'en las alegrías y en las penas'".

Si un esposo desea honrar y respetar a su esposa, debe disculparse y hacerle saber que él no quiere volver a herirla con acciones y palabras insensibles. Una cosa es estar legalmente casados; otra cosa es amarse y honrarse mutuamente por el compromiso que usted hizo. Si el esposo respeta su pacto matrimonial legal, él también se dará cuenta que hay una parte experiencial, práctica y comunicativa en este pacto. Necesita hacer lo correcto por su esposa para mantener la relación vibrante y saludable.

A lo largo de la Biblia, el Espíritu Santo usa el pacto matrimonial de manera simbólica como un tipo de relación nuestra con el Señor Jesucristo, así que ¿debemos tratarlo con menos consideración con la que trataríamos a nuestra pareja? Es cierto que no ganamos nuestra salvación al arrepentirnos y confesar nuestros pecados a Jesús, y el arrepentimiento y la confesión de ninguna manera toman el lugar de la obra redentora de Jesús; pero cuando pecamos, la manera prescrita por la Biblia para interactuar con Dios es arrepentirnos y confesar nuestro pecado a Él. Esta es la manera divinamente dispuesta para expresar nuestra fe, a fin de recibir y apropiarnos del perdón que Jesús puso legalmente a nuestra disposición cuando derramó su sangre, murió en la Cruz y resucitó.

Dios quiere una interacción significativa

Jesús instruyó a sus discípulos en Mateo 6:7 a que "no sean repetitivos, como los paganos" y los animó a orar de manera directa, simple y clara. Él dijo: "su Padre ya sabe de lo que ustedes tienen necesidad, antes de que ustedes le pidan" (Mateo 6:8). Esto puede plantear el interrogante: "Si Él sabe lo que necesitamos antes de pedírselo, ¿por qué debemos pedir?". De nuevo, la respuesta es que Dios quiere que nos relacionemos con Él en fe, con base en su Palabra. Él quiere más que una unión legal con nosotros; Él desea tener una relación verdaderamente interactiva e íntima con nosotros. Santiago fue más allá cuando escribió: "No obtienen lo que desean, porque no piden" (Santiago 4:2).

Al discutir el arrepentimiento y la confesión, "pedir" con toda certeza no significa que hacemos peticiones ignorantes y desinformadas. No podemos rogarle que nos perdone como si no estuviéramos seguros de si Él lo va a hacer o no; Él ya proporcionó el perdón y extendió su gracia a través de lo que hizo Jesús. La alegría de confiar en Dios y de creer en su Palabra es que sabemos cuál será su respuesta antes de que nos acerquemos a Él. No nos acercamos a Dios con incertidumbre y duda, cuando hemos fallado, como si Él no fuera digno de confianza o no estuviera dispuesto a cumplir sus promesas. Más bien, debemos hacer exactamente lo que las Escrituras nos dicen que hagamos. "Así que acerquémonos con toda confianza al trono de la gracia de nuestro Dios. Allí recibiremos su misericordia y encontraremos la gracia que nos ayudará cuando más la necesitemos"(Hebreos 4:16 NTV).

Capítulo 23

¿QUÉ DIJERON LOS APÓSTOLES?

PABLO

> Muchos de los que llegaron a ser creyentes confesaron sus prácticas pecaminosas. Varios de ellos, que practicaban la hechicería, trajeron sus libros de conjuros y los quemaron en una hoguera pública. El valor total de los libros fue de cincuenta mil monedas de plata.
>
> Hechos 19:18-19 NTV (la letra negrita es mía)

Aquellos que fueron influenciados por el ministerio de Pablo demostraron que creer en el evangelio y convertirse en seguidores de Jesús producía un cambio en el estilo de vida. Pablo dijo que su mensaje fue "la necesidad de arrepentirse del pecado, de volver a Dios y de tener fe en nuestro Señor Jesucristo" (Hechos 20:21 NTV), cuando examinó su ministerio con los ancianos efesios.

La declaración de Pablo es extremadamente importante. ¿Se dio cuenta de lo que dijo: "la necesidad de arrepentirse del pecado, de volver a Dios"? Recuerde, el arrepentimiento sano no es simplemente abandonar ciertos comportamiento o dejar malos hábitos; ¡es un despertar radical hacia Dios! Si todo lo que usted hace es centrarse en lo que deja atrás, la atracción hacia esas cosas será más intensa. Pero si usted fija la mirada en Aquél hacia donde usted avanza, se encontrará atraído hacia una vida mucho más maravillosa, que atraído a cualquier cosa de su pasado. Pablo dijo: "pero una cosa sí hago: me olvido ciertamente de lo que ha quedado atrás, y me extiendo hacia lo que está adelante" (Filipenses 3:13).

Recuerde las palabras del antiguo himno: "Pon tus ojos en Cristo, tan lleno de gracia y amor, y lo terrenal sin valor será, a la luz del glorioso Señor".[1] Pablo enseñó en Romanos 2:4 que la bondad de Dios nos guía al arrepentimiento. Él sabía que podía ver la bondad de Dios como la base y el objeto de nuestro arrepentimiento. Dicho de otro modo, cuando fallamos, el fundamento de la bondad de Dios nos inspira y anima a alejarnos de nuestro error y a volvernos hacia su bondad.

Los creyentes corintios se habían involucrado aparentemente en relaciones que los hacían fracasar espiritualmente. Aunque Pablo no utiliza la palabra arrepentimiento en el siguiente pasaje de las Escrituras, lo que les aconseja hacer es una descripción perfecta del arrepentimiento.

> *¡No se dejen engañar ni inducir al error! Las malas compañías (la comunión, las relaciones) corrompen y depravan las buenas costumbres, la moralidad y el carácter.*
>
> **Despierten [de su delirio de embriaguez y vuelvan en sí] a su sentido sobrio y juicio cabal, y no pequen más.**
>
> 1 Corintios 15:33-34 AMP

La Versión Reina Valera Contemporánea de 1 Corintios 15:34 dice: "así que vuelvan en sí y vivan con rectitud, y no pequen". Pablo pudo sólo haberles dicho que dejaran de pecar, pero si dio cuenta que cualquier cambio duradero en la conducta externa necesita estar sustentado de un enfoque en la verdad, o en un despertar a la justicia. Es por ello que Pablo no sólo les dijo a los romanos que presentaran su cuerpo a Dios, sino también que fueran transformados mediante la renovación de su mente (Romanos 12:1-2).

> El arrepentimiento es tener un asunto doble: la reformación de la conducta y la transformación del estado mental.
>
> - William Douglas Chamberlain[2]

Pablo les dijo a los atenienses: "En la antigüedad Dios pasó por alto la ignorancia de la gente acerca de estas cosas, pero ahora él manda que todo el mundo en todas partes se arrepienta de sus pecados y vuelva a él" (Hechos 17:30 NTV). Pablo dijo, al describir su ministerio al rey Agripa: "Primero les prediqué...que todos tienen que arrepentirse de sus pecados y volver a Dios, y demostrar que han cambiado por medio de las cosas buenas que hacen"(Hechos 26:20 NTV). La Biblia Ampliada traduce este pasaje: "...que tienen que arrepentirse y volver a Dios, y hacer las obras y vivir vidas consecuentes y dignas de su arrepentimiento".

Pablo indica en todos estos versículos que el arrepentimiento no es simplemente sentirse mal por los errores pasados, sino también este trabaja mano a mano con la orientación hacia Dios para cambiar su vida.

Un estudio de caso paulino del arrepentimiento

Pablo aborda de manera gráfica y poderosa la confesión y el arrepentimiento del pecado entre los creyentes de Corinto en lo que quizás es su pieza de correspondencia más franca y cargada de emotividad. Después de una visita muy dolorosa con ellos, decidió escribirles una carta muy fuerte en lugar de ir a verlos de nuevo. Él dijo: "La razón por la cual no regresé a Corinto fue para ahorrarles una severa reprimenda" (2 Corintios 1:23 NTV).

Pablo enfrentó problemas y presiones muy grandes y tuvo un peso enorme sobre sí mismo, la incertidumbre de cómo responderían los corintios a la carta "tan severa" que les dirigió, al haber ido a Macedonia (al norte de Grecia). Tito llegó a donde Pablo desde Corinto e informó que los corintios se habían arrepentido, lo cual le trajo mucho gozo y alivio al corazón de Pablo. En lugar de alejar a los corintios, su reprimenda produjo los resultados deseados en el corazón y la vida de esos creyentes.

Pablo les hizo saber a los corintios lo que tuvo que soportar por ellos, y lo orgulloso que estaba de ellos:

> *Escribí aquella carta con gran angustia, un corazón afligido y muchas lágrimas. No quise causarles tristeza, más bien quería que supieran cuánto amor tengo por ustedes*
>
> 2 Corintios 2:4 NTV

> *...pero Dios, quien alienta a los desanimados, nos alentó con la llegada de Tito. Su presencia fue una alegría, igual que la noticia que nos trajo del ánimo que él recibió de ustedes. Cuando nos dijo cuánto anhelan verme y* **cuánto sienten lo que sucedió** *y lo leales que me son, ¡me llené de alegría!*

> *No lamento haberles enviado esa* **carta tan severa**, *aunque al principio sí me lamenté porque sé que* **les causó dolor** *durante un tiempo. Ahora me alegro de haberla enviado, no porque los haya lastimado, sino*

*porque **el dolor hizo que se arrepintieran y cambiaran su conducta**. **Fue la clase de tristeza que Dios quiere que su pueblo tenga**, de modo que no les hicimos daño de ninguna manera. Pues **la clase de tristeza que Dios desea que suframos nos aleja del pecado y trae como resultado salvación**. No hay que lamentarse por esa clase de tristeza; pero la tristeza del mundo, al cual le falta arrepentimiento, resulta en muerte espiritual.*

*¡Tan sólo **miren lo que produjo en ustedes esa tristeza** que proviene de Dios! Tal fervor, tal ansiedad por limpiar su nombre, tal indignación, tal preocupación, tal deseo de verme, tal celo y tal disposición para castigar lo malo. **Ustedes demostraron haber hecho todo lo necesario para corregir la situación**.*

2 Corintios 7:6-11 NTV (la letra negrita es mía)

La Traducción en Lenguaje Actual traduce el versículo 11: "¡Qué bueno que Dios los haya hecho ponerse tristes! ¡Vaya cambio que tuvieron! Así pudieron darse cuenta de que soy inocente, y hasta me defendieron. También se enojaron y tuvieron miedo de lo que podría suceder. Sintieron deseos de verme, y castigaron al culpable. Con todo esto, ustedes demostraron que no tenían nada que ver en el asunto".

Pablo elogió a estos creyentes por tomar seriamente su error, por alejarse del pecado de una manera intencional y significativa y, por tanto, por producir un fruto piadoso. Describió su tristeza como "que provino de Dios" debido a su despertar a la santidad de Dios, que ocasionó de manera natural el arrepentimiento y la confesión de su pecado, seguido de una transformación que comenzó inmediatamente a producir un buen fruto en su vida.

Propongo que la confesión del pecado sea una parte integral, inseparable y fundamental del arrepentimiento. ¿Cómo puede una persona apartarse de algo negativo y acercarse a algo positivo a menos que reconozca lo negativo (el pecado) de lo cual se está apartando y lo positivo (Dios) a lo que se está acercando? Cuando una persona confiesa un pecado, está reconociendo honestamente que ha fallado, que está de acuerdo con la evaluación de la situación que hace Dios y admite obedecerle. Esto es lo que significa "confesar": reconocer, estar de acuerdo y admitir.

Creo que algunos cristianos están eliminando la confesión del pecado por dos razones. Creen que no es necesario mantener una relación correcta con Dios. Después de todo, razonan: Él ya los perdonó con la Cruz, así que ¿para qué confesar un pecado que Dios ya perdonó? Además, creen que confesar el pecado es ser conscientes del pecado, pero Dios nos ha llamado a ser conscientes de la justicia. La primera razón no se alinea con el ejemplo de Pablo y los corintios, tampoco sigue la trayectoria del consejo entero de Dios sobre el tema de la confesión. La confesión le dice a nuestra carne: "¡No más! ¡Estoy de acuerdo con Dios!". Cuando uno confiesa a una persona (Santiago 5:16), así como a Dios, esto le avisa por lo menos a una persona, para que esta pueda orar por uno y nos ayude a rendir cuentas.

Para abordar la segunda razón, confesar el pecado no significa morar continuamente en este. Es un reconocimiento honesto ante Dios que se hace para reorientarnos a la obediencia. No hay necesidad de retomar continuamente el asunto del pecado ante Dios, porque se recibe el perdón. Sin embargo, no hay duda de que Pablo se mantuvo firme en que los creyentes se arrepintieran de sus pecados:

> *Pues temo que, cuando vaya, no me gustará lo que encuentre, y que a ustedes no les gustará mi reacción. Temo que encontraré peleas, celos, enojo, egoísmo,*

calumnias, chismes, arrogancia y conducta desordenada. Así es, tengo miedo de que, cuando vaya de nuevo, Dios me humille ante ustedes. **Y quedaré entristecido porque varios de ustedes no han abandonado sus viejos pecados. No se han arrepentido** *de su impureza, de su inmoralidad sexual ni del intenso deseo por los placeres sensuales.*

2 Corintios 12:20-21 NTV (la letra negrita es mía)

Pablo animó a los creyentes en Galacia a ayudarse mutuamente, a ser restaurados a la santidad de Dios y a arrepentirse; y de este modo alejarse de toda carnalidad y conducta impía.

Hermanos, si alguno es sorprendido en alguna mala conducta o pecado de cualquier índole, ustedes, que son espirituales [que son sensibles al Espíritu Santo y controlados por este], deben corregirlo y restaurarlo, sin ningún sentido de superioridad y con toda mansedumbre, manteniendo la mirada atenta en ustedes mismos, no sea que ustedes también sean tentados.

Gálatas 6:1 AMP

No es simplemente nuestra responsabilidad de cultivar y administrar nuestro andar personal con Dios, sino que tenemos la responsabilidad, según Pablo, de esforzarnos por ayudar también a los demás en su caminar con Dios. Él dispuso que su familia fuera una comunidad solidaria en la Tierra, en donde los miembros se animen entre sí en sus viajes respectivos. Eclesiastés 4:9-10 NTV describe bellamente el poder de la colaboración cuando dice: "Es mejor ser dos que uno, porque ambos pueden ayudarse mutuamente a lograr el éxito. Si uno cae, el otro puede darle la mano y ayudarle; pero el que cae y está solo, ese sí que está en problemas".

Desde luego, nunca estamos realmente solos cuando el Señor está con nosotros, pero es importante estar conectados en forma vital a otros miembros del cuerpo de Cristo. No sólo seamos destinatarios de la gracia de Dios en nuestra propia vida personal, sino seamos también distribuidores de su gracia a los demás. Esto no es sólo una buena idea, ni sólo una posibilidad lejana; es el plan de Dios dispuesto para nuestra vida. La gracia de Dios no nos conduce al aislamiento; su gracia nos conduce a tener relaciones entre sí que sean vitales, fuentes de vida y mutuamente beneficiosas. Pablo supo que la gracia de Dios funcionaba más poderosamente cuando los creyentes eran abiertos y honestos no sólo con Dios, sino también entre sí. Creo que Dios sonríe cuando los creyentes llenos de gracia se ayudan mutuamente con compasión y sabiduría a fin de vivir vidas santas, fructíferas y productivas.

SANTIAGO

Santiago, el hermano del Señor, habló con autoridad y convicción cuando se dirigió a los cristianos cuyo andar con Dios no era el que debería ser. Este líder de la iglesia primitiva estuvo muy preocupado por los creyentes que habían comprometido su fe y se habían vuelto mundanos (ver Santiago 4:4). Sus fuertes amonestaciones refuerzan la importancia del arrepentimiento en la vida de los creyentes cuando se desvían espiritualmente.

> *Acérquense a Dios, y él se acercará a ustedes. ¡Límpiense las manos, pecadores! Y ustedes, los pusilánimes, ¡purifiquen su corazón! ¡Lloren, aflíjanse, hagan lamentos! ¡Conviertan su risa en llanto, y su alegría en tristeza! ¡Humíllense ante el Señor, y él los exaltará!*
>
> Santiago 4:8-10

Santiago, al igual que Pablo, fue partidario de que los creyentes se ayudaran entre sí a corregir el rumbo:

> *Confiesen sus pecados unos a otros, y oren unos por otros, para que sean sanados. La oración del justo es muy poderosa y efectiva.*
>
> *Hermanos, si alguno de ustedes se ha apartado de la verdad, y otro lo hace volver a ella, sepan que el que haga volver al pecador de su mal camino, lo salvará de la muerte y cubrirá una gran cantidad de pecados.*
>
> Santiago 5:16,19-20

¿Notó lo que dijo Santiago? El perdón de muchos pecados se produce cuando el creyente extraviado vuelve a la verdad. Alguno podría protestar: "¡Esto no puede ser correcto! Todos nuestros pecados fueron perdonados cuando Jesús murió en la Cruz. La confesión o el arrepentimiento del pecado no permite que nos ganemos nuestro perdón". Todos nuestros pecados fueron legalmente imputados a Jesús en la Cruz, y Él obtuvo nuestro perdón; ¡pero el creyente no recibe el perdón hasta que no lo reciba!

En un sentido legal es cierta la enseñanza de que Jesús murió por los pecados pasados, presentes y futuros. Es por ello que Jesús no necesita regresar a la Cruz y morir cada vez que alguien cometa un pecado (Hebreos 7:27, 9:12 y 10:10 NTV). Es cierto que Él pagó el precio por el pecado una vez por todas. No obstante, las personas pueden interpretar muy mal el lado aplicativo de la enseñanza (que Jesús murió por todos los pecados: pasados, presentes y futuros). Si se encuentra a un hombre culpable de robo armado y el juez (o gobernador) lo perdona, él sólo es perdonado por ese delito en particular. El sistema judicial no le otorga a este hombre libre un pase que lo exima también de las consecuencias de todos los crímenes futuros. Jesús murió en la Cruz por todos los pecados, pero esto de ninguna manera debe minimizar o negar la importancia de la confesión y del arrepentimiento como el medio prescrito bíblicamente para recibir (no ganar) el perdón. No podemos reemplazar la enseñanza sólida del Nuevo Testamento con la idea de que un individuo recibe y experimenta automáticamente (carta blanca) el perdón sólo porque fue pagado por Jesús.

Recuerde antes de que naciera de nuevo. Aún cuando Jesús había muerto por sus pecados, usted todavía tenía que recibir la salvación mediante la fe. Si una respuesta de fe es el medio para recibir inicialmente la salvación, entonces parece totalmente razonable y bíblicamente lógico para nosotros que respondamos de nuevo con fe (la confesión y el arrepentimiento) para recibir el perdón cuando se cometan pecados individuales ahora y en el futuro.

Honramos la obra redentora que hizo el Señor Jesús una vez para siempre, cuando actuamos según la palabra de Dios y recibimos nuevamente su misericordia. Somos honestos con Dios y reconocemos que el pecado ha ocurrido, pero nos damos cuenta que su amor, su misericordia y el poder limpiador de la sangre de Jesús es superior a cualquier transgresión que hayamos cometido.

Jamás debemos tomar a la ligera o de manera casual el pecado, porque este fue lo que hizo que Jesús experimentara el sufrimiento inconcebible que soportó por todos nosotros. No debemos ser poco sinceros ni indiferentes sobre lo que le costó tanto a Jesús.

Pedro

> El verdadero arrepentimiento odia el pecado, y no solamente el castigo; y odia el pecado sobre todo porque este descubrió y sintió el amor de Dios.
>
> —W.M. Taylor[3]

El discípulo más franco del Señor, Pedro, entendió ciertamente lo que significó pecar y ser restaurado. Jesús le dijo a Pedro en la Última Cena que él lo negaría posteriormente esa noche. Jamás debemos usar esto como un pretexto para pecar conscientemente, sino que es confortante saber que Jesús supo de todos los errores que Pedro iba a cometer y, sin embargo, lo amó, oró por él y lo llamó para que le sirviera en todo caso.

> *"Simón, Simón, Satanás ha pedido zarandear a cada uno de ustedes como si fueran trigo; pero yo he rogado en oración por ti, Simón, para que tu fe no falle, **de modo que cuando te arrepientas y vuelvas a mí fortalezcas a tus hermanos**".*
>
> *Pedro dijo:—Señor, estoy dispuesto a ir a prisión contigo y aun a morir contigo.*
>
> *Jesús le respondió:—Pedro, déjame decirte algo. Mañana por la mañana, antes de que cante el gallo, negarás tres veces que me conoces.*
>
> Lucas 22:31-34 NTV (la letra negrita es mía)

Después de su arresto, Pedro negó a Jesús exactamente como Él lo había previsto.

> *En ese mismo instante el Señor se volvió a ver a Pedro, y entonces Pedro se acordó de las palabras del Señor, cuando le dijo: "Antes de que el gallo cante, me negarás tres veces". Enseguida, Pedro salió de allí y lloró amargamente.*
>
> Lucas 22:61-62

Jesús interactuó cara a cara con Pedro, después de su resurrección y antes de su ascenso, de una forma que le permitió a Pedro reafirmar su amor por Jesús tres veces (el mismo número de veces que había negado conocer a Jesús) y recibir un encargo fresco para su misión. Lo animo a leer el encuentro completo en Juan 21:1-19.

Pedro tuvo posteriormente en su ministerio algunas cosas interesantes que decir a un hombre llamado Simón el Mago. Simón había sido impactado en Samaria por el ministerio de Felipe el evangelista. Hechos 8:13 NTV dice: "Luego el mismo Simón creyó y fue bautizado. Comenzó a seguir a Felipe a todos los lugares adonde él iba y estaba asombrado por las señales y los grandes milagros que Felipe hacía". Este creyente recién bautizado todavía tenía algunas ideas carnales y distorsionadas, y le ofreció dinero a Pedro con el fin de obtener la habilidad de impartir el Espíritu Santo a otros. Una parte de la reprimenda de Pedro a Simón fue:

> *Arrepiéntete de tu maldad y ora al Señor. Tal vez él perdone tus malos pensamientos, porque puedo ver que estás lleno de una profunda envidia y que el pecado te tiene cautivo.*
>
> Hechos 8:22-23 NTV

Podríamos decir: "¡Vaya!" Pedro recibió misericordia del Señor, pero él no fue muy misericordioso con Simón". Es importante tener en cuenta que el nivel de engaño de Simón era tan intenso, que tal vez requería de una reprimenda muy severa para despertarlo. El apóstol Judas indicó que diferentes tipos de personas parecen requerir la adopción de diferentes tipos de enfoques a fin de obtener los resultados apropiados.

> *Sean comprensivos con los que dudan. A otros, arrebátenlos del fuego y pónganlos a salvo; y a otros más, ténganles compasión, pero ¡cuidado!, desechen aun la ropa que su cuerpo haya contaminado.*
>
> Judas 22-23

Un suave y amable "Dios te ama, Simón" aparentemente no era lo que este necesitaba para acabar con el engaño peligroso que estaba a punto de guiarlo por un camino muy destructivo.

Pablo les advirtió a los romanos a tomar "en cuenta la bondad y la severidad de Dios" (Romanos 11:22). Recuerde que si Dios es severo o duro al confrontarnos por algún problema en nuestra vida, no es porque nos odie; sino porque nos ama. No es porque le falte gracia sino porque Él está tan lleno de gracia, que está dispuesto a "ponerse en nuestra cara" para evitar que nos destruyamos nosotros mismos. Jesús dijo:

> *A todos los que amo[mucho y con ternura], yo les digo sus faltas, los condeno, los convenzo, los reprendo y los castigo [los disciplino y los instruyo]. Así que se entusiasta, muestra tu fervor y arrepiéntete [cambia tu mentalidad y actitud].*
>
> Apocalipsis 3:19

Este tipo de corrección e instrucción es perfectamente consistente con la enseñanza que se da en Hebreos 12:5-12, donde se nos dice que no despreciemos sino que recibamos alegremente el castigo del Señor. Debemos recibir la corrección de Dios e instrucción con alegría, sabiendo que Él nos corrige porque nos ama y quiere que "participemos de su santidad" (Hebreos 12:10).

Juan

Pensamos de manera natural en 1 Juan 1:9, cuando se menciona a Juan en relación con este tema, pero leamos este versículo en el contexto de los comentarios de Juan en el capítulo 3:

> *Miren con cuánto amor nos ama nuestro Padre que nos llama sus hijos, ¡y eso es lo que somos! Pero la gente de*

> este mundo no reconoce que somos hijos de Dios, porque no lo conocen a él. Queridos amigos, ya somos hijos de Dios, pero él todavía no nos ha mostrado lo que seremos cuando Cristo venga; pero sí sabemos que seremos como él, porque lo veremos tal como él es. Y todos los que tienen esta gran expectativa se mantendrán puros, así como él es puro.
>
> Todo el que peca viola la ley de Dios, porque todo pecado va en contra de la ley de Dios; y ustedes saben que Jesús vino para quitar nuestros pecados, y en él no hay pecado. Todo el que siga viviendo en él no pecará; pero todo el que sigue pecando no lo conoce ni entiende quién es él.
>
> Queridos hijos, no dejen que nadie los engañe acerca de lo siguiente: cuando una persona hace lo correcto, demuestra que es justa, así como Cristo es justo. Sin embargo, cuando alguien sigue pecando, demuestra que pertenece al diablo, el cual peca desde el principio; pero el Hijo de Dios vino para destruir las obras del diablo. Los que han nacido en la familia de Dios no se caracterizan por practicar el pecado, porque la vida de Dios está en ellos. Así que no pueden seguir pecando, porque son hijos de Dios.
>
> 1 Juan 3:1-9 NTV

El versículo 3 describe nuestro anhelo ardiente de la aparición de Cristo y nuestra "transformación" final, que será la resurrección de nuestro cuerpo. Este anhelo, de ser como Jesús (sin ningún deseo de pecar, sin la naturaleza de la carne) y conocerlo completamente, nos inspira a mantenernos puros.

Juan dice en el versículo 4 que el pecado está en contra y quebranta la ley de Dios. Juan tal vez no hacía referencia a la Ley de

Moisés en esta declaración. Pablo dijo, cuando habló de ministrar a los gentiles que no siguieron la Ley de Moisés: "Yo también vivo independiente de esa ley para poder llevarlos a Cristo; pero no ignoro la ley de Dios, obedezco la ley de Cristo" (1 Corintios 9:21 NTV).

Los cristianos no están bajo la Ley Mosaica, pero eso no significa que rechacemos la ley. 1 Juan 3:4 dice: "Todo aquel que comete pecado, quebranta también la ley, pues el pecado es quebrantamiento de la ley". Los cristianos estamos bajo una nueva ley; no es una que trae esclavitud, sino una que verdaderamente nos libera. ¡Vivimos según la Ley del Amor! Santiago hizo referencia a "la ley perfecta, que es la ley de la libertad" (Santiago 1:25; ver también 2:12) y a la ley suprema (Santiago 2:8), la cual él dijo que era: "Amarás a tu prójimo como a ti mismo".

1 Juan 3:6-9 deja claro que los creyentes deben vivir con justicia; no deben convertir el pecado en costumbre. En medio de esta exhortación, Juan hace la declaración: "Hijitos, que nadie los engañe" (versículo 7). Hubo aparentemente algunas ideas falsas que intentaban influenciar al público de Juan. Sus comentarios parecen indicar que hubo un intento por convencer a los cristianos de que su comportamiento no importaba, pero Juan obviamente tuvo otra opinión.

¿Estaba Juan promoviendo la idea de que un creyente pueda llegar al punto en esta vida donde absolutamente nunca falla, a un punto de perfección pura y sin pecado? De ser así, él parecería estar en desacuerdo con el reconocimiento honesto de Santiago (Santiago 3:2):

- "Es cierto que todos cometemos muchos errores". (NTV)
- "Todos fallamos mucho". (NVI)
- "Todos fallamos, caemos y ofendemos con frecuencia". (AMP)

Hebreos 12:1 también reconoce la vulnerabilidad humana con la frase: "del pecado que nos asedia". Y si los creyentes comienzan a volverse arrogantes al creer en su propia impecabilidad e infalibilidad, Pablo advirtió en 1 Corintios 10:12 AMP: "Así que, el que crea estar firme [el que se sienta seguro de ser inquebrantable de la mente y tener firmeza], tenga cuidado de no caer [en el pecado]". La versión de la Traducción en Lenguaje Actual lo parafrasea: "Por eso, que nadie se sienta seguro de que no va a pecar, pues puede ser el primero en hacerlo".

Si bien el apóstol Juan expresó firmemente que los creyentes no se acostumbraron a pecar, todavía reconoció nuestra falibilidad y nos hace saber que si pecamos, no todo se ha perdido y no estamos sin esperanza.

> *Hijitos míos, les escribo estas cosas para que no pequen. Si alguno ha pecado, tenemos un abogado ante el Padre, a Jesucristo el justo.*
>
> 1 Juan 2:1

¡Gracias a Dios que Él no se vuelve en contra nuestra si pecamos! Él todavía nos ama y participa activamente a favor de nosotros. El término "abogado" se refiere a un defensor. Jesús habla de nuestra parte, no proclama falsamente nuestra perfección, sino que proclama sinceramente su propia obra eficaz en nuestro nombre. Su cuerpo y su sangre, que se representan con los elementos de la comunión, son los testigos claves llamados a testificar por nosotros.

No pequen, pero si lo hacen...

Vimos en 1 Juan 3 que la práctica del pecado no caracteriza la vida de un creyente, y Juan deja claro que no quiere que los creyentes pequen. Sin embargo, él incluye: "pero si pecan" y les proporciona a los creyentes las directrices claras de cómo recibir el perdón de Dios y obtener un comienzo completamente nuevo. Juan no escribía para fomentar el pecado, sino deseó suprimir cualquier sentido de vergüenza, desánimo o condenación que pudiera conducir a un creyente al desaliento, al temor o a la desesperación después de haber fallado.

Satanás va a tratar de que usted tenga una actitud disoluta sobre el pecado ("Está bien con seguir pecando; usted sabe que Dios lo va a perdonar") o que se vuelva fatalista o desesperado por el pecado ("Se equivocó y Dios nunca lo va a perdonar; bien pueda seguir pecando").

Juan quiso que los creyentes supieran que si pecaban, debían acudir a Dios, no alejarse de Él, y no tenían que temer su ira ni condenación. Él escribió: "No pequen, pero si lo hacen...". La buena noticia es que Dios no nos odia, rechaza ni abandona cuando pecamos. Él continúa amándonos y llamándonos hacia sí mismo. Recuerde, el arrepentimiento no es sólo apartarnos del pecado; el arrepentimiento es acudir a Dios y a la esperanza y a las nuevas posibilidades que Él tiene para nosotros. ¡Eso es gracia! Entonces, ¿cómo un creyente camina en el plan maravilloso de Dios?

> *Por lo tanto, mentimos si afirmamos que tenemos comunión con Dios pero seguimos viviendo en oscuridad espiritual; no estamos practicando la verdad. Si vivimos en la luz, así como Dios está en la luz, entonces tenemos comunión unos con otros, y la sangre de Jesús, su Hijo, nos limpia de todo pecado.*
>
> *Si afirmamos que no tenemos pecado, lo único que hacemos es engañarnos a nosotros mismos y no vivimos en la verdad; pero si confesamos nuestros pecados a Dios, él es fiel y justo para perdonarnos nuestros pecados y limpiarnos de toda maldad.*
>
> 1 Juan 1:6-9 NTV

Juan está hablando de la comunión con Dios versus la comunión con las tinieblas, un tema común de sus hermanos apóstoles:

Ustedes no pueden beber de la copa del Señor, y también de la copa de los demonios; no pueden participar de la mesa del Señor, y también de la mesa de los demonios.

1 Corintios 10:21

¡Ay, gente adúltera! ¿No saben que la amistad con el mundo es enemistad con Dios? Todo aquel que quiera ser amigo del mundo, se declara enemigo de Dios.

Santiago 4:4

Si vivimos en la luz, tenemos comunión "unos con otros". ¿A qué se refiere Juan con "unos con otros"? ¿Está hablando de un grupo de creyentes que tienen comunión los unos con los otros? Si bien es cierto que tendremos comunión unos con otros si caminamos en la luz, parece en el contexto que él habla de la comunión mutua del creyente con Dios.

Cuando caminamos en la luz, no sólo experimentamos y disfrutamos la comunión con Dios, sino que nos dicen que "la sangre de Jesús, su Hijo, nos limpia de todo pecado". La versión Ampliada dice que la limpieza que experimenta el creyente es presente y continua: "Y la sangre de Jesucristo su Hijo nos limpia (remueve) todo pecado y culpa [nos mantiene limpios]". ¡Qué verdad tan asombrosa y liberadora!

Esto responde demasiadas preguntas, como, "¿Y qué si cometí un pecado pero no sabía que era pecado?" o "¿Y qué si olvidé confesar un pecado en particular?". Siempre y cuando estemos caminando en la luz (y sólo podemos asumir que esto significa que caminamos en la luz que tengamos), entonces se lleva a cabo un limpieza continua, incluso si no somos conscientes que hemos pecado en cierta área.

Juan nos dice en el versículo 8 que no debemos engañarnos al creer que nuestra vida es perfectamente intachable, libre de pecado hasta un punto donde ya no necesitamos el perdón. Entonces él procede a decir:

> *Si admitimos [francamente] que hemos pecado y confesamos nuestros pecados, Él es fiel y justo (leal a su naturaleza y promesas) para perdonar nuestros pecados[anular nuestra anarquía] y limpiarnos [continuamente]de toda maldad[todo lo que no es conforme a su voluntad en propósito, pensamiento y acción].*
>
> 1 Juan 1:9 AMP

¡Cuánto gozo y libertad trae todo esto—y cuán asombrosa fuente de seguridad! Dios nos ha dado su luz, su poder y su habilidad para que evitemos el pecado, pero Él entiende que todavía somos humanos y no damos en el blanco de la perfección de vez en cuando. Si no somos conscientes de algún pecado en particular, no tenemos que preocuparnos al respecto, porque la sangre de Jesús nos limpia continuamente de todo pecado. ¡Si pecamos y lo sabemos, Él quiere que seamos honestos con Él, que reconozcamos sinceramente nuestra falta y recibamos la limpieza que Él ofrece gratuitamente! Esto no es vivir con la consciencia del pecado, es vivir con un corazón tierno y concienzudo, siempre dispuesto a recibir la gracia abundante de nuestro Padre cada vez que la necesitemos.

Se presentó la idea de que el primer capítulo de 1 Juan (incluido el versículo 9) no fue realmente dirigido a los cristianos; más bien, se afirma que 1 Juan 1 fue escrito para los no creyentes o gnósticos. No hay nada en el texto para corroborar este pensamiento. Varias epístolas del Nuevo Testamento abordan diversos errores en el cuerpo de Cristo, pero todas fueron escritas para los creyentes, y 1 Juan 1 no es la excepción. Los corintios vivieron en una sociedad muy lasciva y hedonista, los gálatas fueron influenciados por el legalismo, y algunos en Colosas fueron afectados por el ascetismo, pero Pablo escribió cada epístola a los creyentes en esas ciudades.

Asimismo, 1 Juan fue escrito en una época cuando el gnosticismo influenció la manera de pensar y las creencias de algunos, pero la epístola entera—desde el primer versículo hasta el último del libro—fue escrito para los cristianos. Juan no fue un gnóstico, así que él sin duda no se estaba asociando con ellos. Él no estaba diciendo:

- "Por lo tanto, [los gnósticos] mentimos si afirmamos que tenemos comunión con Dios pero seguimos viviendo en oscuridad espiritual" (1 Juan 1.6, la paráfrasis es mía).

- "Si [los gnósticos] vivimos en la luz, así como Dios está en la luz, entonces tenemos comunión unos con otros" (1 Juan 1:7, la paráfrasis es mía).

- "Si [los gnósticos] confesamos nuestros pecados a Dios, él es fiel y justo para perdonarnos nuestros pecados y limpiarnos de toda maldad" (1 Juan 1:9, la paráfrasis es mía).

No tiene sentido bíblico decir que si un gnóstico (o cualquier persona no salva) confiesa sus pecados será salva. La confesión que salva al pecador es la confesión de Jesucristo como Señor (ver Romanos 10:9-10).

El comentario del conocimiento bíblico declara:

En los tiempos modernos algunas personas han negado ocasionalmente que un cristiano necesite confesar sus pecados y pedir perdón. Se ha afirmado que un creyente ya tiene el perdón en

Cristo (Efesios 1:7). Pero este punto de vista confunde la posición perfecta que un cristiano tiene en el Hijo de Dios (mediante el cual él incluso está sentado "al lado de Cristo Jesús en los lugares celestiales" [Efesios 2:6]), con sus necesidades como un individuo que falla en la Tierra. Lo que se considera en 1 Juan 1:9 se puede describir como el perdón "familiar". Es perfectamente comprensible cómo un hijo puede necesitar pedirle a su padre que lo perdone por sus faltas, a la vez que su posición en la familia no corra peligro. Un cristiano que nunca le pide perdón a su Padre celestial por sus pecados difícilmente puede ser sensible a las maneras en que le cause tristeza a su Padre. Primera de Juan 1:9 no le habla a los no salvos, y es erróneo el esfuerzo de convertirlo en una afirmación soteriológica.[5]

Seamos prácticos

El pecado es un asunto serio, pero una vez que lo hemos confesado y nos hemos arrepentido, Dios no quiere que nos revolquemos en la culpa de los pecados pasados. ¡Él dispuso la limpieza y el perdón para nosotros, y Él quiere que los recibamos agradecidamente y reanudemos nuestro andar en la luz!

Si usted no es consciente de ningún pecado en su vida, entonces siga caminando en la luz y sepa que si ha pecado inadvertidamente y no es consciente de ello, Él lo va a estar limpiando todo el tiempo, y usted puede siempre agradecerle por ello. Si usted es consciente de haber cometido algún pecado que no ha reconocido ante Él, vaya y hágalo ahora mismo. Sea honesto con Él y agradézcale porque Él es fiel y justo para perdonar sus pecados y para limpiarlo de toda maldad. Adhiérase a su voluntad y propósito, y sepa que Él tiene algo mucho mejor para usted de lo que el pecado le pueda ofrecer.

La gracia de Dios con la muerte de Jesús en la Cruz hace posible el arrepentimiento, no lo hace superfluo. La confesión trae libertad, al desatar el poder vencedor. Y se reciben el perdón y la limpieza con alegría.

Todo esto está disponible debido a que nuestro Dios está lleno de gracia. Cuando necesitemos arrepentirnos de algo, nuestra confesión y arrepentimiento se deben basar en la gracia y en la fe, no en la vergüenza ni en el temor. Esto significa que llegamos a Dios sabiendo que Él continúa amándonos a pesar de nuestro pecado, y que Él nos limpia. A Él no lo conmueve que nos rebajemos y nos menospreciemos, sino lo conmueve la sangre de su Hijo Jesús.

La gracia no reemplaza la confesión del pecado, pero ciertamente influye en la manera como confesamos nuestro pecado. Debido a la gracia, no nos deleitamos en nuestro pecado, no permitimos que la culpa persista y nos domine, y no permitimos que la vergüenza y la condenación nos gobiernen.

No confesamos nuestros pecados para informar a Dios. Así como Jesús sabía con antelación que Pedro lo negaría, Dios sabía que nosotros íbamos a pecar y a necesitar el perdón antes de que naciéramos. No obstante, Él nos ama y nos llamó para que fuéramos sus hijos en todo caso. David lo expresó mejor en los salmos:

> *Me ves cuando viajo y cuando descanso en casa. Sabes todo lo que hago. Sabes lo que voy a decir incluso antes de que lo diga, Señor.*
>
> Salmos 139:3-4 NTV

> *Me viste antes de que naciera. Cada día de mi vida estaba registrado en tu libro. Cada momento fue diseñado antes de que un solo día pasara. Qué preciosos son tus pensamientos acerca de mí, oh Dios. ¡No se pueden enumerar!*
>
> Salmos 139:16-17 NTV

Parte 7

Otra manera de decir esto es que no reconocemos nuestros pecados porque Dios necesita información; reconocemos nuestros pecados porque necesitamos recibir el perdón y la libertad de la culpa, la condenación y la vergüenza, que su gracia nos concede en la Cruz.

No confesamos nuestros pecados para que Dios nos ame de nuevo. Dios nunca deja de amarnos, incluso cuando pecamos. Nuestro pecado no cambia a Dios, sino que nos crea problemas. No obstante, el amor de Dios es constante y no se basa en nuestra perfección o falta de esta; su amor es continuo y estable, porque se basa en quién es Él y Él no cambia. Él es amor.

No confesamos nuestros pecados para ganar el perdón. El asunto no es ganar el perdón; lo es recibirlo. Jesús ganó y logró nuestro perdón en la Cruz. Cuando reconocemos nuestro pecado, estamos simplemente respondiendo en fe a la Palabra de Dios para recibir el regalo glorioso, maravilloso y gratuito de la limpieza y el perdón que Él extiende.

¿Cuántos han "caído sobre su propia espada" cuando debieron haber caído en la gracia de Dios? Así que no permita que los pecados pasados se vuelvan su ruina. La gracia de Dios es superior a cualquier cosa que usted haya hecho o pueda hacer en el futuro. Debido a su gracia, usted puede caminar en una limpieza continua de todo el pecado, seguro y sin embargo sintiéndose humilde por su obsequio maravilloso.

Preguntas para reflexionar y discutir

- ¿Qué fue nuevo y fresco para usted?
- ¿Qué reforzó el entendimiento que usted ya tenía?
- ¿Qué desafió su entendimiento pasado y actual?
- ¿Cree que usted está equitativamente bien equilibrado en su conocimiento de las verdades de Dios para su vida? ¿Hay asuntos en la Biblia que usted exagera o le resta importancia?
- Revise la lista en el capítulo 19 bajo el subtítulo: **La gracia y...** y note cómo la gracia de Dios tiene influencia sobre usted en muchas de estas áreas. ¿Dónde siente más su influencia? ¿Dónde menos?
- ¿Cómo define usted la confesión y el arrepentimiento?
- ¿Qué significa producir fruto digno del arrepentimiento?
- ¿Cómo afecta el arrepentimiento su relación con el Señor?
- ¿Es posible que un creyente se arrepienta sin la confesión? ¿Por qué o por qué no?
- ¿Por qué Dios corrige a sus hijos cuando se equivocan?
- Si la gracia de Dios hace posible el arrepentimiento, ¿qué significa esto para usted?

Algo Más que Debe Saber...

Capítulo 24

La Gracia y la Gloria

> Dios de gracia, Dios de gloria,
> Danos presto Tu poder;
> A tu amada Iglesia adorna
> Con un nuevo florecer.
>
> — Harry E. Fosdick

He aquí algunos de los pasajes específicos de las Escrituras donde la gracia y la gloria están relacionadas:

Gracia y gloria dará Jehová.

Salmos 84:11 RVR1960

Adorno de gracia pondrá sobre tu cabeza; te coronará con [gloria] una bella diadema.

Proverbios 4:9

...para alabanza de la gloria de su gracia...

> Efesios 1:6
>
> *Y la Palabra se hizo carne, y habitó entre nosotros, y vimos su gloria(la gloria que corresponde al unigénito del Padre),llena de gracia y de verdad.*
>
> Juan 1:14
>
> *...por quien tenemos también, por la fe, acceso a esta gracia en la cual estamos firmes, y nos regocijamos en la esperanza de la gloria de Dios.*
>
> Romanos 5:2
>
> *...para que al multiplicarse la gracia por medio de muchos, más se multipliquen los que den gracias, para la gloria de Dios.*
>
> 2 Corintios 4:15
>
> *...pero el Dios de toda gracia, que en Cristo nos llamó a su gloria eterna...*
>
> 1 Pedro 5:10

Debemos investigar la naturaleza de la relación entre la gracia y la gloria, cuando las vemos que se usan juntas muchas veces. ¿Es sólo una coincidencia? ¿Los escritores de la Biblia sólo necesitaban algunas palabras floridas y que sonaran espirituales? Creo que existe una conexión indudable y con sentido entre las dos.

La palabra hebrea que se traduce frecuentemente como gloria (*kabowd*) hace referencia al honor, el esplendor, la dignidad y la abundancia de Dios.[1] Viene de la palabra que es raíz (*kabad*) que significa pesado o de peso.[2] Esto contribuye a una mejor comprensión de porqué Pablo, al escribir en el Nuevo Testamento, se refiere al "cada vez más excelente y eterno peso de gloria" en 2

Corintios 4:17 (RVR1960).

Moisés le dijo a Dios en Éxodo 33:18: "Te ruego que me muestres tu gloria". ¡Qué petición tan asombrosa! Él le estaba pidiendo a Dios: "Te ruego que me muestres tu gloria, tu honor, tu esplendor, tu dignidad, tu abundancia". Sin duda había una pesadez o gravedad en la gloria de Dios que era demasiado para que Moisés o cualquier otro humano manejaran, porque Dios responde:

> "Voy a hacer que todo mi **bien** pase delante de ti, y delante de ti voy a proclamar mi nombre, que es EL SEÑOR. Porque soy **misericordioso** con quien quiero ser misericordioso, y soy **clemente** con quien quiero ser clemente". El señor dijo también: "Mi rostro no podrás verlo, porque nadie puede ver mi rostro y seguir viviendo". Y añadió: "¡Mira! Aquí en la roca, junto a mí, hay un lugar. Quédate allí; y cuando pase mi gloria, yo te pondré en una hendidura de la roca y te cubriré con mi mano mientras paso. Después de eso apartaré mi mano, y podrás ver mis espaldas, pero no mi rostro".
>
> Éxodo 33:19-23

Dios identifica en estos versículos su gloria con su bondad, gracia y compasión. Es coherente con su naturaleza que todas estas estén asociadas mutuamente. También parece haber un elemento de "niveles" involucrados. Moisés puede ver la espalda de Dios, pero si hubiera visto su rostro, el Señor dijo que él no habría podido vivir.

La palabra griega para gloria es *doxa*, que es de donde viene la palabra "doxología". La gloria se refiere a la dignidad, el esplendor, el honor, el resplandor, la majestuosidad y la alabanza.

La gloria de Dios se ve en una fuerte manifestación en el relato de Lucas sobre la transfiguración:

> *Como ocho días después de que Jesús dijo esto, subió al monte a orar, y se llevó con él a Pedro, Juan y Jacobo.* ***Y mientras oraba, cambió la apariencia de su rostro, y su vestido se hizo blanco y resplandeciente.*** *Aparecieron entonces dos hombres, y conversaban con él. Eran Moisés y Elías, que rodeados de gloria hablaban de la partida de Jesús, la cual se iba a cumplir en Jerusalén. Pedro y los que estaban con él tenían mucho sueño pero, como se quedaran despiertos,* **vieron la gloria de Jesús** *y a los dos hombres que estaban con él.*
>
> Lucas 9:28-32 (la letra negrita es mía)

Al igual que en el Antiguo Testamento, Pablo explica claramente la idea de los diversos niveles de la gloria en 1 Corintios 15, el capítulo en el cual expone en profundidad sobre la resurrección de los muertos. Justo antes dijo que nuestro cuerpo físico será "resucitado en gloria" en la resurrección, él dijo:

> *Hay cuerpos celestiales (el sol, la luna y las estrellas), y cuerpos terrenales (los hombres, los animales y las plantas); pero la belleza y gloria de los cuerpos celestiales es única, mientras que la belleza y la gloria de los cuerpo terrenales es de diferente tipo. El sol es glorioso de una manera, la luna es gloriosa de otra manera, y las estrellas son gloriosas en su propia manera [característica]; pues una estrella es diferente de otra y la sobrepasa en su belleza y resplandor.*
>
> 1 Corintios 15:40-41 AMP

A medida que pasamos a 2 Corintios, Pablo contrasta el Antiguo Pacto con el Nuevo Pacto, y resalta que la gloria del Nuevo Pacto es muy superior a la gloria del Antiguo Pacto. Una vez más, se expresa la idea de los niveles de la gloria.

> *El camino antiguo, con leyes grabadas en piedra, conducía a la muerte, aunque comenzó con tanta **gloria** que el pueblo de Israel no podía mirar la cara de Moisés. Pues su rostro brillaba con la **gloria** de Dios, aun cuando el brillo ya estaba desvaneciéndose. ¿No deberíamos esperar mayor **gloria** dentro del nuevo camino, ahora que el Espíritu Santo da vida? Si el antiguo camino, que trae condenación, era **glorioso**, ¡cuánto más **glorioso** es el nuevo camino, que nos hace justos ante Dios! De hecho, **aquella primera gloria no era para nada gloriosa comparada con la gloria sobreabundante del nuevo camino**. Así que si el antiguo camino, que ha sido reemplazado, era **glorioso**, ¡cuánto más **glorioso** es el nuevo, que permanece para siempre!*
> 2 Corintios 3:7-11 NTV (la letra negrita es mía)

Así que el Nuevo Pacto, que se basa en la gracia de Dios, es un pacto de "gloria sobreabundante". Cuando nacemos de nuevo, la gracia de Dios nos da literalmente la habilidad de contemplar y ser partícipes de su gloria. Sin embargo, algunos cristianos casi que tienen miedo ante la gloria porque su asociación principal con la palabra es del Antiguo Testamento:

> *Yo soy el Señor. Éste es mi nombre, y no daré a otro mi gloria, ni mi alabanza a esculturas.*
> Isaías 42:8

Es entendible y apropiado que nunca queramos apropiarnos de la gloria de Dios de una manera vanagloriosa o idólatra. Sin embargo, debemos armonizar este versículo en Isaías con otros pasajes de las Escrituras donde Dios dijo que Él ya nos ha dado su gloria. Por ejemplo:

> *"Pero no ruego solamente por éstos, sino también por los que han de creer en mí por la palabra de ellos,*
>
> *"**Yo les he dado la gloria que me diste**, para que sean uno, así como nosotros somos uno".*
>
> Juan 17:20,22 (la letra negrita es mía)

¿Se contradicen mutuamente Dios (hablando a través de Isaías) y Jesús (como se registra en el libro de Juan)? Dios dijo que no le daría a otro su gloria, y Jesús dijo que nos ha dado su gloria. No hay contradicción. ¿Quién ere el "otro" a quien se refiere Dios en Isaías? Si usted lo examina en el contexto, Él hablaba de dioses falsos e ídolos. Si yo fuera a decir: "Esta es mi chequera y no se la daré a otro", quiero decir extraños y aquellos en quienes no tengo razón para confiar. Sin embargo, ¡no incluiría a mi esposa! Ella puede tener mi chequera cuando quiera, porque somos uno; ella no es "otro". Así que Dios en Isaías 42:8 no está hablando de sus hijos.

De hecho, ya les ha dado su gloria a sus propios hijos cuando los creó. Considere lo siguiente:

> *Cuando miro el cielo de noche y veo la obra de tus dedos—la luna y las estrellas que pusiste en su lugar—, me pregunto:¿qué son los simples mortales para que pienses en ellos, los seres humanos para que de ellos te ocupes? Sin embargo, **los hiciste un poco menor que Dios y los coronaste de gloria y honor**. Los pusiste a cargo de todo lo que creaste, y sometiste todas las cosas bajo su autoridad.*
>
> Salmos 8:3-6 NTV (la letra negrita es mía)

¡No es eso asombroso! Cuando Dios creó a Adán y Eva, Él no los creó como "gusanos del polvo". ¡Los hizo un poco inferior a sí mismo y los coronó de gloria y honor! Desde luego, los seres humanos perdieron mucho en la caída, pero Jesús vino a salvarlos del pecado y a restaurarlos a Dios. Cuando volvimos a reunirnos con Dios, fuimos una vez más partícipes de su gloria, su buena opinión de nosotros fue restaurada en Cristo.

No sólo vemos la conexión entre la gracia y la gloria en las Escrituras, sino que muchos individuos a lo largo de la historia han notado también el vínculo.

> La gracia no es más que el comienzo de la gloria, y la gloria no es más que la gracia perfeccionada.
>
> - Jonathan Edwards[3]
>
> La gracia es la joven gloria.
>
> - Alexander Peden[4]
>
> La gracia...es la gloria en su infancia.
>
> - S. Rutherford[5]
>
> Tal vez en realidad la gracia y la gloria son una. Tal vez la gracia de Dios es como un árbol maravilloso, en el cual su fruto es la gloria.
>
> - Ray Charles Jarman[6]

DIOS HA DISPUESTO QUE SUS HIJOS ESTÉN LLENOS DE GLORIA

> *Pues Dios conoció a los suyos de antemano y los eligió para que llegaran a ser como su Hijo, a fin de que su Hijo fuera el hijo mayor de muchos hermanos. Después de haberlos elegido, Dios los llamó para que*

se acercaran a él; y una vez que los llamó, los puso en la relación correcta con él; y luego de ponerlos en la relación correcta con él, **les dio su gloria.**

Romanos 8:29-30 NTV (la letra negrita es mía)

...Cristo amó a la iglesia. Él entregó su vida por ella a fin de hacerla santa y limpia al lavarla mediante la purificación de la palabra de Dios. **Lo hizo para presentársela a sí mismo como una iglesia gloriosa,** *sin mancha ni arruga ni ningún otro defecto. Será, en cambio, santa e intachable.*

Efesios 5:25-27 NTV (la letra negrita es mía)

...para que, por la gracia de nuestro Dios y del Señor Jesucristo, el nombre de nuestro Señor Jesucristo sea **glorificado** *en ustedes, y ustedes en él.*

2 Tesalonicenses 1:12 (la letra negrita es mía)

En cambio, cuando alguien se vuelve al Señor, el velo es quitado.

Así que, todos nosotros, a quienes nos ha sido quitado el velo, podemos ver y reflejar la gloria del Señor. El Señor, quien es el Espíritu, nos hace más y más parecidos a él a medida que somos transformados a su gloriosa imagen.

2 Corintios 3:16,18 NTV

¡Bienaventurados ustedes, cuando sean insultados por causa del nombre de Cristo! **¡Sobre ustedes reposa el glorioso Espíritu de Dios!**

1 Pedro 4:14 (la letra negrita es mía)

> *Todas las cosas que pertenecen a la vida y a la piedad nos han sido dadas por su divino poder, mediante el conocimiento de aquel que **nos llamó por su gloria y excelencia**.*
>
> 2 Pedro 1:3 (la letra negrita es mía)

Incluso nuestro cuerpo físico será tocado finalmente por su gloria:

> *Él tomará nuestro débil cuerpo mortal y lo transformará en un cuerpo glorioso, igual al de él. Lo hará valiéndose del mismo poder con el que pondrá todas las cosas bajo su dominio.*
>
> Filipenses 3:21 NTV

Pablo también habla de los creyentes que reciben su glorioso cuerpo físico en 1 Corintios 15:50-57.

Tal vez usted ya es consciente de estas verdades—que Dios no sólo ha inundado nuestra vida con su gracia maravillosa, sino que nos ha dado su gloria y nos ha hecho partícipes de su naturaleza divina. Somos sus hijos, y Dios quiere que sus hijos sean gloriosos como Él mismo. Nunca seremos orgullosos, altivos, ni arrogantes al respecto, cuando recibimos adecuadamente esta verdad, al caminar a la luz de todas las Escrituras. Dios no comparte su gloria con nosotros para que nos volvamos como "pequeños dioses" independientes de Él; más bien, ¡Él invierte su gracia y gloria en nuestra vida de modo que pueda recibir la gloria de nosotros!

Desde el comienzo de los tiempos hasta ahora, Dios ha derramado sus bendiciones y ha sembrado su gracia en la humanidad. Vemos en el libro del Apocalipsis que Dios recoge la cosecha de la cual Él es digno y se merece. Tenemos una imagen en Apocalipsis 4:10-11 de los ancianos en el Cielo, y nadie se pavonea ni se impresiona de ellos mismos ni de sus logros. Ellos ponen sus coronas delante del trono de Dios, diciendo:

> *"Tú eres digno, oh Señor nuestro Dios, de recibir gloria y honor y poder. Pues tú creaste todas las cosas, y existen porque tú las creaste según tu voluntad".*
>
> Apocalipsis 4:11 NTV

Juan ve en el siguiente capítulo del Apocalipsis un rollo en la mano derecha de Aquél que se sentaba en el trono. Él llora porque "no había nadie digno de abrir el libro, ni de leerlo, ni de mirarlo" (Apocalipsis 5:4). Lo que ocurre luego revela mucho sobre el plan eterno de Dios.

> *Y uno de los ancianos me dijo: "No llores, pues el León de la tribu de Judá, la raíz de David, ha vencido y puede abrir el libro y quitarle sus siete sellos".*
>
> Apocalipsis 5:5

Los ancianos entonces adoran a Jesús el Cordero debido a su dignidad y a sus logros, glorifican a Aquél quien los hizo para que fueran reyes y sacerdotes para Dios.

> *Y entonaban un cántico nuevo, que decía: "Digno eres de tomar el libro y de abrir sus sellos, porque fuiste inmolado. Con tu sangre redimiste para Dios gente de toda raza, lengua, pueblo y nación, y para nuestro Dios los hiciste reyes y sacerdotes, y reinarán sobre la tierra".*
>
> Apocalipsis 5:9-10

Aún cuando los ancianos y todos los demás santos en el Cielo fueron glorificados, ellos entendieron completamente su rango y misión concerniente a Dios y al Señor Jesús. Entendieron que la gloria de Dios era inherente e intrínseca, mientras que su justicia y gloria había sido impartida en ellos como obsequios de la gracia y la bondad de Dios. La gloria que habían recibido de ninguna manera disminuía ni competía con la gloria de Dios, porque se la devolvieron a través de la alabanza y la adoración. Este es el deseo y el propósito de Dios para nuestra vida.

> *Pues todas las cosas provienen de él y existen por su poder y son para su gloria. ¡A él sea toda la gloria por siempre!*
>
> Romanos 11:36 NTV

¿QUÉ SIGNIFICA HOY ESTO PARA SU VIDA?

La gracia y la gloria están íntimamente relacionadas porque la gracia de Dios produce la gloria en su vida. Usted ahora "refleja la gloria del Señor" y Él lo hace "más y más parecido a él a medida que [es] transformado a su gloriosa imagen" (2 Corintios 3:18 NTV). Creo que saber esto tiene una importancia profunda en su vida.

El entendimiento de la gracia y la gloria de Dios desafían radicalmente cualquier pensamiento religioso y tradicional que pudo haberlo influenciado en el pasado. Tal vez usted fue criado pensando que tan solo era un "viejo pecador indigno" o un "gusano del polvo". Esto no habla muy favorablemente de la gracia de Dios si esto es todo lo ella que produce en usted. ¡No, su gracia produce su gloria en usted! Usted y yo debemos vivir vidas que reflejen la dignidad, el esplendor, el honor, el resplandor, la majestuosidad y la alabanza de Dios.

Además, es a través de la gracia y la gloria de Dios que Él le proporciona el poder y el estímulo para vivir de una manera que refleje su herencia real e identidad gloriosa. Nos referimos anteriormente a 2 Pedro 1:3, que dice que Dios lo ha llamado a su "gloria y excelencia". El siguiente versículo dice: "Así Dios nos ha entregado sus preciosas y magníficas promesas para que ustedes, luego de escapar de la corrupción que hay en el mundo debido a los malos deseos, lleguen a tener parte en la naturaleza divina" (2 Pedro 1:4 NIV).

Preguntas para reflexionar y discutir

- ¿Qué fue nuevo y fresco para usted?
- ¿Qué reforzó el entendimiento que usted ya tenía?
- ¿Qué desafió su entendimiento pasado y actual?
- ¿Cómo la enseñanza en este capítulo afecta su entendimiento de la gloria de Dios en su vida?
- ¿Qué es eso de la gracia y la gloria de Dios que hace que sepamos que no somos "sólo un viejo pecador indigno" o un "gusano del polvo"?
- ¿Cuáles son algunas de las razones por las que Dios nos ha permitido ser partícipes de su gloria? ¿Cómo ve la acción de la gloria de Dios en su vida?

Una última palabra

Hemos visto la preeminencia de la doctrina de la gracia en la Palabra de Dios, de modo que sabemos que resulta de vital importancia que la entendamos. Por lo tanto, estudiamos qué es y qué no es la gracia de Dios. Miramos la gracia en términos de su amplia influencia y sus expresiones múltiples. Hemos aprendido que:

- La gracia no se trata de lo que logramos, sino de lo que recibimos.

- La gracia no tiene nada que ver con que nosotros nos ganamos la salvación, sino tiene todo que ver con nuestra expresión de la salvación que Dios nos dio gratuitamente a través de Jesucristo.

- La gracia no es algo que dejamos de experimentar después de nacer de nuevo, sino que está disponible para nosotros, para la duración de nuestro andar cristiano. La gracia nos reviste de poder e inspira en la manera en que debemos vivir para Él.

La gracia tiene significados diferentes, dependiendo de la condición de cada persona:

- A los que están sin Dios y sin esperanza, la gracia es el amor incondicional de Dios que ofrece el regalo del perdón y la vida eterna.

- A todo hijo pródigo en la porqueriza—los que se alejan del buen plan del Padre—la gracia es la oportunidad para la restauración completa y para tener otra oportunidad.

- A los creyentes que luchan con hábitos, ataduras y pecados de la carne, la gracia no sólo es la exoneración de la culpa, la condenación y la vergüenza, sino es el revestimiento de poder para superar el señorío del pecado y caminar siendo dignos del llamado de Dios.

- A los cristianos abrumados por las presiones y los problemas de la vida, la gracia es la infusión continua del poder, de la fortaleza y de la potestad; es la suficiencia de Dios para llevarlos victoriosamente a través de los desafíos de la vida.

- A los creyentes que luchan financieramente, la gracia es la revelación de que Dios es Jehová Jireh—el Señor nuestro Proveedor—. La gracia revela el amor de Dios por nosotros; de manera espiritual, mental, emocional, física, social y financiera. Mediante su gracia, son suplidas todas nuestras necesidades y podemos ser generosos con los demás.

- A los individuos que se preguntan si pueden ser fructíferos y productivos en su vida cristiana, la gracia les imparte dones espirituales y habilidades, equipándolos con las herramientas para el servicio eficaz.

Hemos discutido no sólo lo que proporciona la gracia, sino también lo que produce la gracia. La gracia nos proporciona lo que nosotros nunca habríamos podido obtener apartados de la benevolencia y generosidad de Dios. La gracia produce en y a través de nosotros lo que no nosotros nunca habríamos generado mediante nuestros propios esfuerzos carnales.

- La gracia de Dios nos libera de las cargas, las cuales nunca fuimos creados a llevar y nos reviste de poder para cumplir las responsabilidades, las cuales fuimos creados a realizar.

- La gracia de Dios nunca es una excusa para desobedecer a Dios ni para dejar de ser discípulos comprometidos del Señor Jesucristo; más bien, es el revestimiento de poder para volvernos en todo lo que Dios ha dispuesto que nos volvamos y hagamos lo que Él nos ha llamado a hacer.
- La gracia de Dios no es una escapatoria de las disciplinas cristianas; más bien, es un catalizador que nos permite cumplir todo lo que Dios ha planeado y desea en nuestra vida.
- La gracia no es una hamaca espiritual en la que nos quedamos perezosamente y renunciamos a las responsabilidades espirituales; más bien, la gracia de Dios es una plataforma de lanzamiento que nos impulsa a una vida de obediencia, consagración y de semejanza con Cristo.

A medida que seamos partícipes de la gracia, de más gracia, de la multiforme gracia y de la gracia multiplicada, nuestra vida no se vivirá independientemente de Dios, pero nuestra vida reflejará la unión espiritual que Dios estableció con nosotros y para lo cual Dios pagó un precio muy alto. Dejemos de esforzarnos en la carne y experimentemos y disfrutemos de la vida que se basa en la gracia que Él ha dispuesto para nosotros, una vida que es guiada por su Palabra y revestida de poder mediante su Espíritu. Que nuestra vida se encuentre completamente inmersa y entrelazada en Él para que digamos con el apóstol Pablo: "Pero por la gracia de Dios soy lo que soy" (1 Corintios 15:10).

REFERENCIAS

CAPÍTULO 1 EL ADN DE DIOS EN USTED

[1] Dr. Paul Brand and Philip Yancey, *Fearfully and Wonderfully Made*. (Grand Rapids, MI. Zondervan, 1981), pág. 45.

[2] J.F. Walvoord, R.B. Zuick & Dallas Theological Seminary, (1983-c1985), *The Bible knowledge commentary: An exposition of the scriptures*. (Wheaton, IL: Victor Books), Volume 1, pág. 29.

CAPÍTULO 3 LA GRACIA EN EL SALUDO Y EN LA DESPEDIDA

[1] James Strong, *Exhaustive Concordance of the Bible, "Hebrew and Chaldee Dictionary"* (Nashville, TN: Thomas Nelson Publishers, 1984), #7965.

CAPÍTULO 4 EL JUEZ BENEVOLENTE

[1] J. Clyde Turner, *The Gospel of the Grace of God* (Nashville, TN: Broadman Press, 1943), pág.16.

[2] Spiros Zodhiates, *Hebrew- Greek Key Word Study Bible "Lexical Aida to the Old Testament"* (Chattanooga, TN: AMG Publishers, 1984, 1991), #2580, #2603.

[3] W. H. Griffith Thomas, *Grace and Power*, (New York, NY: Fleming H. Revell Company, 1916), pág. 22.

[4] Spiros Zodhiates, *The Complete Word Study Dictionary: New Testament* (Chattanooga, TN: AMG Publishers, 1992), #5485.

[5] James Moggatt, *Grace in the New Testament* (London, England: Hodder and Stoughton, 1931) pág.25.

⁶Mark Water, *The New Encyclopedia of Christian Quotations*, (Grand Rapids, MI: Baker Books, 2000), pág.446.

⁷http://christian-quotes.ochristian.com/Alexander-Whyte-Quotes/

⁸Mark Water, *The New Encyclopedia of Christian Quotations*, pág.444.

⁹Richard Allen Farmer, *How Sweet the Sound*, (Downer's Grove, IL: Intervarsity Press, 2003) pág.83.

¹⁰http://thegracetabernacle.org/quotes/Grace-defined.htm

¹¹W.H. Griffith Thomas, *Grace and Power*, pág.89.

Capítulo 5 Cinco expresiones de la gracia

¹Thomas A Kemphis, *The Imitation of Christ* (www.forgottenbooks.com: Forgotten Books, 1886,2007), pág.58.

Capítulo 6 Lo que no es la gracia

¹http://www.gracecorning.org/quotes-about-grace

²http://www.michelanglo-gallery/quotes.aspx

³http://www.scrollingpublishing.com/store/Bonhoeffer.html

⁴Ibíd.

Capítulo 7 La multiforme gracia de Dios

¹W.H . Griffith Thomas, *Grace and Power*, págs.86-88.

² The One line Etymology Dictionary (http://www.etymonline.com/index,php?term=manifold)

Capítulo 8 Los aspectos básicos

¹http://the gracetabernacle.org/quotes/Salvation-Grace_Alone.htm

²L.E. Barton, *Amazing Grace*,(Boston, MA: The Christopher Publishing House, 1954)

³F.F. Bruce, de conferencia dada en la John Rylands University Library of Manchester el Miércoles, 15 de noviembre de 1972. http://www.biblicalstudies.org.uk/pdf/bjrl/problems-5_bruce.pdf.

Capítulo 9 ¿Salvados de qué?

¹Sinclair B. Ferguson, *Grow in Grace*,(Carlisle, PA: The Banner of Truth Trust,1989), pág.57.

²C.S. Lewis, *The Problem of Pain*,(New York, NY: Harper Collins, 1940), pp 119-20

³William E. Evans, *The Great Doctrines of the Bible* (Chicago: The Bible Institute Colportage Association, 1912) pág.79.

⁴http://christian-quotes.ochristian.com/D.L.-Moody-Quotes/page-11.shtml

⁵Mark Water, *The New Encyclopedia of Christian Quotations*, pág.241.

⁶H.A. Ironside, *Expository Notes on the Gospel of Matthew* (Nepture, NJ: Loizeaux Brothers, 1994), pág. 384.

⁷H.A. Ironside, *Charge That to My Account* (Chicago, IL: Moody Press 1931),pág.66.

⁸http://biblestudy.churches.net/CCEL/S/SPURGEON/TILL_HE.GIVEREST.HTM

Capítulo 10 ¡Pero soy un ciudadano respetuoso de la ley!

¹http://www.jesus-is-savior.com/Great%20Men%20of%20God/dwight_moody-quotes.html

Capítulo 11 De la sombra a lo real y verdadero

¹Mark Water, *The New Encyclopedia of Christian Quotations*,pág.444

Capítulo 13 La gracia que santifica

[1] Mark Water, *The New Encyclopedia of Christian Quotations*, pág. 478.

[2] http://www.studylight.org/isb/bible.cgi?query=tit+2%3A12&section=0&it=kjv&oq=tit%2502%3A11&nt=nt=na&new=1&nb=tit&ng=2&ncc=2

[3] Mark Water, *The New Encyclopedia of Christian Quotations*, pág. 365.

Capítulo 14 La gracia que fortalece

[1] http://thinkexist.com/quotation/fatigue_makes_cowards_of_us_all/149882.html

[2] Dennis Hester, *The Vance Havner Quote Book* (Grand Rapids, MI: Baker Book House, 1986), pág.68.

Capítulo 15 La gracia que comparte

[1] http://christianpf.com/quotes-on-giving/

[2] http://www.globalisssues.org/artilce/26/poverty-facts-and-stats

[3] W.H. Griffith Thomas, *Grace and Power* (New York, NY: Fleming H. Revell Company, 1916), pág. 84.

[4] http://www.goodreads.com/quotes/show/151380

[5] http://www.ctlibrary.com/le/1996/fall/614068.html

[6] William Barclay, *Daily Study Bible Series: The Gospel of John – Volume 2, Revised Edition* (Louisville, KY: Westminster John Knox Press, 1976), pág. 262.

[7] Gerald L. Borchert, *The New American Commentary: John 12-21* (Nashville, TN: Broadman Press, 2002), pág. 280.

[8] Spiros Zodhiates, *The Complete Word Study Dictionary: New Testament*, ·2431.

[9] http://www.moravian.org/believe/covenant_christian_living.pdf (Section II, Point 10)

[10] http://www.wholesomewords.org/missions/msquotes.html

[11] Spiros Zodhiates, *The Complete Word Study Dictionary: New Testament*, #1183.

[12] http://www.christianitytoday.com/ct/2008/december/10.24.html

CAPÍTULO 16 LA GRACIA QUE SIRVE

[1] G.L. Bray, *Ancient Christian Commentary on Scripture, New Testament VII, 1-2 Corintios* (Downers Grove, IL: Inter Varsity Press, 1999), pág. 153.

[2] Cleon L. Rogers Jr. and Cleon L. Rogers III, *The New Linguistic and Exegetical Key to the Greek New Testament* (Gran Rapids, MI: Zondervan Publishing House, 1998) pág. 385.

[3] Mark Water, *The New Encyclopedia of Christian Quotations*, pág. 230.

[4] Spiros Zodhiates, *The Complete Word Study Dictionary: New Testament*, #4164.

[5] Frederick William Danker, *A Greek-English Lexicon of The New Testament And Other Early Christian Literature, Third Edition* (Chicago, IL: University of Chicago Press, 2000), pág. 1080.

[6] Warren W. Wiersbe, *The Bible Expository Commentary* (Wheaton, IL: Victor Books, Electronic Edition, 1996), Comment on Romans 12:3-6.

[7] http://www.christianitytoday.com/ch/131christians/evangelistsandapologists/moody.html

[8] Glen Clark, *The Man Who Talks with Flowers* (Saint Paul, MN:

Macalester Park Publishing Company, 1939), pág. 37.

Capítulo 17 La alegría de más gracia

[1] Sinclair B. Ferguson, *By Grace Alone: How the Grace of God Amazes Me* (Lake Mary, FL: Reformation Trust Publishing, 2010), p, XV.

[2] Sinclair B. Ferguson, *Feed My Sheep: A Passionate Plea for Preaching* (Lake Mary, FL: Reformation Trust Publishing, 2008), p, 113.

[3] D.A. Carson, R.T. France, J.A. Motyer, G.J. Wenham, editors, *The New Bible Commentary: 21st Century Edition* (Downers Grove, IL: Intervarsity Press, Fourth Edition 1994), Comment on John 1:16.

[4] Archibald Thomas Robertson, *Word Pictures in the New Testament* (Nashville, TN, Broadman Press, 1932), Comment on John 1:16.

[5] Mark J. Edwards, *Ancient Christian Commentary on Scripture: New Testament VIII: Galatians, Ephesians, and Philippians* (Downers Grove, IL: Intervarsity Press, 2005), pág. 133.

[7] James Strong, *Exhaustive Concordance of the Bible*, "Greek Dictionary of the New Testament" (Nashville, TN: Thomas Nelson Publishers, 1984), #498.

[8] http://www.jesus-is-savior.com/Great%20Men%20of%20God/dwight_moody-quotes.htm

[9] http://www.christianitytoday.com/ct/2006/julyweb-only/130-52.0.html

Capítulo 19 Los atributos complementarios

[1] http://www.quotedb.com/quotes/2518

[2] Esta canción espiritual tradicional se basó en Ezequiel 37:17-14.

Capítulo 20 Reconozcamos nuestros filtros

1. http://www.giga-usa.com/quotes/authors/ambrose_1_a001.htm

Capítulo 21 El arrepentimiento y la confesión

1. Ralph Earle, *Word Meanings in the New Testament* (Peabody, MA: Hendrickson Publishers, 1974), pág. 30.

2. Joseph H. Thayer, *Thayer's Greek-English Lexicon of the New Testament* (Grand Rapids, MI: Baker Book House, 1977), págs. 405-406.

3. Rick Renner, *A Light in Darkness: Seven Messages to the Seven Churches* (Tulsa, OK: Teach All Nations, 2010), págs. 320-321.

4. William Douglas Chamberlain, *The Meaning of Repentance* (Philadelphia, PA: The Westminster Press, 1943) pág. 22.

5. Ibíd., pág. 43.

6. Ibíd., pág. 47.

7. Spiros Zodhiates, *The Complete Word Study Dictionary: New Testament*, #3670.

8. Warren W. Wiersbe, *The Bible Expository Commentary*, Comentario sobre 1 Juan 1:9.

Capítulo 23 ¿Qué dijeron los apóstoles?

1. Helen H. Lemmel, "Turn Your Eyes Upon Jesus", 1922.

2. William Douglas Chamberlain, *The Meaning of Repentance*, pág. 52.

3. http://www.allthingswilliam.com/forgiveness.html

4. Spiros Zodhiates, *The Complete Word Study Dictionary: New Testament*, #2434.

[5] J.F. Walvoord and R.B. Zuck, editors, *The Bible Knowledge Commentary: An Exposition of The Scriptures* (Wheaton, IL: Victor GBooks, 1983, 1985), Vol. 2, pág. 886.

Capítulo 24 La gracia y la gloria

[1] http://www.blueletterbible.org/lang/lexicon.cfm?Strongs=H3519&t=KJV

[2] http://www.blueletterbible.org/lang/lexicon.cfm?Strongs=H3513&t=KJV

[3] http://christian-quotes.ochristian.com/christian-quotes_ochristian.cgi?find=Christian-quotes-by-Jonathan+Edwards-on-Grace

[4] Mark Water, *The New Encyclopedia of Christian Quotations*, pág. 230.

[5] Ibíd.

[6] RayCharles Jarman and Carmen Bensen, The Grace and Glory of God (Plainfield, New Jersey: Logos Internation, 1968), pág. 7.

La oración
de salvación

Dios le ama—no importa quién sea y a pesar de cualquier cosa en su pasado—. Dios le ama tanto que dio a su Hijo unigénito por usted. La Biblia nos dice que "... para que todo el que cree en él no se pierda, sino que tenga vida eterna" (Juan 3:16 NVI). Jesús entregó su vida y resucitó para que pudiéramos pasar la eternidad con Él en el cielo y experimentar lo mejor de sí mismo en la Tierra. Si usted desea que Jesús sea el Señor de su vida, diga la siguiente oración en voz alta y reconózcalo de corazón.

Querido Padre Celestial:

Acudo a Ti en el Nombre de Jesús.

Tu Palabra dice: "...Todo lo que el Padre me da, vendrá a mí; y al que a mí viene, no lo echo fuera" (Juan 6:37), de modo que sé que Tú no me rechazarás, sino que me acoges y yo te agradezco por ello.

Tú dijiste en tu Palabra: "porque todo el que invoque el nombre del Señor será salvo" (Romanos 10:13). Estoy invocando tu Nombre, así que sé que me has salvado ahora.

Tú también dijiste: "Si confiesas con tu boca que Jesús es el Señor, y crees en tu corazón que Dios lo levantó de los muertos, serás salvo. Porque con el corazón se cree para alcanzar la justicia, pero con la boca se confiesa para alcanzar la salvación" (Romanos 10:9-10).

Creo en mi corazón que Jesucristo es el Hijo de Dios. Creo que Él resucitó de entre los muertos para mi justificación, y lo confieso ahora como mi Señor.

Como tu Palabra dice: "...con el corazón se cree para alcanzar la justicia..." y yo creo con mi corazón, ahora recibo la justicia de Dios en Cristo (2 Corintios 5:21)... ¡Y soy salvo!

Si has hecho la oración para recibir a Jesucristo como tu Señor y Salvador, por favor póngase en contacto con nosotros en la página web www.harrisonhouse.com para recibir un libro gratis. O puede escribirnos a:

Harrison House – P.O. Box 35035 – Tulsa, Oklahoma 74153

La visión de la Casa Editorial Harrison

Proclamar la verdad y el poder del evangelio de Jesucristo con excelencia; desafiar a los cristianos a vivir victoriosamente, a crecer espiritualmente y a conocer a Dios íntimamente.

Sobre el autor

El maestro de la Biblia y autor, Tony Cooke, ha servido al Cuerpo de Cristo desempeñando distintas funciones desde 1980. Su pasión por enseñar la Biblia lo ha llevado a más de cuarenta y cinco estados y a veintidós países.

Su página web (www.tonycooke.org) ha estado al alcance de pastores, misioneros y otros líderes de la iglesia en 175 países con recursos ministeriales alentadores y útiles.

Tony participó en el ministerio pastoral por más de veinte años y se desempeñó como profesor y decano del Centro de Entrenamiento Bíblico Rhema. También ejerció por trece años como director de una Asociación Ministerial Internacional.

Tony y su esposa Lisa han viajado desde el 2002 a tiempo completo con la misión de "fortalecer a las iglesias y los líderes".

Además de graduarse en 1981 del Centro de Entrenamiento Bíblico Rhema, Tony estudió religión en la Universidad de Butler y obtuvo el título en Ministerios de la Iglesia de la Universidad North Central.

Tony y su esposa, Lisa, viven en Broken Arrow, Oklahoma, y tienen dos hijos adultos, Laura y Andrew.

Para recibir enseñanzas gratuitas mensuales de Tony Cooke, visite www.tonycooke.org y regístrese para recibir el boletín informativo en medio electrónico de Tony.

www.ingramcontent.com/pod-product-compliance
Lightning Source LLC
Chambersburg PA
CBHW070136100426
42743CB00013B/2725